A DARK HISTORY OF
SUGAR

糖的暗黑历史

【英】尼尔·巴特利 著

郭昌晖 夏月莲 译

团结出版社
UNITY PRESS

图书在版编目（CIP）数据

糖的暗黑历史 / （英）尼尔·巴特利著；郭昌晖，
夏月莲译 . -- 北京：团结出版社，2024.1
书名原文：A Dark History of Sugar
ISBN 978-7-5234-0445-4

Ⅰ . ①糖… Ⅱ . ①尼… ②郭… ③夏… Ⅲ . ①制糖工
业 - 工业史 - 世界 Ⅳ . ① F416.82

中国国家版本馆 CIP 数据核字（2023）第 181198 号

出　　版：团结出版社
　　　　　（北京市东城区东皇城根南街 84 号　邮编：100006）
电　　话：（010）65228880　65244790（出版社）
　　　　　（010）65238766　85113874　65133603（发行部）
　　　　　（010）65133603（邮购）
网　　址：http://www.tjpress.com
E-mail：zb65244790@vip.163.com
　　　　　tjcbsfxb@163.com（发行部邮购）
经　　销：全国新华书店
印　　装：北京雅昌艺术印刷有限公司

开　　本：170mm×240mm　16 开
印　　张：16.5
字　　数：229 千字
版　　次：2024 年 1 月　第 1 版
印　　次：2024 年 1 月　第 1 次印刷

书　　号：978-7-5234-0445-4
定　　价：59.00 元
　　　　　（版权所属，盗版必究）

目 录

鸣 谢

这本书写于新冠疫情期间，所以我非常感谢曼彻斯特中央图书馆、大英图书馆、英国国家海事博物馆和利物浦国际奴役博物馆里的那些坚忍的、令人敬佩的工作人员，是他们艰辛的付出让我和所有读者都安然无恙。

我还要感谢卡伦·福尔廷（Karen Foltyn）女士，是她帮助我锁定了某些疑难问题的出处，找到了原始手稿；感谢理查德·菲奇（Richard Fitch）和埃莉斯·弗莱明（Elise Fleming）为我提供了关于都铎王朝制糖工艺的建议。我将永远感激在笔与剑出版社（Pen & Sword）与我对接工作的编辑艾伦·墨菲（Alan Murphy）以及其他辅助人员，是他们提出建议，将如此复杂和重要的选题交给了我。

我要向永远支持我的家人和朋友，尤其是我的母亲和父亲，以及桑德拉和戴维·巴特利（Sandra and David Buttery）、斯图尔特·金洛（Stuart Kinlough）和布赖恩·马尔赫恩（Brian Mulhearn）表示深深的感谢，在我整个写作过程中，他们始终风趣幽默，一直激励我，必要时又对我迁就忍让。但我最应该感激的是乌格斯·罗伯茨（Hugues Roberts），感谢他对我不遗余力的帮助、大力的支持以及对本书提出的具有建设性的评论和批评。在此，我要真诚地对他说："没有你，我真的无力完成此书。"

引 言

糖的用途与日俱增，没有糖，文明世界中没有一个家庭可以将就。

——伊丽莎贝·比顿夫人（Isabella Beeton）[1]

糖是一种营养素，是我们日常饮食中的重要组成部分。糖不仅是一种食品，它甚至是我们生命活动中能量的源泉，尽管我们并不明了这一点。糖是人类渴望和崇敬的一种食品，人类对糖的需求量是巨大的，从物质、政治或文化诸层面来看，糖都对现代世界产生了举足轻重的影响。许多战争的爆发就是因为各方对糖的强取豪夺引起的，导致成千上百万的生灵被盘剥、被奴役，惨遭屠戮，这一切只是为了我们能在麦片粥里撒一勺糖，在糕点中拌入一些糖，在玛奇朵咖啡里添加一些糖。那是一部分人有滋有味的生活啊！

英语词汇中，sweet（甜）比 sugar（糖）的历史更久远，因为欧洲人首先体验到的是甜味。在糖问世之前，大量的时令水果、树液和蜂巢瞬间把甜味带到了人间。在古英语中，sweet 通常是与 honey（蜂蜜）连缀，组成"hunigswete"（honey-sweet）一词[2]，蜂蜜是最具甜味的一种天然物质。没有蜂蜜就有甜？天下哪有这样的好事！

12 世纪初叶，糖慢慢进入了欧洲，人们品尝后发现甜味竟然无须蜜蜂的劳作而是由一种植物提供时，都大为惊叹。糖和蜂蜜在人们的观念里是合而为一没有差别的东西，因此糖同样受到大家的尊崇。不过，糖最终还是取代了蜜，成了顶级营养精华的象征。不管怎么说，一个甜蜜的（sweet）小姑娘毕竟是由"糖、香料和一切美好的因素"构成的。

糖因其甜而成了好东西，带甜味的东西是纯洁美好的。用甜（sweet）来描述一个人，其实是说他善良、儒雅、俊俏，甚至是纯真无邪。你浪漫多情的伴侣就是你的宝贝甜心（sweetheart）；如果你是神圣、纯洁、拥有美好品质的典范，你一定是一个甜蜜可爱（sweet）、阳光向上的人。所谓的甜也就是指纯洁，如同山岭中纯洁的空气，如同刚浣洗后依然清香扑鼻的被单。我们不是都想寻觅一个甜蜜可爱、阳光向上、浑身散发着淡淡馨香的甜心爱人吗？果然如你所愿的话，那确实是拥有了甜蜜的生活。但如果情况不那么甜蜜、我们又不得不向别人透露坏消息时，我们就会裹一层糖衣，粉饰一番，借助"糖衣炮弹"将事情敷衍过去。

但是，甜并非在任何时候都是正面积极的象征，也有一些具有言外之意的"赞扬语"。例如，arm candy（译者注：arm candy 指男子参加社交活动时所带的名为"挽臂甜心"的女性伴侣）用于男子的性伴侣时，是说她除了长相漂亮之外，其他条件均无法与该男子相配。如果甜蜜得过于黏稠（如许多言情喜剧表现的那样），就会变得像糖浆那样，让人腻味。如果甜蜜的笑容被揭穿是虚情假意时，它就不是由糖孕育生成，而是由甜中带苦的糖精堆积起来的。

Sugar 这个词在远古时代就出现了，它起源于梵语 karkara，意为"砂砾"。糖首先在亚洲传播，接着又在中东和近东广泛传播开来，在它闯入新的文化和新的语言环境后，这个词也发生了变化：最早在普拉克利特语（译者注：普拉克利特语 Prakrit，指古代及中世纪时的印度语或方言）中是 sakkara，随后在阿拉伯语中变为 sukkur，最后才变成了 sugar，该词于 13 世纪在英语中首次出现。[3]

糖并非是普通的日常食品，在当时的欧洲，糖是一种"昂贵的奢侈品"，仅出现在国王及其亲信宴会餐桌上和药箱中。[4] *Forme of Cury*（1380 年前后）是由理查二世时期的烹饪大师们用英语写成的第一本烹饪菜谱，我们从其手稿中看到了有关糖的食用方法。有一位名叫杰弗雷·乔叟[5]的人曾多次出席理查二世的豪华宴会，在他的作品中对糖和甜食进行了多次描写。在他的著作《托帕斯爵士》（*Tale of Sir Topas*）一书中就描述了这样一次宴会：

> 他们端上了香甜无比的酒蜜，
> 在木质的酒碗里撒入
> 各种各样上等的香料，
> 还有姜饼，分外精细，
> 外加甘草、多花蔷薇
> 和食糖，非常讨喜。[6]

糖和蜂蜜是宗教中特别推崇的元素：古埃及人在月神节时食用蜂蜜，彼此见面时还用"甜食即真理"[7]来问候对方。在早已逝世的法老陵墓中的大量殉葬品里就发现有蜂蜜（有的新鲜得仍能食用）。早期富裕的基督徒甚至用蜂蜜来保存亲人的尸体。[8]罗马诗人弗吉尔（Virgil）把蜂蜜描绘成"天国的赐物"。[9]人们发现许多罗马人的墓穴里都藏有蜜饼，为的是在他们去往天国的途中可以滋补身体。

糖和蜂蜜经常出现在《圣经·旧约》中，教徒们在议论以色列人经过荒野，恭迎天赐食物玛纳（manna）时，少不了会谈及牛奶和蜂蜜，因为他们认为两者大量存在于应许之地。据现有史料记载，甘蔗也非常重要，因为它也出现在了诸如祭祀之类的礼仪中。在《以赛亚书》（43:24）（译者注：《以赛亚书》是基督教《圣经·旧约》中的一卷）中，雅各在祭品中没有献上甘蔗，上帝就明确地表示了对他的失望："你们带给我的祭品中没有甘蔗，也没有让我饱享祭品中的精华，但却让我为你们犯下的罪孽提供赎罪机会，让我为你们的罪恶心焦疲惫。"不过话说回来，在《耶利米书》（6:20）（译者注：《耶利米书》是基督教《圣经·旧约》中的一卷）中，上帝的观点却截然相反："究竟为什么赛伯伊王国（Sheba）（译者注：赛伯伊王国是经营黄金、香料和宝石的古代王国）要给我送来香料？为什么一个遥远的国度要给我送来甘蔗？"[10] 显然，上帝自己也对这些东西的价值持怀疑态度。

宗教和梦幻曲中都把各种甜品奉若神明，引得我们对甜品的渴望更加强烈，也刺激我们更加迫不及待地去寻觅它。甜品不仅象征美好纯洁，更是神圣励志的天赐之物，再也没有什么像甜品那样受人尊重的了。

但是，当我们谈论糖的时候，是否知道糖究竟是什么样的物质呢？如果指加入茶水里或者打入海绵蛋糕糊里的糖的话，那指的是甘蔗榨出的糖或是由甜菜提炼出的糖。后缀"-ose"用于生物化学领域，表明此化合物是一种糖，而前缀"sucr-"则来自法语的 sucre，从字面上看它就是"sweet sugar"（甜糖）的意思。糖是一种简单的碳水化合物，碳水化合物有很多类型，最简单的是单糖——一种单一的环状分子，果糖和葡萄糖都属于单糖，意思分别是"水果糖"和"sweet sugar"（甜酒糖）（这里的 sweet 来自希腊语[11]），两者吃起来都非常甜。实际上，后者作为高果糖玉米糖浆出现在当今美国的碳酸饮料中，美国的 2 型糖尿病中大部分病例都是由它引起的。

单糖与另一个伙伴结合就成了双糖，双糖中最主要的是蔗糖，其他还包括麦芽糖和乳糖。麦芽糖是从发芽的大麦粒中提取的，啤酒、各种甜饮和甜点中都含有麦芽糖。乳糖存在于牛奶中，特别是母乳中含有高浓度的乳糖。这是什么原因呢？因为人的脑容量大，发育迅速，高度渴求能量，因此需要大量养分。但人脑又是很挑剔的器官，执意要求糖作为其能量来源。结果从我们出生之日起，母乳就让我们养成了对甜食的爱好。单糖可以组成长链而形成多糖，也称为复合碳水化合物，其功能是储存能量。大家最为熟知的复合碳水化合物就是淀粉，我们日常食用的面包和烤土豆中就含有大量淀粉。包括人在内的所有动物的体内，过量的碳水化合物经过燃烧后并不是转化成淀粉，而是在肝脏中先经过一个复杂艰难的代谢过程，然后才经由血液输送，以脂肪的形式沉积在脂肪组织内，形成了松糕肚（译者注：松糕肚指女性因裙子或裤子过紧而突出的腰部赘肉）、啤酒肚和腰部赘肉。

糖类是我们的能量源泉，因此它是一种重要的食物群，没有它，我们的身体根本无法运转。自然界中，带有甜味的单糖或双糖非常罕见且十分珍贵，人们对其需求量大，且它们本身也稍纵即逝。过去，在时令水果大量上市的日子里，人类会尽情地享用它们。即使是现在，只要有机会，我们还是会大饱口福。不过请注意，在面对西蓝花或生菜时我们就不会如此饥不择食。只要有可能，我们总是有意无意地通过各种方法获取糖：人类进化使我们获得了一种对甜食胡吃海塞的能力，却没有赋予我们一个节制的开关。进化还赋予我们一种饱腹后继续大快朵颐的能力，这叫非受迫适应。[12]

人类的聪明才智加上对糖的需求，促使我们想方设法让食物变得更甜，更频繁地去品尝甜食：我们让养蜂业变得更加先进，对水果进行有选择性地培育，增加其含糖量，或将经过蒸煮浓缩的果汁和树液制成糖浆。

当甘蔗汁在近东被转化成极纯的糖晶体且该技术被参加十字军东征的基督徒掌握后，局面从此打开，糖的批量生产技术传遍全球，全球化随之兴起，催生了资本主义。糖还加速了大英帝国的发展，让西方世界财富激增。与此同时，糖开始主导世界经济的发展，这意味着家喻户晓的"大糖"时代已经具有了强大的政治影响力，过去是这样，今天依然如此。如今，糖的产量与日俱增，这个曾经的天赐之物，按现在个人经济水平来衡量，只是消费成本很低的一种商品，不过要将甘蔗汁转化成堆放在超市货架上用纸袋包装的亮晶晶的纯白颗粒却需要一个复杂的工艺流程。现在我们对消耗大量的糖都习以为常了，但我们也正在为此付出代价，而且已经尝到了苦头。几个世纪以来，大量廉价糖出现，与其相伴的是剥削、奴役和种族主义的发展，以及糖尿病、肥胖症、蛀牙等疾病的泛滥，一个苟延残喘的星球也因此受到了虐待和践踏。

糖所提供的让人难以抵御的甜味使世界上三分之一的人患上了肥胖症，糖也是奴隶贸易的催化剂，它让成百上千万的非洲人流离失所，任人宰割，苦役至死。如果没有糖，2020年黑人人权抗议运动——"黑人的命也是命"（Black Lives Matter）也许就是多余的，因为将千百万的非洲人转移至美洲各国的奴隶贸易根本就不会存在。如果没有糖，大英帝国很可能不会存在，也不会有人斥责英国人残暴冷酷，谴责英国人对殖民地人民的巧取豪夺。没有了奴隶贸易和从中积累的财富，美国就不会成为地球上的超级大国。如果没有糖，我们的医疗事业就不会斥巨资去医治因吃糖而引起的各种疾病。

许多欧洲和美国的白人认为他们当下受到了不公正的审视。为什么单单要让他们为其先辈过去的所作所为承担责任呢？他们抱怨为什么历史要突然被改写。是的，历史确实是在重写，因为我们开始意识到过去的西方中心论是错误的，它不具备更广阔的视野，许多所谓的实情并不真实，不是资料丢失，就是被人曲解，亟需更新。这样一来，对历史的看法以及历史如何演变至今的观点都会更加丰富、更加包容、更加精妙细微，也更加发人深省。当然，我们还有许多工作要做，对糖还有许多话要说。我希望能担负起这项工作，向大家讲述这个让人爱恨交织的物质的暗黑历史，绝不隐瞒它任何丑陋的一面。这不是一篇现代种族主义和现代经济学的论文，我不是新闻记者，也不自诩为一名记者。我的工作是从糖的无辜起源开始，一路追踪，将其历史阴暗面中的点点滴滴一一勾连起来，最后展现其当今的面貌。只要有可能，我就会使用亲历者的话语，因为这是他们的故事，他们的声音应该被人听到。这样一来，这本书在某些部分就会引语过多，但我并不想为此作出辩解，作为一名英格兰白人，我没有资格教别人如何发表意见，尤其是当我转述亲历者的话语时。

糖的历史非常复杂，为了讲述这段历史，我决定将其分为两个层面，首先研究糖的生产，其次讲述糖的消费。我重点聚焦英国的殖民主义、甘蔗种植园以及英国殖民者对其他国家的盘剥。首当其冲这么做的绝不是英格兰人，[13] 但他们冷酷残忍的程度确实让其他国家黯然失色。英国在殖民的过程中，还为其他所有国家（包括美国）同时期和未来的甘蔗种植园制定了一个新的道德（或不道德）基准。我尽量不去详述或者重复在其他国家的甘蔗种植园里发生的残暴行为的细节，那样做既无必要，也重复乏味，我想突出强调的是他们管理体制的差异。

尽管我是从两种截然不同的观察角度来描述糖的暗黑历史，但千万要记住，一种角度总是会影响另一种角度。所有这些盘剥行为和残暴行径在历史上确实存在，要不然欧洲人如何能用蛋糕、糖果和咖啡吹肥他们的脸蛋？正是由于欧洲人渴求甜食，追慕身份的象征，才刺激了整个糖业的蓬勃发展。资本主义扩大生产、降低价格，让社会各阶层都能均等地享用食糖。所以，到了 21 世纪，工人阶级对糖的消耗量超过了中产阶级。为了实现这一目标，"大糖"时代左右了我们对糖的看法。然后，当我们开始觉察到糖对健康有害时，"大糖"时代则让脂肪代糖受过，让糖溜之大吉，至少是毫发无损地暂时脱了身。我们都对糖上了瘾，包括我自己，但其实这并不是什么值得大惊小怪的事。有时你们可能会认为，我对人类及其糟糕的日常饮食的选择过于贬损，毕竟现在已是 21 世纪了。但当我在电脑前敲击文字时，我还是决定把自己划入受人责骂的圈子。我是一个极端喜欢甜食的人，喜欢吃糖果、布丁和各种糕点。糖是我走下坡路的罪魁祸首，确切地说，糖是所有人"堕落"的缘由，这就是为什么它的历史会如此暗黑。

第一章　无辜蒙冤的年代

到野外采集蜂蜜并不是生性懒惰的人可以胜任的，但仅凭贪婪也无法保证能成功采集到蜂蜜。

——马吉伦内·桑图特－萨马特（Maguelonne Toussant-Samat）[1]

在糖问世以前的世界里，人类唯一能获得的甜味食品就是夏季短暂的时令水果和蜂蜜，人类依靠它们才断断续续地获得大量易消化且含有热量的食物。虽然谷类作物或其他植物的根和块茎含有复合碳水化合物，但是人类很难把它们转化成身体可以吸收的形态。[2]这是因为无论是咀嚼食物还是产生消化酶，我们的身体都需要自身的能量来分解食物，而且通常需要时间和能量对食物进行烹饪加工。在欧洲，山莓、越橘和黑莓之类的水果是糖不可或缺的来源，它们因具有甜味而备受珍视，人们总是积极寻找它们。但这些水果也需要消化，尽管它们确实含糖，但其主要成分还是水。与之相比，蜂蜜就不需要进一步消化了。采集花蜜的蜜蜂帮了大忙，首先它们用自己的唾液酶将双糖消化后转为单糖，随后在蜂巢中让它缓慢挥发使糖分浓缩，直至变成黏稠的糖浆，此时糖浆的含糖量高达95%。[3]

人类的进化过程让我们养成了在自然环境中寻找各种高热量食物的行为。

有些由寻找者和采集者组成的社会群体发现糖、采集糖的频率更高，技术也更熟练，因而工作更有成效。用达尔文的话来说，这些群体更适应环境，因为与那些能力差的群体相比，他们能繁衍更多的后代。人类的大脑经过长期进化，学会了将甜味以及对甜味的获取置于我们心中最重要的地位，并能挑选出具有甜味的高能量食物，这些食物同样非常稀少，所以找到食物后最合乎情理的对策就是暴饮暴食。这个群体就是这样拼命享用高能量的食物，尽量不让其他群体分得一份残羹。如果群体里某些人身上具有可以传承的优势特征——无论是更强的解决问题的能力，还是其大脑中具有比其他人更贪婪的享乐中枢，这些人都会在进化中胜出。换句话说，人类已经进化成一边享受着吃糖的乐趣，一边考虑下次什么时候有机会再次享受吃糖乐趣的地步。

这种对甜食无条件的热爱极大地刺激了我们今天的胃口和欲望。[4]这里值得指出的是，进化影响的不仅是一个基因或一个人，还会影响一个种群。这种情况的出现是由于一个或多个基因频率经过长时间的自然（或其他的）选择而发生变化。然而，进化的问题在于，它对未来不感兴趣，只关心当下怎么做"最舒适"。[5]进化过程一味地选择能解决问题和寻找蜂蜜的大脑，这对远古人产生了影响，并从根本上改变了他们对糖的认识方法。我们从此染上了糖瘾，这种对糖的嗜好如同我们发现糖和采集糖一样，是进化后的一种适应性。

渴求甜食造就了今天的我们。享用甜食的快感让我们的大脑产生了内源性的类鸦片活性肽，即包含海洛因、美沙酮、可待因在内的那一类镇痛剂。[6]反之，这些快感又产生了一种身体上的渴求，激发早期人类进一步发育，使其逐渐掌握了更新颖、更巧妙的获得快感的方法。换句话说，我们的计划、讨论、横向思维以及团队合作的能力都是由糖的刺激而形成的。然而，一些品行欠佳的性格特征，尤其是群体之间的残酷竞争和贪婪无度也是由糖的刺激而形成的。糖的阴暗面正是这种"好"行为和"坏"行为之间相互作用的结果，它让我们身上最优秀和最丑恶的品质显露无遗。

***

人类在其整个生存期间一直食用蜂蜜，这是毋庸置疑的。事实上，今天我们仍能看到一些大猩猩使用工具从蜂巢里掘取蜂蜜，这表明在人类有能力漫游世界之前，这种情况已经存在了很长时间。[7]据推测，大约在两百五十万年以前，人类的创造性迎来了爆发式的增长，我们的人类祖先南方古猿学会了制造和使用石器，包括高效掘取蜂蜜的石器。[8]尽管研究进化论的古生物学者非常明白人类祖先酷爱吃糖，但很少有人评价在推动这些渴求能量的大脑的进化中蜂蜜所发挥的重要作用。[9]毫无疑问，谁能熟练而迅速地使用这些工具敲开蜂巢，谁就是游戏规则的改变者，同时也能让掌握了这些新技能的部落遥遥领先于其他部落。

我们从亚洲的印度、非洲、欧洲，特别是西班牙洞穴里旧石器时代（公元前40000 年—前 8000 年）的史前艺术品中获得了这种复杂且策划周密的劫掠蜂蜜行动的第一批确凿证据。巴伦西亚的阿拉纳洞穴（Arana Cave）中的壁画清晰地描绘了劫掠蜂蜜者一只手攀附在绳索上，另一只手伸进被许多蜜蜂包围的蜂巢里的情景。其他画面显示，他们还带着一个篮子，用来装偷来的浸润着蜂蜜的蜂巢。我们从阿尔塔米拉洞穴（Altamira Cave）里的一幅壁画中看到一个人站在一个结构单薄的长梯子上，梯子摇摇晃晃地靠在直通蜂巢的一棵树上。[10]突袭蜂巢显然不适合胆小怯懦的人，因为这种方式需要超高的技巧和极大的勇气。据上所述，对许多猎食采蜜的群体来说，攀树突袭蜂巢似乎就被认定为他们的一种猎食方式。[11]

石器时代的人不遗余力地摸索着，他们不得不以更聪明的方法来参与这项最危险的活动，这一切都凸显着采集蜂蜜的确是一件非常重要的事，而且许多现代人类学的研究都支持这一看法。刚果民主共和国的埃费族人（Efe）在短暂的夏季里以家庭小群组为单位采集蜂蜜，返回时和群组里的其他人一起分享他们

西班牙阿拉纳洞穴中的一幅壁画。一位采蜜者的手正伸进一棵大树上的蜂巢里采集蜂蜜，四周的蜜蜂嗡嗡地围着他飞。（公元前 6000 年）

的战利品。埃费族人采集蜂蜜的技术非常熟练，他们带回的蜂蜜量非常大，仅靠吃蜂蜜就可以度过整个夏季，不用再吃其他食品。

在尼泊尔，有些猎食采蜜者每小时能采 40 升蜂蜜，足够群组里每名成员每天从中获取超过 1000 大卡的热量。更有意思的是，巴拉圭的阿切人（Ache）认为他们最爱吃的食物除了肉就是蜂蜜。坦桑尼亚的哈扎人（Hadza）珍爱蜂蜜甚于其他任何食品，[12] 他们还与一种名为响蜜䴕（译者注：响蜜䴕是一种会将人或动物引向蜂巢处的鸟）的鸟建立了一种令人羡慕的关系。一只响蜜䴕发现了蜂巢，就会飞向离它最近的村庄，疯狂地发出信号，在地上跳来跳去，使劲摆动尾巴，叽叽喳喳地叫个不停，为的是引起哈扎人的注意。一旦有人看到了它，它就会飞向蜂巢，引导人们去采集"丰盛的礼品"。抵达蜂巢后，它就静悄悄地停在巢口，耐心地等待人们将蜜蜂熏出来。采蜜者将蜂蜜从蜂巢中掏出后，会把蜂蜡扔在一边，此时响蜜䴕就会从树枝上跳下来，不停地啄食一旁的蜂蜡。[13]

尽管攫取蜂巢采集蜂蜜的方式别出心裁，回报也非常丰厚，但毕竟充满危险，因此在人类寻找甜食的过程中，任何能够减少伤亡的对策都会受到青睐。首先，如果蜂巢距离地面的高度比较合理，采集起来就容易得多。从青铜器时代中期开始，人们就找到了一种迁移蜂巢的方法——将蜂巢从树上连带四周的树皮一起切割下来，然后用黏土将它固定在一个容易够到的高度。[14] 这样做虽然减少了一些潜在危险，但是以这种方式获得作为能量来源的蜂蜜仍不可靠，很大程度上还得碰运气。到了公元前 7000 年左右，埃及人充分开发了获取蜂蜜的各种方法。他们模仿树上天然的蜂巢，自己动手制作蜂箱，在公元前 2600 年的陵墓中就有显示攫取蜂蜜的浮雕。[15]

当然，世上想方设法要获取糖的人并不只有蜂蜜采集者。几千年以来，人类有选择地培育植物，使其提高含糖量，又通过日晒将糖分浓缩，制作成含糖量很高的糖浆，或从大麦等谷物中提取麦芽糖。即使这样，也没有一样东西能

埃及的蜂蜜饼。在这张位于底比斯的雷克米尔（Rekhmire）陵墓（约公元前 1450 年）的墓穴画中，埃及的糕点师正从黏土烤箱中取出刚烤好的蜂蜜饼。（妮娜·德加里斯·戴维斯）

像蜂蜜那样来源直接、数量丰富且美味可口，这种情况直到甘蔗出现后才有了改变。

***

优质的甘蔗（Saccharum officinarum）在野生环境中并不存在。事实上，只是因为人类利用一些野生品种进行栽培并有选择地培育出更优秀的品质后，优质甘蔗才出现。多年生的甘蔗属植物属于禾本科，其他如玉米、高粱这样天然含糖量很高的植物也在甘蔗属之列。[16] 如果你有机会坐在田头，用手指掰折禾本科植物的茎，就会发现，有些品种的茎内都是泡沫状的髓。在甘蔗属植物中，甜味的茎汁就存在于这些泡沫状的髓中。现代种植的甘蔗大约20%的重量是蔗糖，甘蔗每天长高5厘米，最高能长到6米，外面还有一层薄薄的外皮，很容易榨碎。人工培植的甘蔗像其野生的同类一样，非常适应东南亚岛屿的环境，其理想的生长温度是27°C至38°C之间，即使温度低至21°C时也能生长。[17] 尽管其结构适于热带气候，但甘蔗属品种却能适应各种海拔高度，也就是说，只要土壤足够肥沃湿润，它们在任何海拔高度都能生长。因属于禾本科植物，甘蔗属植物可以通过营养繁殖的方式进行无性繁殖，与草莓和紫露草属植物的繁殖方式相似。确实，只要在花园里种过竹子（另一种大型的禾本科植物）的人都知道，这类植物能迅速疯狂地传播，迁移性强得令人吃惊。这种能在大多数海拔高度生长的能力，加上随时可以无性繁殖以及多年生长的特性就是其成功的秘诀。

人们对究竟有多少甘蔗物种有着不同的看法——植物遗传学是一个普通人难以理解的世界，其中有许多近亲繁殖、非亲缘繁殖、杂交和染色体重复。这就产生了一个互不关联的实体"物种"和另一个所有品种可能杂交的巨大"物种综合体"之间的变异的生理梯度。[18] 然而，第一批被培育的野生品种似乎就是Saccharum robustum（大茎野生蔗），它的拉丁名表明它比园子里种植的同类更粗壮结实。考古实证表明，它是约公元前8000年在新几内亚被培育的。世界上

甘蔗植物图版（1800 年前后）。选自西班牙植物学家弗朗西斯科·曼纽尔·布兰科（Francisco Manuel Blanco）在《菲律宾植物志》中 "甘蔗（Saccharum ocinarum）" 一文。

首先开始从事归化粮食作物的农学家中就有新几内亚人，他们还归化了另一种有前景的商品——香蕉[19]。种植大茎野生蔗是作为一种休闲食品而不是充当碳水化合物的主要来源。[20] 新几内亚人认为甘蔗非常重要，因为根据他们的神话传说，正是甘蔗使整个人类得以繁育发展[21]。大茎野生蔗最早是生长在菲律宾的野生植物，目前还不清楚是它自己迁移到了新几内亚还是有人（如生意人）把它带到了那里，不过根据新几内亚大量种植大茎野生蔗的情况判断，可能是后者。但不管怎样，新几内亚人得到这一物种后，便对其进行长期栽培，使大茎野生蔗的汁水更甜，外皮更软，纤维含量更少，更利于咀嚼，其天然形态被改变了许多，所以这种植物就被认定是优质甘蔗，或者至少是优质甘蔗的原始形态。最后，让人意想不到的是它的生长势头异常茂盛，似乎又恢复了野性，遍地开花，像野火一样在周围地区蔓延开来。印度尼西亚和所罗门群岛又都与菲律宾有贸易往来，这更促使了它的传播，随后甘蔗便进入大陆地区，在公元前 6000 年前后，传到了印度和中国，甚至在公元后第一个千年里它又进入了夏威夷群岛。[22]

大茎野生蔗归化历史的第二阶段资料不是非常清晰。当近缘物种之间基因流动极其频繁迅速时，就很难去追踪基因及其基因组了，结果就成了纠缠不清、难以解开的一团乱麻。但是，当恢复野生习性的优质甘蔗的原始形态到达印度时，它似乎再次与另一个品种——甘蔗细茎野生种（S.spontaneum）杂交。[23]这两个品种成功杂交后产生的后代（及其繁衍的新品种）往往比其母种更健壮，这就是众所周知的杂交活力。大茎野生蔗当初似乎也是这样，杂交后的品种不仅适应性强且生长速度快，这两个特点又能使品种质量日臻完美，适合大规模栽培。

***

公元前 325 年，亚历山大大帝的部分军队正在印度勘察，图谋侵占该国。就在一次特别的侦查行动中，他们偶然发现了一种能分泌出具有神秘特性物质的奇特作物。据他的手下一位名叫尼尔丘斯（Nearchus）的将军描述，"印度有一种芦苇，无须蜜蜂相助便能产生类似蜂蜜一样的物质，用它作原料可以制作出一种人人喜爱的饮料，不过这种芦苇并不结果"。他的这一奇遇反映了当时在更广阔的世界范围内人们有限的几次享受甜食的机会。尼尔丘斯简直不敢想象会有这样一种既不源自蜂蜜也不源自水果的甜品，有关这个令人振奋的"甜蜜植物"的消息与几份样本一起被送到了马其顿。但是，随后一切似乎就没了下文——仿佛这只不过是来自远方国度的罕见珍品而已。你也许听说过亚历山大大帝对在埃及培育甘蔗感到异常兴奋的故事，可遗憾的是，这些故事都是杜撰出来的。[24]

亚历山大可能不会知道，在尼尔丘斯偶然发现甘蔗之前，甘蔗在印度种植和收获已有六百年的历史。[25] 甘蔗的外皮薄，很容易剥开，经榨碎后提取汁液，随后将汁液煮沸熬制成赤砂糖。[26] 这种糖叫"格尔"（gur），如今印度仍然生产这种糖供百姓食用，人们通常称其为"贾格尔"（jaggery），这也是它在非洲的统称。在第二次大规模种植甘蔗的浪潮中这个名字被引入印度，当时印度由大英帝国统治。Gur 是一个梵语词，意思是"球"，可能是因为在制糖的最后一个阶段会形成一种黑黢黢的黏稠球状物的缘故。[27]

到了公元前 325 年，"格尔"与大米、大麦粉、小麦粉以及各种调味品掺杂在一起，制成大量甜食和类似尼尔丘斯所饮用的那种甜味饮料，甚至还有一种米粉布丁。两百年后，有些手稿中还多次提到不同等级的糖，有关糖和制糖的整套词汇已经在手稿中出现。[28] 即使在今天，印度的宗教信徒依然高度敬重制糖业，糖在他们眼里是 sattvic——纯洁得人人都可以享用，包括圣人。[29] 他们认为糖具有药用价值，可以缓解腹部疼痛，是健康的生殖系统必不可少的养分，[30] 这一看法经由中东传到了欧洲，那里的内科医生在春季总会给病人开一些糖，以平衡人的体液，并减缓大斋期腰部的不适。

除了公元前 4 世纪尼尔丘斯对糖的短暂兴趣外，只有一个事件与印度糖沾点边，这就是大流士一世率领的波斯军队发起的侵略战争。但是，他们对甘蔗以及从甘蔗中提取的物质似乎也没有什么真正的兴趣，[31] 在接下来的一千年中波斯人再也没有提及糖或甘蔗。[32] 糖再次被提及时已经是 6 世纪了，那时糖的种植、榨取和提炼已经在各地有条不紊地展开，所以在相当长的一段时间里，他们对整个制糖过程了如指掌。6 世纪时，波斯帝国的地位已相当稳固，办事效率高，中央集权威及四海，成就显赫，其中就包括他们研制出了一套非常成功的灌溉系统。从 2 世纪起，修修补补地一直延续到此时还在使用。他们利用该系统浇灌水稻之类干涸的庄稼。所以，当能独立成活的甘蔗插条出现时，甘蔗的种植就随即开始了，制糖业也很快迎来了发展的高潮期。[33]

有一个传说讲述了甘蔗是如何传到波斯的。6 世纪，萨桑王朝君主肖斯罗斯一世（Chosrose I）正在印度征战。有一天，他离开了军营到外面闲逛，天气炎热，又累又渴的他感觉喘不过气来。正在此时，他发现了一座带有漂亮花园的农舍。他见有一位姑娘正在打理花园，便叫姑娘过来，向她要了一杯水喝。姑娘彬彬有礼地答应了他的要求，退回农舍。不料姑娘回来后端来的不是一杯水，而是一杯甘蔗汁。甘蔗汁美味醉人，他又要了一杯。喝了这甘甜的琼浆玉液后他大为满足（也许还有点神志不清）。就像所有威严的国王一样，他调来了部队立即把这座农舍和花园占为己有。[34] 面对事态的发展，姑娘感到惴惴不安，不过她根本无须担心，因为国王希望女孩能嫁给他（尽管我至今也不敢肯定那是否能算作一种恰当的解决方法）。不管是真是假，这个故事表明，当时波斯人已经将这种植物连同其种植和榨汁方法一起从印度带到了欧洲。

7 世纪，中世纪的伊斯兰帝国开始大肆扩张，一路横扫叙利亚、埃及、巴勒斯坦等国，甘蔗也随之传到各地。尼罗河三角洲的环境非常利于甘蔗种植，这是因为尼罗河径流量丰富，流域内的土质异常肥沃。埃及因生产高质量的糖而闻名于世，那里的糖被认为是"全球质量最好的，白如雪，硬如石"。[35] 显然，他们不再生产赤砂糖，而是提炼更为纯粹的白糖。他们不仅能生产出更精致的产品，而且甘蔗的种植和制糖业已经从农村的小作坊生产发展成了更大规模的产业。到了 10 世纪，第一批如我们今天想象的甘蔗种植园相继建立起来。我们从早期阿拉伯旅行作家那里得到很多有关甘蔗种植园的资讯，这些作家告诉我们，幼发拉底河两岸都有甘蔗种植园，甚至向东一直沿印度方向向印度河三角洲西部扩展。同时，种植园还向北扩展直至里海南岸，也就是今天的阿富汗。[36]

穆斯林在近东和中东的胜利刺激了他们迅速西扩，最初是沿着地中海南岸，随后又向地中海各岛屿扩张。[37] 7 世纪，伊斯兰帝国从叙利亚开始向外扩张，然后在 640 年一路推进到埃及和北非，658 年攻占希腊罗德岛，682 年抵达摩洛哥。他们还推进到地中海各岛屿，644 年入侵塞浦路斯，655 年出兵西西里岛，并于

711 年抵达西班牙。当然，要想占领并让这些国家完全稳定下来需要时间，但是一旦站稳脚跟，他们便在 823 年夺取了克里特岛，并在 870 年的第二波军事行动中占领了马耳他。[38]

尽管领土得而复失，但伊斯兰帝国在数世纪以来依然相对稳定，这样他们就有了充足的时间来改进制糖工艺。因此，在这些早年扩张期间"进行的甘蔗种植试验比随后直至 19 世纪的任何时期都多"。[39] 他们所选定的方法在随后的一千年中几乎没什么变化：两节长的短节甘蔗（称为 setts），水平种在被他们充分灌溉的肥沃土壤里。这些卧倒种植的短节甘蔗，每一节上都会长出几根茎，形成非常稠密的甘蔗田，工人几乎无法进去除草。甘蔗收割后，会被集中运到压榨工厂，由水动碾磨机压碎后提取甘蔗汁，然后将汁液倒入铜缸中在柴火上熬制浓缩。浓缩的时间是最关键的，从收割直到煮沸的整个过程必须在 24 小时内完成。超过 24 小时，甘蔗中的酶以及提取出来的甘蔗汁便会将蔗糖转化成其组成分子、葡萄糖和果糖，这些分子不能结晶，只能形成糖浆。将甘蔗汁煮沸使酶改变性质，迫使杂质浮到表面，然后将其撇掉。最后，超饱和的糖浆将被浓缩到足以在其表面形成晶体的状态，再小心翼翼地用一把长长的大木勺把它们舀到柳条筐里，等待其慢慢失去水分后干燥硬化。[40]

当伊斯兰帝国向西扩张至欧洲时，它在农业大革命中培育大量新颖作物的知识和技术也向西传到了欧洲，这不仅让食物发生了变化，也深刻地改变了医学、数学和哲学等领域。到了 10 世纪，伊斯兰帝国已成为一个非常成功的贸易强国，它不仅垄断了制糖业和甘蔗种植业，还控制了与亚洲的调味品贸易。巴格达成为整个帝国的贸易中心——这是一座货仓式的城市，它将各种异国产品以极其昂贵的价格销售至帝国的各个角落。这里不仅有调味品和食糖，还有精致诱人的甜点和甜食，如杏仁蛋白软糖、卡拉梅尔糖（caramel）（译者注：卡拉梅尔糖是一种焦糖味的耐嚼奶糖）等。[41] 这些发展大多是威尼斯商人推动的结果，因为他们知道这样做可以从中获得巨大的潜在利润。威尼斯处在欧洲、北非和中东之间，客观上完全有条件进行商贸活动，再加上威尼斯人头脑精明，行动坚毅，很快就与穆斯林建立了商贸联系。因此，海外犹太人聚集区和伊斯兰帝国之间绝大部分的食糖贸易业务尽在他们的掌握之中。[42]

＊＊＊

中世纪地中海地区的官方历史中有关糖的部分通常不是重点，但有一条注释值得注意，其中说到，糖是从战场上归来的十字军战士搞到的，他们出于猎奇的心理，把糖作为珍品在他们中间相互传递。[43] 他们为延续几个世纪的制糖工业设计了蓝图，这在我们看来是一件具有独特意义的事。[44] 另外，整个地中海沿岸都种起了甘蔗，这使北非和西班牙南部在 11 世纪初成了除近东和中东之外最重要的食糖生产中心。[45] 961 年的《卡尔多瓦省大事记》里就有对西班牙最早的记述，列举了那一年各种持续的活动和大事件，其中说到，甘蔗种植在当地已经有了声誉，完全融入了西班牙的穆斯林经济（译者注：从 714 年起至 1492 年西班牙"光复运动"胜利的近八百年间，西班牙几乎都信仰伊斯兰教）。最后，他们不仅是在自己的国家内进行糖的贸易，到了 1300 年，欧洲城市如布鲁日就已经能采购到穆斯林的 Malagan 糖了。[46]

伊斯兰帝国在种植甘蔗方面的成功秘诀归根结底在于他们掌握了有关灌溉的知识和技能。在甘蔗被引进前，他们就率先开创了一种技术，沿河两岸修建了长年流水不断的灌溉渠，使河水改道以浇灌庄稼，或者沿着广泛的地下管道网，经由戽斗车——用皮带系住的吊桶，将水直接送到田里。[47] 埃及人加强了这些灌溉措施，每一个生长季浇灌田地高达 28 次，[48] 让土地在夏季始终保持高产，因为在一般情况下夏季土地干涸，不适合种植甘蔗。气候始终是一个限制因素，埃及不是热带的新几内亚，这里一到冬季气温下降太厉害，无法种植甘蔗，对此人们也都束手无策。

正如早期的灌溉方法被应用于甘蔗种植一样，碾磨与榨取也是采用早期的方法。甘蔗的碾磨不论从哪方面说都是甘蔗种植园最重要的工作，几百年来，小麦都是经石磨碾压后才出面粉，橄榄和葡萄经压榨后才出油出汁。[49] 甘蔗有两种碾磨方法：一种是将一个圆形的大磨盘水平安置在固定位置，上面放上另一个可以转动的磨盘；另一种是将一个圆形磨盘垂直安装在一个凹陷的装置中叫"边缘转动碾磨"，转动此磨盘可将甘蔗压碎。这些碾磨方法有两个缺陷：首先，必须将甘蔗截成短节，这很浪费时间；其次，榨取效率太低，甘蔗必须经过两次碾压。即使经过两次碾压，也只有一半的甘蔗汁被榨取出来。不过到了15世纪末马德拉群岛（Madeira）上的制糖形成规模生产后，这种方法便得到了有效改善。[50] 由于甘蔗的分量重（其中大部分是木质纤维和水）加之又必须迅速加工，所以糖的提炼与甘蔗的收获必须是在同一地点。直到15世纪，葡萄牙人才将这两种加工过程分离开来。

甘蔗随着伊斯兰农业从东方传到了西方，同时传到西方的还有他们对土地和劳动力的管理方法。在伊斯兰帝国发展的初始阶段，土地是由佃农管理。但当国内对糖的需求量增加时，额外的劳动力需求也迅速增加，他们便求助于没有自由身的奴隶劳工来解决这个问题。这似乎是第一次在种植园里使用奴隶劳工。然而，这里的奴隶制和后来欧洲体制下更残酷的奴隶制有一个很大的不同，伊斯兰帝国中的奴隶是对当时现存劳动力的补充，因为现存劳动力已无法满足生产需求。这当然不是为奴隶制辩解，奴隶制没有任何可以辩解的理由，这其中有一个人口结构变化的原因。正如威廉·D·菲利普斯指出的那样："伊比利亚是奴隶阶层的家，而不是奴隶社会。"[51]

对许多人来说，奴隶制就是奴隶制，他们坚定地指责说，奴隶制和食糖的紧密相连就发端于伊斯兰帝国。而另一些人，由于听信了菲利普斯作出的区分论，便坚决否认上述说法。不管持哪种看法，糖的历史已经有了第一道暗黑的污迹。但更糟糕的事情还在后面，糖和奴隶制之间无法消除的关联是在之后很长一段时间内才形成的。·

第二章　白人涉足

必须强调的是，黑人奴隶制与甘蔗的联姻发端于欧洲人。

——斯图尔特·*B*·施瓦茨（Stuart B. Schwartz）[1]

人们普遍认为，直到十字军从宗教圣地带回一些糖和大量从未见过的异国食品后，西欧才第一次尝到糖的滋味。严格来说，事实并不是这样。在十字军第一次东征前的几十年，一小股诺曼军队入侵了穆斯林占据的西西里岛。其实他们的祖先过去就居住在西西里岛上一个看起来相当安定且拥有多元文化的社区里，他们经常向自己的亲属分发糖和其他食品，并告知他们，如果喜欢，随时可以去品尝。

尽管一开始屡遭失败，诺曼人还是控制并恢复了穆斯林当局遗留下来的糖业生产，多半都保留了原有的劳动力。这样糖就开始流向西方，虽然量不大，却始终持续不断，而且没有像人们预料的那样触发了欧洲制糖业的迅速发展。其实，大部分商人对制糖业并不予以理会，他们更感兴趣的是伊斯兰帝国，这个帝国才是巨大财富的来源，可是它只是在自己蜿蜒辽阔的疆域内经销自己的糖。不过，毗邻的欧洲国家与穆斯林的西班牙人有一些贸易来往，所以数量不多的糖就这样在基督教的西方出现了。[2]

1099 年第一次十字军东征结束后，他们才带回了相当数量的糖，不过也只有高官显贵才能享受这些美味，他们的需求也能得到满足。西西里岛依旧是一个小规模产糖的地方，因为它并不处于十字军前往宗教圣地的路线上。1104 年阿卡（Acre）（译者注：阿卡古城是位于以色列北部的古老海港城市，曾是十字军东征时所建立的耶路撒冷王国的首都和最后据点）围城战时，他们将为数不多的甘蔗收集在一起，为了不至于饿死他们不得不靠咀嚼甘蔗度日。[3] 到十字军东征结束时，他们已经对甘蔗和糖有了兴趣。最后，十字军开始占领阿卡、埃及、叙利亚和提尔（Tyre）（译者注：提尔为黎巴嫩西南部城市）。到了 12 世纪，这些地区都具备了大规模产糖的能力，尤其是在黎凡特地区（Levant）（译者注：黎凡特地区指地中海东部诸国及岛屿，即包括叙利亚、黎巴嫩等在内的自希腊至埃及的地区），第一批由基督徒生产的糖就是从这里出口输往欧洲。然而，糖的首次大规模货运离港前往英格兰则是一百年以后的事了。[4]

尽管近东的各国大多已经易主了，但那些意大利商人还在做贸易这一行，继续出口糖，他们只是调整了其贸易方向，转而与笃信基督教的欧洲人做起了生意。许多欧洲人在十字军东征时到过圣地，我们在那里发现了首批欧洲人对甘蔗的记述资料。例如，第七次十字军东征时，跟随路易九世国王的法国著名编年史家让·德儒安维尔（Jean de Joinville）在记述中就提到，"甘蔗数量相当多，这是他们制糖的原料"。[5] 甘蔗种植园的数量呈指数级增长，许多种植园都是由威尼斯商人、圣殿骑士团成员、教会慈善机构工作人员和条顿骑士团成员提供资金资助的。[6] 高效率的出口系统很快出现了：将糖制作成长方体或圆锥形，前者用棕榈叶包装，并加盖制作商的商标，然后装入柳条箱；后者的形状不易装进盒子，于是他们将糖的尖顶部分削去，碾磨成精细粉状后加价出售。产品中还有一种色彩缤纷的坚硬糖果，颜色从几乎透明无色到深棕色，应有尽有。[7]

基督徒对制糖业做出的一些结构性改变也给城市造成了一些不利影响。制糖厂从种植园搬迁到了城市中心，目的是让众多的种植园为少量大型糖厂提供

14 世纪的这幅画刻画了阿卡围城战的情景，在这次战斗中十字军战士第一次对糖和甘蔗产生了兴趣。（大英图书馆）

原料，试图提高生产效率，结果这一举措不仅让城里的空气很快被污染，也让城市人口变得过于拥挤。

　　基督徒占领圣地自然无法持续下去。在萨拉丁（Saladin）和他侄子的领导下，穆斯林对圣城发起了攻击，迫使十字军战士撤离叙利亚，叙利亚城中心的制糖厂随即遭到拆毁。[8] 从宗教征服的角度来看，失去了这些被占领的领土对十字军来说是沉重的打击，但是他们的糖业生产只是暂时受到了影响。事后来看，那正是一个最佳时机。这一地区的糖产量刚开始下降，返回家中的穆斯林看到这一切后都感到十分悲伤，因为地里所有像样的木材几乎都被砍伐光，扔进了锅炉房的大火炉中。然而，欧洲人却在占领中学到了很多东西，不管到了什么地方，他们都可以复制甘蔗种植园和制糖厂那一套体系。[9]

基督徒的糖业生产也传到了克里特岛和塞浦路斯，当时十字军正在增援为圣地而战的基督徒，这两地是途中的停靠点。甘蔗的种植和加工需要大量的劳动力和大批用于种植、压榨、熬浓、提炼以及海运的设备，这可不是一个普通小商人所能经营的项目。它需要巨大的投资，只有富裕的教会慈善机构的神职人员、圣殿骑士团成员或威尼斯商人才有这种实力，才拿得出启动资金和为企业劳工支付工资的巨额贷款。[10]

伊斯兰教的制糖业在逆境中坚持了下来，继续在巴格达南部生产糖，随着13世纪中叶土耳其人的入侵，糖业生产又突然停顿了下来。当一批由600头骆驼组成的携带着大量食糖的商队被土耳其人俘虏后，伊斯兰教仅剩的制糖业便被彻底摧垮。[11]整个地区被土耳其人征服了，"1258年巴格达被成吉思汗的孙子呼拉古（Hulagu）带兵攻占后，阿拉伯帝国阿拔斯王朝最后一任哈里发（Abbasid Khalif）（译者注：穆罕默德去世后"哈里发"被用于指称穆罕默德的继承人，即伊斯兰政治、宗教领袖的称谓，以及中世纪政教合一的阿拉伯国家和奥斯曼帝国国家元首的称号，于1924年被废除）……被处死。随着波斯帝国的瓦解，制糖业也消失了。"[12]叙利亚的一些甘蔗种植园勉强在坚持，但是当近东14世纪惨遭黑死病袭击时，种植园的数量也急剧萎缩，所剩无几了。随着效率更高的基督徒的制糖业迁移至马德拉群岛、加那利群岛和新大陆，伊斯兰教制糖业的衰败终成定局。

笃信基督教的欧洲现在成了全球最大的食糖生产基地，他们"先于加勒比人种植园研制出制糖的方法，也为未来所有的糖业生产建立了模板"。制糖业还需要大批的技术工人，诸如制作工具的铁匠和制作装糖的板条箱和大木桶的箍桶匠等。[13]由于木材短缺，制糖业被迫进一步向西、向南转移，但是可供开发的地方已经很少了。这时，制糖业便将注意力瞄向了西方国家的边缘地带——

马德拉群岛、加那利群岛、圣多美岛和西非。葡萄牙人便是这方面的先驱者。

要满足对糖不断增长的需求，就需要大量的商贸、技术和社会组织。这三个层面综合在一起就形成了制糖业的独特结构——集种植、碾磨和提炼于一体的制糖业联合体。[14] 它们之间的相互沟通与合作是极为复杂的，但协调管理这场"战役"的是一些成熟老练的指挥官，他们让这一联合体变成了一个易于转移到任何新区域的系统。这个联合体被认为是世界上第一个资本主义企业，而心甘情愿自掏腰包让这个联合体的齿轮转动起来的正是欧洲的贵族和商人。[15]

资本主义需要效率和规模经济，为了解决这个问题，最后阶段糖的提炼环节就迁移到了欧洲大陆，这也打破了利用提炼过程中产生的废弃物给甘蔗田施肥的循环。没过多久，当土壤中的养分快速流失后，恶果就开始显现出来。当然，锅炉房里的大火炉仍然需要燃烧木材，但是木材已经无法从当地获取，必须从别处运进来，因为马德拉群岛上的木材已被砍伐光，早就被送往木材资源匮乏的地中海地区的其他制糖业联合体充当燃料了。实际上，马德拉群岛上的森林资源异常丰富，以至于很多甘蔗种植园所需的巨额投资都是通过将木材卖到欧洲大陆后筹集到的。[16] 后来发现马德拉群岛上一年四季都可以种植甘蔗时，第一次大规模的甘蔗单一品种的栽培便开始了。虽然超长距离运输设备是一项十分艰巨的任务，但是第一座榨糖厂和水轮机还是在热那亚商人的资助下于1436年建成并安装。[17] 1446年马德拉群岛出产的糖经由布里斯托尔的码头登陆英格兰，到了15世纪60年代，葡萄牙人垄断了欧洲的糖业生产。[18] 从1505年至1509年间，马德拉群岛的糖年产量连续超过2000多吨，[19] 但这些制糖业的先驱者已经入不敷出——本地的木材严重短缺，又因岛上种植的是单一作物，所以他们连食物都完全依赖进口。而且，岛上森林资源的匮乏导致土壤被大面积侵蚀，糖的产量也开始下降。

葡萄牙人和卡斯蒂利亚人（the Castilians）（译者注：卡斯蒂利亚人即西班牙人）之间的一场恶战使葡萄牙人失去了对马德拉群岛的控制，他们试图在加那利群岛上复制他们成功的想法也化为了泡影。1491 年，蝗灾开始在他们失去的岛屿上肆虐，这一度让葡萄牙人继续处于有利地位，他们肯定感到很宽慰，甚至私下还有点自鸣得意。[20] 尽管如此，西班牙人还是想方设法地生产出一定数量的糖，采用的还是葡萄牙人的方法。西班牙人其实根本无法与他们的对手展开较量，不过他们又耍起了花招：在 1529 年签订的《萨拉戈萨条约》中，西班牙籍教皇亚历山大六世（Pope Alexander VI）早已赋予了他们殖民新大陆的权利。殖民者在西印度群岛登陆，先后在伊斯帕尼奥拉岛和古巴开始种植甘蔗。

1502 年西班牙人用武力将穆斯林从西班牙驱逐出境，夺回了他们遗留下来的甘蔗种植园，留住了自己在旧大陆的一席之地。然而，面对葡萄牙大规模的制糖业，西班牙仍无法与之抗衡，并逐渐开始走向衰落。西班牙气候过于温和，季节性强，一年中只有三分之二的时间适合甘蔗生长。令人惊叹的是，一些巴伦西亚地区的甘蔗种植园竟然奋力坚持生产到了 18 世纪 50 年代，不过当一个极端严寒的冬季将全部根状茎冻死后，就注定了他们不幸的命运。[21] 那时候，制糖业需要持续稳定的高产才能满足需求，也只有热带和亚热带地区才能满足这些条件。然而，燃料短缺的问题很快又冒了出来：7 公斤的甘蔗汁需要加热蒸发掉 5 公斤的水，才能产出 2 公斤的结晶糖。[22] 所需的大量燃料要么从新占领的巴西运过来，要么以高额成本从北非和森林尽毁的地中海地区获得，所以尽管是规模生产，但糖价一直居高不下。这使得西班牙的甘蔗种植园依然可以长期坚持生产，因为他们可以获得廉价的北欧木材，而且糖的出口距离短，他们又可以从中获益。由于燃料和运输成本低，西班牙巴伦西亚的糖把产量上的损失又赢了回来。[23]

甘蔗在亚热带的马德拉群岛获得了理想的生长环境，可以持续生长，这就导致锅炉一天 24 小时都在运转，一刻也停不下来。这里的机构设置也简单明了：自由人负责联合体内的技术操作，监视并协调生产的每一个阶段，包括实施惩罚。葡萄牙人的管理体制是严酷的，有的人认为必须这样做才行，因为需要不断地辛苦劳作才能保持种植园和制糖厂不停运转。一开始，马德拉群岛上的当地人承担的工作异常繁重，但当他们因过劳而死后，葡萄牙人面临的就是劳动力短缺的局面。随着欧洲对糖的需求量的增长，迫使制糖业降低糖价，种植园园主发现，要想继续获得丰厚利润，就不能再使用自由人。所以，他们从西欧边缘地区进口了大量奴隶劳工来解决这个问题。说一个臭名昭著的实例吧，那是在 1493 年，2000 名 2 岁至 10 岁的葡萄牙籍的犹太人孩子被运至圣多美，仅仅是为了让他们在联合体内卖苦力。这些孩子都是孤儿，他们的父母因拒绝信仰基督教而被宗教法庭处死了。只过了一年这些孤儿大多夭折了，只剩下 600 人。[24]

当葡萄牙人考察非洲沿海地区时，非洲大陆的北部和西部就成了欧洲的边缘部分。没过多久，西非人就来与他们接触。第一批黑奴贸易就是葡萄牙人经手的，他们在葡萄牙航海家亨利亲王（Prince Henry）的指导下，意识到头等大事是必须对有异国情调的热带及亚热带新殖民地提出领土主权要求。但是，让他们牵肠挂肚的又何止是糖的问题，他们是想在非洲沿海的圣多美、费尔南多波岛和安哥拉建立殖民地寻找金矿和香料，[25] 正是在这些地方非洲人苦难的命运与奴隶贸易紧紧地捆绑在了一起。

1441 年，一位名叫安塔姆·贡萨尔维兹（Antam Gonçalvez）的毫无经验却雄心勃勃的船长驾船沿非洲西海岸航行时获得了一些异国的赃物，他希望用它们来讨好亨利亲王。[26] 在这次"冒险"的经历中，他绑架了一些亚裔和非洲裔人，并自以为他们是献给亲王和王室人员的最佳礼物。但事实证明，这些人质都是伊斯兰教信徒，他们还费尽心机向船长说教，说作为圣徒他们都是高贵的人，不愿意被带到葡萄牙去受辱，不愿意以奴隶的身份度过余生。不过，他们知道在非洲大陆的腹地还有更适合充当奴隶的"含的后裔"。含是诺亚的次子，仅仅因为他看到了父亲醉酒后失态地裸体而卧，便遭到了诺亚当面诅咒，让他一辈子受人奴役。这看来有点过于严酷，尤其是诺亚将这一诅咒扩展到含的所有后裔身上。这些伊斯兰教信徒中有人愿意用自己的自由身换取含的后裔，他们与贡萨尔维兹达成一项协议，充当他的助手，协助他捕获了 223 名非洲人，并立即将他们从几内亚运到了葡萄牙。葡萄牙国王收到第一批货物后非常高兴，便允许每年派遣一艘船开往几内亚，带回 150 个奴隶。[27]

那时非洲的奴隶制还没有马上形成，非洲人也没有被大规模地送往马德拉群岛上的制糖业联合体，但黑人奴隶的数量很快就开始增加，到了 15 世纪 40 年代末，每年就有 1000 多名黑人奴隶被贩卖到葡萄牙去从事家政服务或在城镇就业。[28] 实际上，这一奴隶贸易一直持续不断。到了 16 世纪中叶，在葡萄牙阿尔加维的人口中非洲人数量占十分之一，并已开始融入葡萄牙社会，融入之后社会非常和谐，连非洲人的奴隶身份也逐渐淡化。然而，制糖业的迅猛发展注定会改变这一切，因为被送往糖业殖民地去帮助解决需求问题的只有非洲人，没有其他人。葡萄牙人选择非洲人仅仅是因为他们近在手边，因此劳动力运输也最为高效。

皮特·费尔哈特（Piet Verhaert）19 世纪创作的这幅画描绘的是 16 世纪初水手们带着加那利群岛（Canaries）生产的糖返回西班牙大陆时的情景。（维基共享资源网）

15 世纪后半叶，马德拉群岛每年能生产 1000 吨的精制糖，但是这种疯狂的种植耗尽了土壤的肥力，可能早在 1430 年，糖的产量便开始下降。[29] 马德拉群岛和加那利群岛制糖业的全盛时期已一去不复返，制糖业的指挥棒已经传给了新大陆。西班牙人已在西印度洋群岛的大安的列斯群岛（Greater Antilles）上建立了殖民地，葡萄牙人公然违犯《萨拉戈萨条约》中的条款，在巴西登陆。他们在那里砍伐了大量的木材出售给旧大陆，并获得了巨额利润，这些利润足以进行资本投资，建立他们自己的制糖业联合体，糖产量比他们在马德拉群岛上的产量更高。马德拉群岛则从昔日旧大陆边缘地区的主要食糖生产基地摇身一变，成了名副其实的通往新大陆的一块敲门砖。[30]

第三章　新大陆的开拓者：
　西班牙和葡萄牙的制糖业

> 没有糖，恐怕只有小规模的奴隶贸易；有了糖，奴隶贸易便加速推动了欧洲的贸易和发展。
>
> ——彼得·麦金尼斯（Peter Macinnis）[1]

1492 年，经过一场"旷日持久的西行"后，克里斯托弗·哥伦布（Christopher Columbus）总算第一次见到了大陆，他误以为自己最初登陆的群岛是印度沿海的岛屿，于是就将它们命名为西印度群岛。[2] 根据这一发现，他建立了一条可供西班牙殖民、贸易和发展的航线，这条航线将继续连接南美洲大陆。这是他的第一次航行，但我们对他一年后的第二次航行更感兴趣。

哥伦布是一名热那亚商人，过去曾经营马德拉群岛的制糖业。[3] 但是，当马德拉群岛的制糖业衰落后，他像其他商人一样，将注意力转向了西班牙的卡那利群岛（Canary Islands）。他试图建立制糖业联合体，但是他的霸道作风已经臭名远扬，没有人愿意与他共事，结果一个联合体也没能运转起来。然而，正是在那里他遇到了他的情妇比阿特丽斯·恩里克斯·德阿拉娜（Beatriz Enríquez de Arana），她是岛上最富有的一位种植园园主的女儿。这是一对成功的伉俪，在爱情的驱动下，比阿特丽斯说服哥伦布在第二次航行时带上大量的甘蔗插条，因为她觉得那里的自然条件一定很适合甘蔗的生长。彼得·麦金尼斯说，其实哥伦布根本不需要别人说服他，"他那次不起眼的航行，对美洲的发展产生的不可估量的影响，无人可与之比肩，成就新大陆的许多重大事件都起源于那些甘蔗田"。[4]

第二次航行是一次建立殖民地的航行。当哥伦布于 1493 年离开卡那利群岛前往大安的列斯群岛中的第二大岛伊斯帕尼奥拉岛（Hispaniola）时，除了带着驯养的家畜外，他还偷偷带去了几种重要的粮食作物的种子。跟随他航行的还有1.2 万名殖民者，他期盼这些人去管理这一方土地，并利用带去的这些植物和家畜培育出一种新的文明。[5] 当然，他还期盼他们能种植甘蔗。

这些新殖民者身上都有一种勇敢和乐观的精神，渴望并随时准备为自己创建一个崭新的世界。但是，灾难不仅会降临在这些殖民者的头上，也会降临在伊斯帕尼奥拉岛上不知情的泰诺人（Taino）（译者注：泰诺人是巴哈马和大安的列斯群岛已绝种的印第安人）身上。哥伦布第一次航行抵达时，曾受到这些人的热情欢迎。但是，他的第二次航行却注定了泰诺人的命运，因为他随身携带着西班牙国王费迪南德二世（Ferdinand Ⅱ）的敕令，这是对新大陆全体土著人的敕令，其中包括西班牙王室的意图以及他们对这一新大陆合法的拥有权。在他们看来，即将进行的征服是他们神圣的权利：亚历山大六世教皇已将非基督教的世界一分为二，将非洲和印度赠予葡萄牙，而将新大陆归于西班牙。[6] 敕令宣称，"已故教皇将大洋中的这些岛屿和大陆以及他签署的内容交给了上文提及的国王……并以书面形式得到批准。诸位如果愿意，可参阅文件"。但是，一旦有人敢阻止的话，他们就会明确地表示会如何去占领它："我们将让你们、你们的妻儿成为我们的奴隶，还会把你们卖掉，或者按照国王认定的合适的方式处置你们。"不但如此，他们还推卸掉自己应该承担的所有责任："我们将宣布，你们要对因此而产生的死伤承担责任。王室成员、我们自己以及陪同我们一起前来的绅士都将豁免。"[7] 他们不但完全合法地允许自己为所欲为，还坚定而明确地

一幅肖像画。据说画中人为 1519 年的克里斯托弗·哥伦布。他"对今日美洲产生的巨大影响可能使其他任何人都自愧弗如"。（大都会艺术博物馆）

指出哪一方将对未来抵抗的后果承担责任，所有这一切都形成了文件。可以说，泰诺人是被骗了。他们根本没有什么土地所有权的概念，也没有预料到这些白人侵略者会如此残暴无情。

后来，哥伦布在描述泰诺人时说他们"机敏有才智"，然而却"出奇的胆怯"，他们没有武器，"也不会使用武器"，西班牙人轻而易举地就制伏了他们。[8] 这些不会诉诸武力的人民与急速增长的欧洲人和残酷无情的资本主义堪称云泥之别：他们与环境和谐相处，种植各种各样的农作物，从不为私利而过度开发资源。

西印度群岛上居住着几个不同的民族，其中包括安分守己的阿拉瓦克人（Arawaks），还有最臭名昭著的加勒比人（Caribs），这是一个崇尚武力的部落，起源于巴西，但却散居在西印度群岛的特立尼达（Trinidad）、瓜德罗普（Guadeloup）、马提尼克（Martinique）和多米尼加（Dominica）等地。像泰诺人一样，他们与自然和谐相处，但与泰诺人不同的是，他们都是凶猛的武士，在大部分时间里，他们不是袭击其他部落，就是威胁西班牙人的定居点。袭击其他部落时，他们常常会劫持部落首领。但最让人担忧的是，他们还会捕人食其肉，并以嘲弄西班牙人为乐，说什么西班牙人肉太老、嚼不烂，吃后会胃疼；他们更喜食法国人的肉，因为法国人个个细皮嫩肉。实际上，加勒比人认为捕人食其肉是一种高尚圣洁且神秘莫测的行为，他们从中吮吸的是被害者身上的"力量、勇气和技艺"。[9] 显然，加勒比人这么做是经过深思熟虑的，他们认为这些人是值得食用的。然而人们怀疑，他们在捕人食其肉的过程中是否会有一种清新的安逸感，也就是说人们急切地想知道，这些食人肉者是否吃起人来个个都津津有味。下面我们来说一下 1666 年发生的一起牵涉安提瓜（Antigua）前总督的严重事件：

> 一群加勒比人登陆后，残酷地虐待当地毫无抵抗力的居民。最后，他们来到了前总督卡登（Carden）上校的住处。总督对他们十分友善，有求必应。离开时，他们非要已经热情款待过他们的总督陪同他们一起去海滩，总督立刻答应了。但是，这些加勒比人比沙漠里出没的野兽更奸诈刁钻，刚走到独木舟停靠的地方，他们便扑倒了善良的主人，残酷地将卡登杀害，将其头颅烤焙后，带到了多米尼加。他们对这一恐怖暴行还不满足……又回到了卡登上校的住处，抓走了他的妻子和孩子，将卡登的厄运告知他们后，又匆忙地把他们全都带走，让他们遭受生不如死的监禁生活。[10]

尽管他们残忍好斗，但这些加勒比人最终还是像西印度群岛上的当地居民一样，死于疾病和迫害。然而，确实有一些加勒比人在多米尼加的一个保护区内活了下来，这个保护区是英国人从法国人手里接管了多米尼加后在岛上建立的。[11]

西班牙殖民者在圣多明各登陆后便开始在伊斯帕尼奥拉岛上建立殖民地，

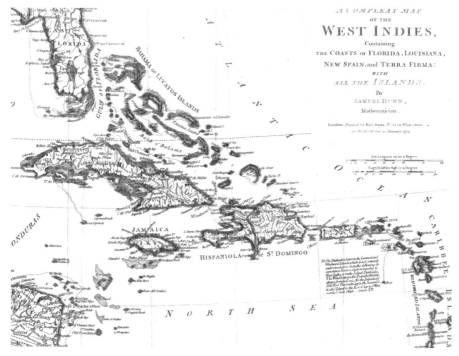

"精密绘制的一幅西印度群岛地图"（1774 年）的细节。在大安的列斯群岛、古巴和伊斯帕尼奥拉岛的映衬下的小安的列斯群岛的各个迷你小岛。（美国国会图书馆）

种植农作物，创建他们的新大陆。哥伦布在旧大陆可能永远也创建不了一个甘蔗种植园，但在这里他完全可以做到，因为他无须向任何人负责，他完全统治着这个岛屿以及岛上的殖民者。一开始，岛上的居民备受鼓舞，确实也感到很宽慰，因为主粮产品小麦的长势很好。[12] 但是，哥伦布和大多数殖民者的关注点不是种植主粮产品，而是如何淘金，因为岛上的金矿很丰富。起初他们强迫当地人交出家里珍藏的金粉和天然金块，后来"据他们自己的历史学家记载，他们还驱赶当地人到金矿当苦力，很多人死在了那里，因为大部分金矿都垮塌了"。[13]

他们占领后将新土地化整为零地分给殖民者，根本不考虑当地许多土著人的生存问题。泰诺人被允许待在他们自己的土地上充当奴隶，很快他们都染上西方的疾病：肺结核、百日咳、流感、胸膜炎、麻疹、斑疹伤寒、霍乱、腺鼠疫，最糟糕的是天花，90% 的泰诺人都死于这个病。[14] 西班牙人错误地认为这些人的死亡不是由致命的疾病引起的，而是因为他们身体虚弱，无力承受艰苦的工作，而哥伦布残酷的管理体制却强迫病情稍有好转的当地人立即去工作。在西班牙人到来之前，有 300 万至 700 万名泰诺人，1514 年大约只剩 2 万名泰诺人，到了 1520 年就只剩下 200 人了。由于大部分人因患病或过劳而死，剩下的一小部分泰诺人又苦苦支撑了几十年，最终在 1560 年左右彻底灭绝。[15]

没过多久，殖民者也开始死亡，此时的情况已经十分明显，哥伦布赠予殖民者的土地已无法维持他们的生活，接下来是一段十分艰难的时光，营养不良的殖民者试图努力生产足够的粮食来维持生命，但并没有成功，因为为时已晚，生产的粮食太少了。哥伦布的管理体制过多地关注淘金，却不注重建立一个稳固的粮食高产的殖民地。一开始是"混乱和凄惨"，紧接着就出现了反抗和暴乱。

在那些黑暗的岁月里，唯一能出口到西班牙的就是新闻，但却没有一条是好新闻。西班牙政府得知殖民地的情况后，便派第二级爵士弗朗西斯科·德博瓦迪利亚（Francisco de Bobadilla）前往调查。他于 1500 年抵达圣多米尼加，首先映入眼帘的是 7 名被绞死的西班牙反叛者晃动的尸体。[16] 一下船，他又发现 17 名戴着镣铐的殖民者正面临死刑的判决。但最终却是哥伦布戴着镣铐被送回国，德博瓦迪利亚开始亲自管理殖民地。[17]

在他的管理下，殖民地的形势有所好转，甘蔗和主粮作物的长势比以前喜人多了，[18] 但他关注的重点还是淘金。有人无意间听到一个名叫马图埃伊（Hatüey）的泰诺人向他的亲人解释说，西班牙人崇拜的不是他们的基督教上帝，而是"金子和宝石"，他说："他们为了金子和宝石，打仗杀人；为了这些东西，他们残害我们……这些暴君告诉我们，他们热爱一个主张和平与平等的上帝。然而，他们却非法侵占我们的土地，让我们成为他们的奴隶。他们向我们宣传不死的灵魂，宣传他们永恒的奖励和惩罚，然而他们却剥夺了我们的财产，奸污了我们的妇女，侵犯了我们的女儿。虽然他们的勇气远不如我们，但这些懦夫浑身覆盖着铁甲，我们即使有武器也攻不破他们。"[19]

1503 年，从卡那利群岛贩来了第一批黑人奴隶，他们并不是在甘蔗田里干活，而是替代在金矿里干苦力的泰诺人。这时，一个叫贡萨洛·德韦洛萨（Gonzalo de Vellosa）的外科医生敦促殖民者把工作重心放在甘蔗上，因为他注意到欧洲的糖价由于木材的短缺而大幅上涨。他还组织有关方面把卡那利群岛上制糖业的行家里手都移民过来，并进口了尖端的立式碾磨机。[20]谁也不会相信，在哥伦布专横管理而引起的一片混乱中竟还会有奇迹出现！第二年，在金矿干活的奴隶填补了劳动力的缺口，第一批西印度商业食糖被生产出来，并作为礼物——微不足道的六个长方形的大糖块，献给了国王。看来，国王是不会过于沮丧的，因为除了糖块，他们还敬献了大量的黄金。[21]

金矿业的辉煌只是昙花一现，因为大部分金矿很快就被殖民者开采完了。金矿倒闭后，新殖民者迅速而坚决地将关注点瞄准到糖这一"白金"上，他们从马德拉群岛和卡那利群岛带来了训练有素的工人：蒸煮工负责煮烧甘蔗汁，将其浓缩成黏稠的糖浆；除杂工负责糖的精炼和结晶；糖业的行家里手则监督整个制糖过程。在早期的甘蔗种植中，因"大量毁林"而新出现的荒地都要靠牛来翻地耕作才能完成，说"大量"是因为每个制糖业联合体每天要消耗大约 740 公斤的木材。[22]我们已经看到，联合体需要投资。一开始，西班牙王室提供资金，还制定了各种激励政策。他们对制糖设备不予课税，并降低糖的什一税，发放了贷款和王室拨款。关注重心如此迅速地转向了糖，使该岛的经济很快就依赖上了糖，并由此取得一些了不起的成绩：有一个联合体有了一台水动碾磨机，并由一个"当时最大的长 70 米的大坝供电"。然而，许多联合体的拥有者一边将王室拨款和巨额贷款截留下来，一边却洋洋得意、不慌不忙地搞起了自己的设施建设，并且夸大债务，这样就可以从貌似财力无穷的国库里获取更多的资金。[23]

与此同时，哥伦布也躲过了牢狱之灾，他利用自己顽强不懈的精神，从商业关系和社会关系上大大改善了他出庭受审时的处境。他的孙子在"战略上高瞻远瞩",娶了国王的孙侄女,哥伦布也因此获得了重启甘蔗种植园所需要的资金。1520年他返回伊斯帕尼奥拉岛,创建了迄今为止规模最大的种植园,由4台马力碾磨机和20台水力碾磨机组成。[24] 这一超级种植园的巨大影响力吸引了其他人,使其他种植园园主也为之精神大振。

然而,殖民者发现自己缺少奴隶劳工。因此,为了弥补大多数泰诺人的死亡所造成的损失,他们在其余的巴哈马和小安的列斯这些"无用的岛屿"上四处搜寻,抓获了1.5万人。这些"输入的劳工加上剩下的当地居民成了这一行业早期发展的基础,进入16世纪20年代中叶后,他们依然处于主导地位,其数量远远高于一开始以劳工资格出现的少数非洲人"。

当然,没过多久这些沦为奴隶的移民就抵挡不住疾病的侵扰,于是更多的非洲人被输入进来替代他们。到了16世纪40年代,每年大约有1.5万名非洲人先后被送至西班牙殖民地。结果,这些殖民地的经济状况也随之发生了变化,因为一个非洲奴隶的成本是一个西印度群岛当地人的4倍。因此,许多企业要么倒闭,要么被较大的种植园园主买断。为了避免失去生计,有些人又转而雇佣印第安人,而其他人则完全抛弃了制糖业,试图从事多种经营,做起了动物皮革的生意。从事这一新兴行业实际上缺乏深谋远虑,就像当初从事制糖业一样。动物"不分青红皂白就遭到宰杀",它们的尸体被用来喂猪,造成岛上一时肉类短缺。不仅如此,货币的价值也开始下跌,生产出来的数量极少的食糖根本无法与巴西的葡萄牙人提供的低价糖竞争。[25]

在南美大陆上,巴西的种植园遍布广阔的雨林区(雨林区的木材都被他们投入锅炉房中熊熊燃烧的火炉里了),甚至延伸到巴拉圭,并沿太平洋沿岸发展到了最北部的墨西哥。这样,"圣多明各和加勒比海其他地区的早期成就就这样被南美大陆的发展超越了"。[26]

***

少数人谴责早期阶段这种奴役和虐待西印度群岛当地居民的情况，尤其是教会成员，他们谴责这种试图控制泰诺人社区的赐地制度。他们向殖民者发起了挑战，谴责他们的贪婪和非人道行为，认为这样做只是让他们自己更心安理得地"合法"开采金矿的一种方式。1511 年，一位名叫安东·蒙特西诺（Anton Montesino）的多明我会（译者注：天主教托钵修会主要派别之一）修士看到印第安人受虐待的情况，便布道说他对印第安人无奈陷入的"令人震惊的残暴的奴役状态"感到担忧，他问道："为什么你们一直这样残酷地压迫折磨他们，却不让他们填饱肚子？为什么他们在过于繁重的劳动中生了病，你们却不给他们医治？他们死了，是你们害死他们的！"[27]

这些早期的慈善家中最著名或者说最具恶名的就是巴托洛梅·德拉斯卡萨斯（Bartolomé de las Casas），他被称为"印第安人的保护者"。他年轻的时候在古巴拥有一个制糖业联合体，利用奴隶种植甘蔗生产糖。他是一个十分虔诚的人，自认为有同情心，会善待奴隶，后来他才明白，对奴隶身份表示同情本身就是一种矛盾的说法。[28]他放弃了自己的种植园，终身致力于反对对西印度群岛人民实施的奴役行为。他亲眼见到自己的奴隶和别人的奴隶染病不久便死去的状况，也看到他们鼓起勇气反抗时遭到西班牙人屠杀的惨状。当他离开古巴前往伊斯帕尼奥拉岛时，又目睹了同样的虐待事件。他明白如果再这样下去不做改变的话，印第安人的灭绝是不可避免的。他后来写道，"他们的文化和尊严被剥夺了，他们因为宗教信仰和一夫多妻制的家庭结构而受到奚落和羞辱"，即便是犯了轻罪，也要把他们的耳朵割掉，以示教训。若是罪行严重，猎狗（一种与大型獒的杂交品种）就会扑上去"撕咬他们的喉咙，扯出他们的内脏"。这些残酷且骇人听闻的事件层出不穷，并成为西印度群岛和北美洲糖业种植园中惩罚和惩治奴隶的常用方法，一直延续到 19 世纪奴隶获得自由后才被终止。[29]在奴隶和奴隶主眼里，残暴行径都是好事，因为据说这能使奴隶转变成好仆人。许多奴隶被贩卖给了欧洲人，哥伦布自己就运送了 500 多名奴隶到塞维利亚的一个奴隶市场上贩卖。[30]

据巴托洛梅·德拉斯卡萨斯估计，整个美洲好几个部落的 1500 万名印第安人都直接或间接地在整个殖民过程中死亡。[31] 他明白这一切太不公正了，听到他的讲话，许多种植园园主都表示赞同，并一致认为这一切应该终止了。然而，当他建议说如果种植园园主真心忏悔的话，就应该放弃自己占有的土地，将它们交还给印第安人，这就有点过激了。一开始，他的建议让种植园园主们恼羞成怒，不过随后这些人又妥协了一步，提出了另一种解决方法：他们愿意还自己手下的印第安人奴隶以自由身，只要能有黑人奴隶替代他们就行。由于巴托洛梅·德拉斯卡萨斯迫不及待地想解放印第安人，竟然糊里糊涂地就同意了他们的想法，并认为从各方面考虑，这应该是最佳方案了，因为马德拉群岛上的非洲人已经完全适应种植园的生活了。他认为，在这样的环境中，他们的种植园会蓬勃发展，而印第安人从事这类工作有违法规，他们可以回去重新过上与大自然和平相处的生活。[32]

于是他们决定，从西班牙输入 4000 名非洲黑人。在这个过程中，巴托洛梅·德拉斯卡萨斯"一只手赐予人道，另一只手又将其夺回"，促成了大规模"奴役非洲人"的浪潮，一下子就将西班牙所有的非洲奴隶搜罗一空，葡萄牙商人无奈只能直接从非洲购买非洲人了。[33] 由于非洲人的大量流入，岛上的人口密度大大增加，第二波新型传染病席卷了各个种植园，欧洲人和印第安人无一例外地都被诸如疟疾、黄热病、登革热、钩虫病和血吸虫病之类的传染病击倒了。[34] 岛上非洲人的人数超过了欧洲人，为了便于控制，非洲人当即就被欧洲人残酷地制伏了，他们的命运就这样被锁定，就像他们的个人财产被锁定了一样。

今天看来这些事情似乎都难以想象，巴托洛梅·德拉斯卡萨斯竟然没有将自己有关印第安奴隶受虐待的逻辑延伸到非洲奴隶的身上。后来，在意识到自己的错误后，他写道："在制糖业联合体出现之前，我们总以为在这个岛上，如果黑人不被绞死，他们就永远不会死，因为我们从未见过一个黑人死于疾病，而且我们确信，他们会发现这个岛屿比几内亚更适合作为他们的栖息地，就像橘子更适合在这里生长一样。但是，把他们安排在制糖业联合体工作后，由于他们不得不忍受过度劳累的体力劳动，喝的饮料也是用甘蔗糖浆冲制的，瘟疫和死亡相继出现，他们中许多人都病死了。"

他承认，他用于反对奴役印第安人的理由同样也适用于非洲人。[35]巴托洛梅·德拉斯卡萨斯最后成了墨西哥恰帕斯州的主教，但随后他却辞去了主教职务，为反对各种类型的奴隶制而奔走游说，直到 1566 年去世。[36]然而，他坚持非洲人比印第安人更适于受奴役而不是谴责一切奴隶制的观点，给他抹上了永远擦不掉的污迹。不仅如此，对印第安人的剥削也没有因为他个人的努力而销声匿迹。他实在是太天真了！

***

《萨拉戈萨条约》也许赋予西班牙人殖民新大陆的权利，但在美洲这个遥远的世界里，许多人并没有把这个条约放在眼里，西班牙人竟然发现自己还要将这个制糖业岛屿上的英格兰人和丹麦人赶走后他们才能殖民。[37]当西班牙人陷入一场混战无暇他顾时，葡萄牙人便乘虚而入，在马德拉群岛上的制糖业一路衰败陷入困境时，他们悄然拿下了巴西，宣称对其拥有主权。只要清理出足够的土地来，他们马上就会像西班牙人那样开始种植甘蔗，寻找金矿。与西班牙人不同的是，他们立刻引进了曾在马德拉群岛上的制糖业联合体内工作过的葡萄牙制糖能手（其中许多人培训过黑人奴隶），这让他们的制糖业一炮打响。[38]好在他们并没有对早在 1519 年就在巴西糖厂工作的第一批劳工横加白眼。没过多久，葡萄牙王室看到这种贸易的潜力，便对殖民者进行了财政资助，这转而又吸引了更多有经验的工人加入他们的队伍中。[39]

根据卡斯伯特·帕齐（Cuthbert Pudsey）的记述，随同荷兰人入侵葡属巴西的一位英格兰人让我们对 17 世纪早期这些巴西糖业种植园里的生活有了独特与深刻的了解。他向我们叙述了制糖业及其复杂性："他们添置了各种设备，修建了大型磨坊……翻砂工负责铸造煮锅，泥瓦工负责建造熔炉，木匠则帮助制作密封的炉膛。"煮锅置于铁架子上加热，"对糖进行净化和提炼"。他告诉我们，种植园的重点是碾磨，"每一个磨坊本身就是一个运行的社会，而种植园的主人就是这个社会的司法官和最高统治者"。[40]

要让制糖业蓬勃发展，种植园园主需要劳动力——生产时他们需要有技能和无技能的自由劳工，人手不够时还需要奴隶劳工来补充。他们将加勒比人和阿尔迪亚人（Aldea）从他们的村庄中赶走，将他们的定居点夷为平地，指派他们去种植甘蔗、开采黄金。[41]帕齐这样描写他们："女人都很漂亮，很受宠爱，喜欢赤身裸体。然而，尽管她们都属于放荡不羁的人，但他们严厉惩罚过那些真正犯有通奸罪的人吗？"[42]尽管她们的生活方式轻浮放荡，但她们仍是"糖业经济的主要劳动力，一直到 17 世纪最初的几十年都是如此"。[43]

在欧洲人开拓的殖民地上，流行病产生的影响与伊斯帕尼奥拉岛上的情况完全一样：麻疹和天花让当地居民几乎灭绝，躲过这场瘟疫的人逃到了密林深处，从而又把疾病传到偏远且还未被发现的部落里。就像在伊斯帕尼奥拉岛上一样，他们运送了一批黑人奴隶过来替代了当地人。黑人奴隶的成本还是比印第安奴隶高得多，但是葡萄牙人认为这是一个有成本效益的商业方法。黑人奴隶的身体更加强壮，更不容易逃跑（说到底，他们还能逃到什么地方呢？），死于疾病的可能性也较小。这些黑人奴隶中许多人学到了生产技能，而且还有一种"普遍的趋势……不是用奴隶就是用已经获得自由身的前奴隶去替代白人工匠"。举例来说，1574 年圣佐治的制糖业联合体仅有七八个非洲奴隶，占劳动力的 7%，到了 1591 年，这个比例就上升到 37%，到了 1639 年 100% 的劳动力都是非洲奴隶了。与西班牙人的策略不同的是，葡萄牙人输入了许多以前在马德拉群岛学习手艺的技术熟练的工人。[44]

葡属巴西也是种植甘蔗的好地方。那里有大片的 massape——一种罕见的肥沃黑黏土，是种植这一最具经济价值作物的完美培养基。"葡萄牙人在这种土壤中找到了一种叫特里维（trewe）的物质，发现它非常适合种植甘蔗。"新鲜的插条"七年间只需种下一次"，这太让人不可思议了。[45] 一篇关于巴西制糖业的报道这样说："整个殖民地都种上了甘蔗这种最美妙的水果和兴奋剂，而且它的产量极其丰富，不仅能满足（葡萄牙）王国的需求，还能供应欧洲其他各国。"[46] 制糖业的蓬勃发展彻底改变了巴西：16 世纪 70 年代，全巴西有 60 个制糖业联合体，1585 年这一数字已上升到 120 个，到了 17 世纪 30 年代又发展到 346 个。这一呈指数级的增长是受到欧洲的需求和巴西糖极具竞争性的价格刺激而形成的。要在这一新的规模上继续推动行业的发展，奴隶贸易必须有所动作，必须加速发展，达到前所未有的水准，这样才能满足新的需求。[47] 葡萄牙人作出了反应，完善了一系列的蓄奴手段，他们于 1517 年对非洲东海岸的安哥拉提出主权要求，形成了一整套买卖黑人奴隶的机制。依靠这一机制，他们逐年将 280 万名非洲人从他们的故乡运往美洲大陆，绝大多数人被带到了巴西。[48] 就这样，葡萄牙在食糖贸易和奴隶贸易中取得了垄断地位。

在 17 世纪第一个十年里，葡萄牙人练就了大规模糖业生产的技能，在第二个十年里，他们每年海运回 1 万吨食糖，在随后的十年里提高到 2 万吨。帕齐评论说："这只是一个磨坊一个夏季的糖产量。"[49] 旋转式三轧辊立式碾磨机的出现使甘蔗不再需要进行第二次的压榨，提高了生产效率。[50] 它的结构主要是"用铁链将两根圆柱捆绑在一起，相互靠近，但不能接触，两三个奴隶不断地传递着甘蔗，向这两根石柱之间的间隙填喂"。[51] 他们之所以将糖价定得如此之高是因为产出的糖已经是精炼过的，分出了等级，晶莹透亮，色泽雪白。

当西班牙人和葡萄牙人的糖业生产占据了非洲和大西洋岛屿，随后又占据了新大陆时，荷兰人则靠贩卖奴隶、开展食糖和异国商品的贸易，披荆斩棘地开辟了有利可图的市场一隅，并于 1621 年建立了荷兰西印度公司。然而，葡萄牙人却成功绕过他们的贸易基础设施，独自出口食糖，输入奴隶，这让荷兰西印度公司非常气愤。1626年荷兰人抵达巴西时，正处于狼狈不堪的境地，七个月的航行导致坏血病在他们中间肆虐。尽管如此，他们还有足够的人员，成功占领了萨尔瓦多和巴伊亚（Bahia）（译者注：巴伊亚现在是巴西的一个州），还意想不到地捣毁了几座碾磨坊。[52] 虽然在二十五年的时间里他们占领了巴西的绝大部分地区，但荷兰是一个贸易强国，不是制造业强国，所以尽管他们试图自己生产糖，但事实证明他们没有管理联合体的天赋和能力，只能依靠在他们军事控制下被扣留的葡萄牙人。这种混乱状况引发了糖价的陡然上涨。1630年巴西糖产量的80%供应伦敦，但是到了1670年就下降了一半。这一下降本应是一个小插曲，但在这期间，英格兰人却一直与曾在巴西制糖业联合体里获得知识和技能的少数几个荷兰人合作，并在离欧洲更近的地方连年生产出大量食糖。[53]

在巴西的一个植园里，一名奴隶受到监工的惩罚。注意画面背景，一名被绑在树上的奴隶正遭到一个黑人奴隶车夫的鞭笞。强迫奴隶、惩罚奴隶是当时非常普遍的一种现象。（让-萨斯普蒂斯特·德布雷，1850年前后）

这就引起了食糖贸易中的另一个重大变化，意味着奴隶贸易中必然也会出现同样的变化。结果，巴西输入的奴隶数量减少，这是因为奴隶的交易价格经常会大幅上涨。同时，由于英格兰和加勒比地区的制糖业日益发展，引起糖价下跌，所以巴西不得不降低糖价。[54] 巴西的种植园在竞争中苦苦挣扎，却无法产生利润，但当这一行业在变幻莫测的资本主义推动下在其他地方恢复元气导致他们逐渐衰退前，他们还是遵循以下的生产模式——鼓起劲头，创造巨大财富。此前英格兰人曾经占领过西印度群岛，他们采用的是葡萄牙模式，其盘剥、暴力和压迫的程度在全球是史无前例的，糖最黑暗的历史属于英格兰以及它的殖民地和大英帝国。不错，英国是世界上第一个废除奴隶制的国家，但在这之前它却实施了最大规模、最复杂、最残酷的非洲奴隶贸易，使非洲奴隶遭受了空前绝后的粗暴虐待。

第四章　糖业殖民地的生活

在这场竞争中，环境条件赋予西班牙和葡萄牙人一个梦幻般的开局，但打破这一局面的是随之蜂拥而来的英格兰的流亡者和冒险家。

——*V.T.* 哈洛（V. T. Harlow）[1]

如果说 16 世纪是巴西的葡萄牙人推动了制糖业的发展，那么毋庸置疑 17 世纪英格兰人则接过了制糖业的控制权。英国已经成为一个糖的消费大户了，想要在这一行业获得重大利益只是时间问题罢了。经过反复的摸索试验，他们生产出了大量的"白金"，但业绩的辉煌依赖的只不过是他们人性中暴露出来的前所未有的残酷和野蛮。如果你期望慷慨大方、具有绅士气质的英格兰人办事能稍微文明一点，那就大错特错了。属于英格兰的世纪是一个创造了巨大财富且与惨烈悲怆并存的世纪。

英格兰创造这一辉煌业绩的神话始于 1592 年，那一年臭名昭著的冒险家船长约翰·霍金斯（John Hawkins）爵士前往非洲采办诸如象牙、黄金之类的货物以备做生意，在航行的过程中他"购买"了几名黑奴。在我们继续叙述之前，必须指出的是，当时对所谓文明绅士的卑鄙行为用了许多委婉的说法来描述，所以当我说"购买"时，真正的意思是"偷窃"，我说的"冒险家"实际上就是"海盗"，所谓的"探险家"也一样。像霍金斯这样的冒险家之所以很重要，是因为他们成功避开了欧洲大陆机警的目光，在非洲与美洲之间及其四周建立了新的贸易通道。

海盗行为其实是一桩大生意，英格兰人在这方面很拿手。16 世纪 70 年代，弗朗西斯·德雷克（Frances Drake）爵士就设法从西班牙人那里偷窃了价值 4 万英镑的金银珠宝，同时洗劫了圣多明各。[2] 有了这些早期的成功作为资本，"伊丽莎白女王（Queen Elizabeth）在她统治的第三十年建立了一家公司，为的是更好地开展对非洲海岸的贸易，并能在非洲有所发现"。[3] 从 16 世纪的最后二十年直至 1604 年，英格兰的海盗行为每年都能为其攫取价值 10 万英镑的赃物。[4]

海盗在袭击满载货物的商船时不会太过挑剔，因为他们在登船后才能发现装载的是什么货物。霍金斯就是这样从葡萄牙人那里搞到了 300 名非洲奴隶，后来他又用这些奴隶换取了停靠在伊斯帕尼奥拉岛沿岸的船只的修理费和维修保养费，这让霍金斯成了第一个贩卖黑奴的英格兰人。但他还算不上是一个名副其实的奴隶贩子，他只是一个临时起意的盗贼。尽管如此，他还是获得了英国王室颁发的头衔，得到了他们的支持。其实，他朝思暮想的只是能用这些黑奴交换其他更具价值的东西而已。有一次，霍金斯在圣多明各看到了黄金和甘蔗种植园，他便尽职尽责地一一向英国王室做了汇报。返回西印度群岛时，他带了 6 艘船，其中 2 艘属于伊丽莎白女王本人。抵达英国本土时，他携带的赃物全是西印度群岛首批出产的白糖，连他的皮靴里都被塞满了。[5]

16 世纪 60 年代，唯一合法拥有西印度群岛的国家是西班牙，但这些岛屿都处于他们新扩张的帝国的边缘，他们只在大安的列斯群岛（古巴、伊斯帕尼奥拉、牙买加和波多黎各）上建立了大量的殖民地。[6] 而在小安的列斯群岛上可以种一些主粮品种，还可以作为船只从塞维利亚航行到各殖民地的中途停靠点，所以对西班牙人来说小安的列斯群岛非常重要。在英西大战（1585—1604）的冲突中，当英格兰人宣称对小安的列斯群岛的几个岛屿拥有主权后，西班牙人的绝对拥有权就被剥夺了。后来，在一场极为罕见的英法密谋中，圣克里斯托弗岛于1624年脱离了西班牙人的统治，成了英格兰的主要殖民地。当时，荷兰人占领了附近的圣马丁岛，在西班牙发动攻击时，荷兰通常都支持英、法两国。但这三国也合力保护自己免遭可怕的加勒比人的攻击，[7]殖民者对加勒比人实施了"大屠杀，连他们的国王也未能幸免"。[8]接着英格兰人又占领了小安的列斯群岛中的其他岛屿：巴巴多斯、尼维斯和安提瓜及南美洲和中美洲海岸的部分岛屿。

所有这些海盗行为、战争和盗窃行径有增无减，"根本没有底线"：在这个

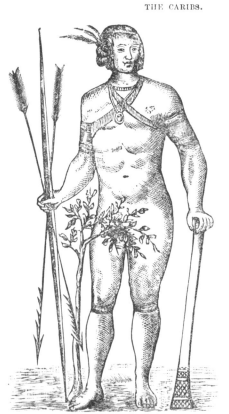

THE CARIBS.

MALE CARIB

1888年一幅描绘加勒比男子的版画。加勒比人是一个经常杀害囚犯并食人肉的令人畏惧的民族。丹尼尔·笛福1719年的小说《鲁滨孙漂流记》中的仆人"星期五"就是从加勒比人中汲取的灵感。（美国国会图书馆）

远离欧洲大陆的地方，他们"普遍公然藐视欧洲的社会公约，毫无约束地掠夺、屠杀……超出了欧洲格斗中所允许的文明规则"。英格兰本土的投资者对此视而不见，睁一只眼闭一只眼，只要他们的投资能得到丰厚的回报就行。除了圣克里斯托弗外，法国人还占领了马提尼克、卡宴和圭亚那海岸。随后，英格兰人于 1655 年占领了"加勒比海的心脏地区牙买加"，历史称之为"骄横自恃的暴发户势在必得的范例"。尽管牙买加是海盗们的天堂，但它在英国种植园发展初期的糖业生产中并没有作出什么重大的贡献。又过了很久，英国在七年战争（1756—1763）⁹中又相继占领了格林纳达、多米尼加和圣文森特诸岛屿。在英国人和法国人占据这些岛屿的同时，荷兰人也控制了贸易通道。至此，《萨拉戈萨条约》变得一文不值，西班牙和葡萄牙虽然嫉妒万分，但也不得不承认其他国家在新大陆和非洲获得的利益。

这些早期殖民者的生活和态度与在新英格兰和切萨皮克（Chesapeake）（译者注：切萨皮克为美国弗吉尼亚州东南部一城市）的拓荒者大相径庭。根据他们的行为来判断，很难相信他们和那些居住在美洲大陆的新英格兰移民属于同一批殖民者。美洲大陆殖民者的生活相对清苦简朴，量入为出，他们居住地的季节气候也与英格兰非常相似。然而，西印度群岛的殖民者"生活节奏快，花销毫无节制，整日花天酒地，不少人年纪轻轻就一命归天"。移民前，这些英格兰人就"听到大量传言，说这些岛屿上有金银珠宝，还有传言说西班牙人残忍凶狠，英格兰人抢劫成性，印第安人和黑人就是当奴隶的命。他们认为西印度群岛有惊人的财富和让人匪夷所思的残暴行径，一切都格外吸引眼球"。

虽然他们不计后果地挥霍着自己的日子，但还是满心期望能发现一个传说中的"黄金国"。这些传说吸引了"精神抖擞的赌棍们"，让他们看到了可以大发横财的方法，因此他们迅速将这些岛屿转变成了"制糖的机器"。在 17 世纪和 18 世纪的两百年里，他们利用成千上万的奴隶来实现其梦想。¹⁰这些行为与大陆殖民者可谓天壤悬隔，大陆殖民者是持续稳定、尽心尽责地发展他们的城镇，以期永久地在新英格兰度过他们的余生。

17 世纪和 18 世纪初叶，这些殖民地接待了众多来自英格兰的参观者。商人、自然学家、人类学家、传教士，以及外出休闲度假的有钱人都纷纷来到这里，细致记录了岛上日常生活的方方面面。大历史学家 V.T. 哈洛编撰的关于早期殖民者的详尽历史以及那一时期的手稿、信件和日志等精彩作品都汇编在《西印度群岛和圭亚那的殖民探险 1623—1667》一书中。汉斯·斯隆（Hans Sloane）这位日后大英博物馆的创始人自己就是一位奴隶贸易和糖业贸易的投资者，他在 1707 年出版的《前往马德拉群岛、巴巴多斯、尼尼维斯和圣克里斯托弗的航行》一书的引言中做了详尽的评论。理查德·S·邓恩（Richard S.Dunn）的历史著作《糖和奴隶：英属西印度群岛种植园园主阶级的崛起 1624—1713》（1972 年）是对一个世纪内的日志和信件的全面汇总，他对英格兰甘蔗种植园中生活的描述是一份不可或缺的宝贵资料。最重要的第一手资料是理查德·利根（Richard Ligon）的《巴巴多斯岛真实精确的历史》（1657 年）一书。一旦认定英格兰在英国内战期间不再是最安全的居住地后，利根便于 1647 年毅然迁居，在巴巴多斯待了三年。[11] 他详尽全面、生动细致地描写了劳工的生活状况以及种植园园主、仆人、非洲人和印第安人之间的关系。除了这些手稿外，我们几乎没有关于 17 世纪奴隶社会历史方面的任何资讯，因为这些奴隶并没有留下任何书面证言或证物。因此，对他们生活和个性的记述只能来自那些英格兰白人基督徒，但他们往往很天真、自以为高人一等，种族主义和沙文主义思想非常严重。他们整日美滋滋，似乎根本没有意识到自己的态度和偏见完全是错误的。

1672 年，第一批英格兰殖民者乘坐"威廉和约翰"号抵达西印度群岛。船上有 60 名英格兰殖民者和 6 名黑人奴隶，黑奴是他们用典型的手段从一艘正在航行的葡萄牙人的船只上搞来的，这些葡萄牙人糊里糊涂，根本没搞清状况。[12] 这些探险者期望能在岛上发现黄金、矿藏、染料或珍珠之类的财富，就像其他国家在大西洋群岛和南美大陆发现财富一样。可惜时运不济，他们都没能发现财富，却将自己陷在了一个离家千万英里的小安的列斯群岛的边缘地区，夏季湿热窒息、持续酷热，孤立无援，举步维艰。他们被迫降低了期望，将注意力转向诸如烟草和可可树之类的经济作物。[13] 但"他们仍然四下寻找，想发现利润更丰厚的工作，殖民者决心仿效巴西的荷兰甘蔗种植园园主……不幸的是，由于对制糖工艺一窍不通，他们早期的努力全都白费了。经历两三年的失败后，他们才从荷兰人身上学会了正确的种植、碾磨和浓缩的方法……这几年的艰苦劳作和担惊受怕是完全可以想象的。但是，圆颅党人（Roundhead）（译者注：圆颅党在 1642 年至 1649 年的英格兰内战期间支持议会反对国王。其对立面是保皇党）和保皇党人（Royalist）都在坚忍不拔地工作——不停地试验、学习，最后取得了成功"。[14]

他们锲而不舍，只经过短短的几个种植季就证明甘蔗"一定会成为一种主要作物，一定会提升全岛的价值，要鼓励所有的定居者努力掌握种植甘蔗和制糖方面的知识技能"。[15] 比起以往只是开采黄金或者从西班牙人手中掠夺黄金，现在的他们无疑与黄金的联系更加密切了。促使他们成功的一个主要因素是小安的列斯群岛比西班牙人和葡萄牙人的殖民地都更靠近非洲，也就是说，他们有更多机会登上贩卖奴隶的船只。

在最初的艰苦岁月里能取得如此大的成就要归功于圆颅党和保皇党这两大敌对派别，因为他们都将政治分歧抛在了一边。实际上，当克伦威尔后来要求巴巴多斯的种植园园主效忠他时，"这一岛国政府坚持自己的观点，宣布他们决心坚定不移地保持中立"。[16]

小安的列斯群岛的土壤和气候非常适合种植甘蔗。然而，这样的环境虽是甘蔗的理想生长地，但却是英格兰人的"灾难之所"，他们的体质更习惯于寒冷的蒙蒙细雨及 6 月里两三周的和暖阳光。这里闷热难耐，加上还要适应当地险恶和令人恼火的动植物，让生活变得异常艰难，或者说如果不是期待着巨额财富降临到他们头上的话，这里简直让人一天都待不下去。事实上，到了 17 世纪

40 年代，甘蔗被认为是最值得种植的经济作物，以至于为了推行甘蔗的单一栽培，烟草作物被完全放弃了。

在殖民的最初几年里，英格兰人非常依赖荷兰商人，因为荷兰商人"握有廉价船只和更具优势的银行系统……利用荷兰人提供的低利率借贷的宽松条件，英格兰的种植园园主可以从他们那里购买商品和食物"。[17] 这个方案非常简单，只要一个人手里有可供交易的糖，他立刻就能换取各种各样的主食和精美别致的商品。[18] 但是没过多久，过分亲密的关系就滋生出了轻蔑的态度。荷兰人做得过于刁钻，垄断了贸易通道，英格兰人很快开始不满，他们试图要与荷兰人竞争一番。英格兰"皇家探险家与非洲贸易公司"和荷兰人之间的激烈竞争逐渐形成，荷兰人使出浑身解数，通过威胁和暴力想把英格兰人从奴隶贸易中排挤出去。[19] 最终，英格兰人在 17 世纪 70 年代成立了皇家非洲公司，实现了他们在贸易和种植方面的垄断地位，建立了臭名昭著的三角贸易通道：将白糖从殖民地船运到英格兰的码头卸下，再把食物、精美商品和仪器设备装上船，然后再驶向中非西部，捕获奴隶后将他们出口至英格兰人控制的制糖岛屿。

英格兰殖民地的开拓不会也不可能复制他们在英格兰的生活。即便如此，他们还是会随身带着英格兰服饰，将英格兰的家具船运过去，建立了英格兰风格的寓所后才将自己安顿下来。这里的一切几乎都是进口的：

> 这些船只运到这个岛屿上的货物有：仆人和奴隶，男女兼有；马匹、牛、驴、骆驼；制糖的器具、大锅、钩扣、凿子和插座；供木匠、细木工、铁匠、泥瓦匠、碾磨机安装工、补锅匠和箍桶匠等手艺人使用的各种器具，以及铁、钢、铅、黄铜、锡等生产原料；各式各样的布匹，包括亚麻布和毛织品、帽子、水龙带、鞋子、手套、剑、刀、锁、钥匙，还有各种食物及饮料，以便让他们能熬过如此长距离的海上航行；还有橄榄、刺山柑花蕾（译者注：刺山柑花蕾产于地中海，腌泡于醋中用作

调味料）、鳗鱼、咸肉和咸鱼、腌制鲐鱼和鲱鱼以及各种红酒和最受英格兰人喜欢的啤酒。[20]

17 世纪 80 年代，巴巴多斯连木材都必须进口，这足以看出英格兰糖业殖民地滥伐森林的程度了。[21]

英格兰人还将他们的社会结构和满脑子的歧视与偏见一起带了过来。维护阶级差异意味着每个人都明白自己的社会地位，从而安分守己，不敢越雷池一步。这样做的结果非常明显，那些处于社会底层的人很难有晋升的阶梯，而地位略高一些的人则非常清楚他们也很有可能跌落至底层。处于最顶层阶级的是大种植园园主，然后是小种植园园主、商人，再往下是契约仆人，最后是黑人奴隶。大种植园园主过着铺张奢华的生活，他们衣着艳丽，戴着佩鲁基假发，男士穿着佛若克礼服大衣，女士的裙子里还有多层衬裙，但这些服饰完全不适合当地的气候。[22] 他们不假思索地拒绝了热带的主食，正餐吃的是果馅派、煮肉和烤肉，喝的是啤酒。有时候他们会莫名其妙地进行一些炫耀，拥有众多奴隶的富裕的种植园园主常常在他们豪华的居室内穿着他们最喜欢、最漂亮的礼服搞一些"纯礼节性的活动"。[23]

许多种植园园主在经济状况捉襟见肘的情况下，还装出一副若无其事的样子，为了保持体面，他们经常抵押下一年的糖业作物来购买当年的奢侈品。17世纪末叶，巴巴多斯一个种植园的平均价值是 2000 英镑，但这个平均数隐瞒了这样一个事实，即财富分配极不均衡，大多数种植园园主的生活处于"贫困不堪的境地"。[24] 岛上最贫穷的人中许多都是有学术修养的人：中小学教师、书商和神职人员。虽然其中的个别人去世后还留下了相当不错的产业，但那是因为他们手中还有种植园的股份。[25]

在英格兰殖民者中，契约仆人发现他们是生活在社会最底层的人。这些仆人并不是颇受尊敬的男管家，也不是人们想象中穿着特殊制服在当时上层阶级家庭的豪华客厅中服务的仆人，而是一群社会渣滓和被社会遗弃的人。最初他们大多是佃农阶级，初来乍到不知道自己适合哪种工作，也没有资金或技术来建立自己的种植园。糖业种植园需要劳动力，适合他们工作的种植园很快就建立起来。随着种植园的数量和规模不断扩大，对佃农的需求也越来越大。

英国内战期间（1642—1651）这个情况发生了改变，殖民地不再接收佃农移民，转而开始接收战俘。这一措施的成功是因为内战结束后英格兰通过了一项法令，允许治安法官将罪犯送到殖民地以做苦役的形式服刑。[26] 这些人受人鄙视，基本上被看作是一群一无是处的麻烦制造者。这种契约劳动制度轻而易举地解决了英格兰监狱人满为患的问题，但是疾病和极度疲惫使这些罪犯的更替率始终居高不下，英格兰法院很快就发现这样下去很难继续满足殖民地的需要。为了解决这一问题，法官开始靠捏造罪名判定人们去服若干年劳役，这样做只是为了使种植园有充足的劳动力来源。[27]

法院并不是提供契约劳工的唯一来源，被戏称为"圣灵"的一伙神秘人物也在协助维持一个健全的黑人市场用以交换白人仆人。有好几个案例说明他们是在捕捉醉汉，甚至给毫无戒备心的不幸者注入麻醉剂，带着编造的文件，将他们送上开往制糖业岛屿的船只。[28] 然而，这些人被强行抓走后，"就会被安排做繁重的苦力活儿，他们的住宿条件很差，日常饮食也少得可怜"。[29] 理查德·利根评论道："如果他们身体不够强壮的话，这样的住宿条件会让他们很快染上疾病。如果他们抱怨，就会遭到监工的毒打。如果反抗，挨打的时间就会加倍。我就看到过一个监工用笞条鞭打仆人的头，一直打到鲜血直流，仅仅是因为一个不值一提的小过失。不过，这些人必须忍耐，否则接下来等待他们的会是更大的苦头。真的，我亲眼见到他们遭受如此酷刑。我认为，一个基督徒不该对另一个基督徒下如此毒手。"[30]

他们被剥夺了所有的权力，随后若出现任何过错，不论严重与否都可能增加好几年的服役时间。他们不被允许参与任何商业活动，他们几乎没有个人财产。对他们的惩罚方式都是极端凶狠严厉的体罚，只是处极刑的很少见，极刑是专用于黑人奴隶身上的。这些白人仆人不像非洲奴隶那样属于私人动产。"通常按照习俗，一个信基督教的仆人在服务四年后就能获得自由身"，他们日夜都期盼着能离开这个充满恐惧的地方，他们与"终身受其主人奴役的黑人和印第安人"还是有所不同的。[31]

在所有的制糖岛屿中，巴巴多斯是社会发展程度最高的，因为它气候最凉爽，湿度也最低，不过偶尔还是会有一些灾害性的天气："冬天总是下暴雨，一般从 8 月开始下，一直持续到圣诞节。圣诞节时经常发大水，大水冲到小巷里，许多人被冲走了。不到三周就淹死了 12 个人，还有一些驮着白糖的马和驴也被淹死了。一个种植园园主的侍从就在离我们住所不到四分之一英里的地方被大

"对西印度群岛的巴巴多斯岛的地形描绘和测量。"理查德·利根的地图显示了 18 世纪初叶岛上较大种植园的位置，地图还显示了其他地区以及与这些地区相关的活动，包括逃跑奴隶躲藏的区域。（杰西卡·李）

水吞没。我家还有一个人差点儿被淹死，总算捡了条命。"[32] 巴巴多斯没有大山，也没有河流，到处都是茂密的森林，可是在随后的四十年里这里的森林几乎被砍伐光，以腾出空地用来种植甘蔗，"殖民者来之前，整个岛屿被茂密的原始森林覆盖着，大群的野猪在森林里自由奔跑。但现在森林没了，旅游者放眼一望全是种植园园主的房屋，甘蔗地里和布里奇敦漂亮的港口边上星星点点的都是黑人奴隶住的小棚屋。"[33]

牙买加万壑千岩，大雨频繁，每天早上大雾弥漫，这使得人们出行非常困难，出远门必须骑马。然而，这里光合作用的条件却相当理想，使这片土地生机勃勃，遍地翠绿。殖民者看到原先西班牙人住的房屋被树木的根系缠绕，很快就变得"枝叶丛生"，觉得是"一件非常新奇的事"。[34] 当他们把那些大树伐倒后发现，有些植物依然生机勃勃，不像要死的样子：

> 伐树的时候，砍伐者非常注意保护自己的眼睛……因为这些树液一旦溅到眼睛里，就会一个月看不清东西。一个黑人正要去遛两匹马……这两匹马却突然厮打起来，黑人很害怕，便撒手不管了。两匹马一起飞奔到了树林里，相互踢撞。它们的蹄子踢到了这类树上，树液立刻溅到了两匹马的眼睛里……把两匹马牵回家后，它们的眼睛看不清东西了，这种情况整整持续了一个月，它们脸上的毛发和皮肤都脱落了……因为这棵树的毒素就在其树液里……据说就是利用了其中的一种毒素，印第安人发明了他们狂欢节上耍弄的箭。[35]

大量的植物生命形成了一个多样化的生态环境，其中包括大量的害虫和令人烦恼的昆虫。每个人都备受昆虫的折磨，最让人心烦就数小蠓和蚊子了。它们刚到来时，那景象真让人惶恐不安，"太阳落山时，海边出现了大量的小蠓，频频叮咬人，闹得谁也别想好好休息"，[36] 而且它们个头极小，无影无踪，只有通过扇动翅膀时发出的一阵阵"嗡嗡"声，才能勉强辨出它们，这声音就像在很远的地方吹响小号角一样。凡是被它们叮过的地方，就会鼓起一个豌豆大小的包，要持续一整天才会消退，留下的疤痕24小时后才会消失。[37] 夜晚在屋里要想摆脱蚊子的叮咬，只能睡在吊床上，在床底下生起火。[38] 那些过于固执不想睡在吊床上的人，就只能坐在床边，把双腿伸到水里，防止蟑螂接近……它们总是在漆黑的夜里出现，一高兴就会飞到你的床边，发现你睡着了就会叮咬你的皮肤，如果你不醒，就会一直叮到吸出血来。如果你举着蜡烛去寻找，它就会躲起来……黑人白天干重活，夜里就睡得很沉，虽然他们皮肤厚，但被叮咬以后，也会起反应，皮肤变得好像用马梳刷过一样粗糙。[39]

在这里连蚂蚁都有一个令人恐惧的坏名声。据汉斯·斯隆说："据说，蚂蚁曾咬死过一个西班牙小孩，因为大人将孩子留在摇篮里，蚂蚁吃掉了他的眼睛。"[40] 如果上面的例子还觉得不够的话，还有"如老鼠个头一般大的蝎子"。[41] 最糟糕的是羌螨，那个家伙进入脚趾甲，会造成脚部溃烂和感染性病毒。理查德·利根有第一手（或者应该说是第一脚）的经历：

　　这些寄生虫会穿透你的袜子，进入皮肤毛孔，它们在你脚的某个部位，通常是在你的脚趾甲下面"安家落户"，然后产卵，个头像小稗子粒那么大……让你走起路来一瘸一拐……印第安妇女的技术最高超，可以将羌螨取出来，方法是在羌螨进入的小孔处插入一根小尖针，在羌螨的四周缓缓转动针尖，使它不再吸附住你的肉，这样就可以将它取出。羌螨呈浅棕色，当你觉得它往皮肤里钻时，再动手抓就晚了，因为黑人的肤色就是（或接近）那种颜色，让人无法发现羌螨在哪里。出现这种情况后，很多人的腿就瘸得很厉害。有些羌螨有毒，把它们取出后，它们产卵的地方会慢慢溃烂，整整两个星期你都会痛苦不已。我就有过这种经历，一个早上就从脚里取出10只羌螨。[42]

因此，一双像样的鞋子是必不可少的，种植园园主一定会保证他们的白人仆人有一双好鞋，[43] 不过这种善意是不会惠及他们的奴隶的。

谁也躲不过湿热窒息的高温气候。白天这里的气温始终在 30°C 以上，湿热的空气很快就让铁制品生锈，"这种潮湿的空气使我们所有的刀具、镊子、钥匙、编织针、剑以及标枪等都生了锈，你必须马上在磨刀石上将铁锈全磨掉，磨完后擦干，再插入刀鞘中，放进口袋里。但过不了多久抽出来一看，发现它又开始生锈了。"[44]

英格兰殖民者本可以挑选整日微风习习的岛屿，但他们认为还是避开住在海边妥当一些，因为海边一直会有飓风的威胁，还会时常遭遇加勒比人的袭击。他们建造房屋本可以选在比较通风的地方，不过当时大家普遍认为夜间吸入外面的空气不利于健康，所以他们都有意避开通风处，到不通风、四周有遮蔽物的地方建房。[45]

飓风和暴风雨"来势迅疾，十分可怕"，[46] 许多人在天灾中丧命，建筑物在狂风暴雨中倒塌。17 世纪最可怕的飓风于 1675 年在巴巴多斯登陆，仅肆虐 3 个小时就使 200 人丧生，1000 多间房屋、3 座教堂和几乎所有的碾磨坊都倒塌了。在飓风季节里，人们都住进洞穴，甚至用绳子把自己与树捆绑在一起。加勒比人总说他们会预测即将来临的飓风，英格兰人对这种怪异的技能一直满腹疑惑。当他们试图向英格兰人发出警告时，英格兰人根本不听，反而认为他们一定是与魔鬼关系不错才获得了预测的技能，断定是因为他们施展了魔法，上帝才送来了暴风雨。[47] 除了极端天气以外，巴巴多斯还频频发生"可怕的地震"。[48] 尼维斯岛上的一场地震把整座城镇掀到了海里，另一场地震摧毁了牙买加的主要港口，淹死并埋葬了数百人。[49] 然而，"尽管有印第安人的袭击、饥饿、部落内部的世仇以及内战，还有西班牙人、荷兰人和法国人破坏的危险，但这些小社区仍然持续发展，欣欣向荣"。[50]

***

　　殖民者第一次踏上西印度群岛时，他们吃的都是当地的食品，但他们更喜欢标准的英国饮食：面包、牛肉、啤酒和苹果酒。然而，面包和啤酒总是无法自给自足，因为这些食物都与当地的气候不相适应：小麦和大麦都长势不好；湿度大、温度高会使面粉变味，会让面包发霉，还会滋生害虫；低酒精饮料如苹果酒和麦芽啤酒"处在这样奇怪的气候中"很快就会变质腐败。[51] 尽管如此，他们也不愿意屈尊尝试热带食品，因为在他们眼里，热带食品只适合野蛮的印第安人食用。所以，即使面粉里有象鼻虫他们也忍着，对完全可食用且供应充足的木薯根本瞧不上眼，还抱怨说"木薯做成的面包没有味道，天气干燥时，木薯面包硬得嚼不动，看起来像白垩粉做的一样"。[52]

　　配给奴隶的食品分量少、质量差，还都是些清淡的、富含淀粉的热带食品和欧洲食品，例如玉米、大蕉、红薯、豌豆和菜豆等。[53] 有些奴隶获准可以自己种植作物，但他们发现这实在是一场艰苦的劳作，因为作物收获的时间恰好与甘蔗收获的季节相重合，他们不可能总是在自留地里劳作。讽刺的是，许多奴隶的饮食品种比他们的主人还丰富。不过，每人的定量都少得可怜，这使他们经常处于饥饿状态，精神萎靡，连反抗的机会也少了。他们的食品主要是"稠麦片粥"（Lob-lollie）——用捣烂的、煮得过熟的玉米做成的一种乏味的糊糊。"先把捣碎的玉米放在大型研钵里不停捶打，然后煮到像麦片粥那样黏稠，盛在一个大盘子里，够七八个人吃的。把这样一盘冰冷、量少的面糊糊稍加点盐后便推给奴隶，我们把这种食品称作'稠麦片粥'。但是，当用这玩意儿来糊弄黑人奴隶时，他们都大为不满，大声喊叫，噢！噢！不要 Lob-lob！不要 Lob-lob！"[54]

　　说到肉，英格兰人更爱吃牛肉。但遗憾的是，牛并不适应热带生活，所以这里生产的牛肉质量很差。牛肉需经加工处理后储藏在桶里再进口过来。相比之下，猪就非常适应热带生活，猪肉也成了"最常见的肉了，实际上也是该岛能提供的最好的肉"。大量的鱼都依靠进口，种植园园主吃的是加工好的大马哈鱼，而奴隶吃的是质量极差用盐腌制的鳕鱼和黑线鳕，或是来自新英格兰和纽芬兰的腌渍鲱鱼和鲭鱼，[55]"只有当牛不幸染病死后，奴隶和仆人才能有牛肉吃，仆人吃牛身上的肉，黑人奴隶吃皮、头和内脏"[56]。不过，他们允许奴隶猎杀野生动物回来饱腹："貉肉……是可以吃的。老鼠成打出售，同样也可以吃。当把老鼠肉和甘蔗搅拌在一起时，一些精明的人认为这就是一道美食。印第安人和黑人奴隶吃蛇、蟒和一种叫'柯西'（Cossi）的软体虫。"[57]

这与利根在一个种植园园主家吃的一顿饭形成了鲜明的对比，其中有一道菜的构成如下：

> 土豆布丁，一盘鲜美无比的苏格兰猪腿肉片，同样美味的还有原汁焖肉，一盘水煮鸡肉，带肩肉的前腿小山羊肉……一只乳山羊腹中置一块布丁糕，一只乳猪……拌有酸辣沙司的猪脑……难得一见的一盘菜是带肩肉的前腿羊肉，小山羊肋肉包的肉馅饼……一盘小牛肉，没有沙司却配有橘汁、柠檬汁和酸橙汁，三只小火鸡拼成一盘，两只阉鸡（我曾见过特别大、特别肥的阉鸡），两只母鸡配几个鸡蛋拼成一盘，四只鸭子，八只斑鸠，三只野兔，冷盘是两只味道很浓的俄罗斯鸭子，浑身抹有猪油，上面撒有盐和胡椒。[58]

＊＊＊

英格兰人与他们的奴隶始终保持着一定的距离，绝不过分亲密，至少在17世纪前几十年中是这样的。奴隶不允许进入种植园园主家中，也不允许皈依基督教。利根与一个非洲奴隶成了朋友，他问利根自己是不是有可能成为一名基督徒，得到的回答是："一旦成了基督徒，他的奴隶身份也就随之消失了，如果让奴隶都成为基督徒，他们就会失去对奴隶的控制。也就是说，一旦打开这个口子，岛上所有的种植园园主都会诅咒我，所以我保持了沉默，可怜的黑人奴隶只能被教堂拒之门外。可是黑人从来都是心灵手巧、诚实正直、天生可怜的好人啊！"[59]

　　由于担心他们会过于教化这些异教徒，因此规定采用相反的方法比较合适，即像对待成群的动物那样对待奴隶，让他们丧失人性，只要求他们干活就行。[60]

　　"黑人的节日，根据圣文森特岛上的原始生活状态而作（1801 年）。"在大安的列斯群岛上，此类节日很快被认定为非法，但在较小的或更宽容的岛上是允许搞节日庆祝活动的。（国家海事博物馆）

有人认为只有白天对他们大力施暴，晚上睡觉才觉得心里踏实，因为只有这样他们才确信这些黑人奴隶和他们的孩子与牛马并无差别。[61] 在这一点上，葡萄牙人和西班牙人的观点不一样，他们把奴隶当人看待，尽管把他们看作原始人，但葡萄牙人认为应该让他们成为基督徒。这些截然不同的观点导致了不同的行为表现，既然大家同为基督徒，葡萄牙和西班牙人就对他们的奴隶负有责任。举例来说，所有上帝的儿子在星期日和宗教节日都可以享受休息，所以有人认为这些奴隶的生活与英格兰殖民地上奴隶的生活相比不是那么严酷。然而，有了新的宗教信念，有了强加给他们的新的生活方式，这种文化影响其实给奴隶带来了极大的伤害，因为他们自己的许多语言、信仰和风俗习惯都消失了。具有讽刺意味的是，在英格兰的殖民地上，奴隶不被当作人看待，基督教就会放弃他们的一切义务，因此奴隶们会牢牢固守着他们自己的信仰和风俗。[62] 他们有了自己的对策和手段，于是便尽情地唱歌、跳舞，他们还发明了一种主人无法理解的土语。汉斯·斯隆告诉我们："据我对他们的观察，印第安人和黑人没有宗教信仰。不错，他们的确有一些仪式活动，比如跳舞、玩耍等，但这些基本上不是什么崇拜神的行为，多半伴有猥亵作乐的喧闹和粗俗不堪的动作。"[63]

他们都很有新意，极富创造力，"他们有好几种模仿琉特琴的乐器，用葫芦制成，顶着脖子演奏正合适，用马鬃穿起的弦，还有拴在脚踝上的拨浪鼓"。[64] 为了与17世纪代表性的思想保持一致，英国人把它解释为巫术和对魔鬼的崇拜，并严加限制。种植园园主禁止奴隶使用鼓，担心各种植园里的奴隶们会借此相互联络，传递信息。这种禁令异常严厉，以至于形成了法律，规定奴隶主"在任何时候都不能允许其奴隶打鼓、吹号或使用任何高音量的乐器，也不用每周一次煞费苦心地去搜查黑人的住处，只要发现此类乐器，一律烧毁"。

只要奴隶主允许"陌生的黑人举行公开的集会或歌舞活动，每发现一次就罚款英镑50先令"。[65] 许多人误把奴隶们的歌舞看成是他们心满意足的表现，其实完全不是那么回事，歌声反映的是他们的悲伤。奴隶们唱歌是因为他们渴望得到幸福，而不是因为他们已经获得了幸福。对他们来说，这是在逃避现实，在唱歌的瞬间，他们可以从痛苦中暂时逃离出来。被判处去服劳役的犯人也会有这种表现。[66]

奴隶主是允许奴隶唱歌的，因为这有助于在重复无聊的工作中提高节奏、鼓舞士气，他们有时还可以小喝一口朗姆酒以便放松肌肉。[67]一起唱歌还能使大家团结一致，但是必须在监工的监督下才可以，且不能太过火，太过火会导致骚乱，但缺乏激情又会使效率下降。在一些大型的种植园里，这种规定更加严苛，很少或根本就没有时间让奴隶释放他们紧张的情绪，所以他们不得不悄悄地跑到种植园的边缘地区秘密活动，尽情地玩音乐、唱歌和跳舞。[68]

西印度群岛上的英格兰种植园园主是第一批实行超大规模奴隶制的英格兰人，他们喜欢奴隶制就像鸭子喜欢戏水一样。葡萄牙人和西班牙人花了好长时间才开始大规模进口黑奴，但英格兰人由于看到奴隶在荷属巴西所起的重要作用，所以一开始他们便大量进口奴隶。别忘了，在第一批英格兰殖民者的船上就有黑奴，这是他们在前往西印度群岛途中用其他掠夺物换来的，所以英格兰种植园中从来不缺非洲奴隶。巴巴多斯在1627年只有10名奴隶，到了1642年增加到500名，三年后奴隶数量则达到1000名，到了1660年，英格兰糖业殖民地的奴隶数量就达到2万名了。[69]

殖民主义者对奴隶的去人性化的政策实行得非常有效，结果英格兰的奴隶管理体制就成了"西方历史上最严酷的奴役体系之一"。然而，"即便种植园园主专横暴戾，还得到严厉高压的法律支持，但面对手下奴隶强大的意志，他们也不可能横行霸道，为所欲为。因为奴隶有申诉、奉承、羞辱、违抗、破坏和造反的权力"。[70]由于黑人奴隶人口的急速增长并迅速超过了欧洲人口的数量，种植园园主残忍虐待奴隶的恶劣程度在整个17世纪时刻发生着变化。到1730年，非洲奴隶的人口数量已是白人的4倍。[71]人口在不断增长，工作却变得更折磨人。随着英格兰人加紧压制日益增多的奴隶，他们对待奴隶就越发残忍了。

理查德·利根对奴隶群体特别感兴趣，他对非洲人和印第安人进行了如下比较：

> 印第安人非常活跃，他们学习技能普遍比黑人快。他们不仅肤色与黑人不同，体型也有区别，印第安男性肩宽胸厚，头大下巴尖，面部几乎呈等边三角形，两眼和两鬓角都相距很宽。有的人皮肤呈棕色，有的人皮肤呈鲜亮的枣红色。他们比黑人敏锐，也机灵得多。但他们生性没有黑人诚实，更活泼好动。印第安妇女的乳房小，和黑人比起来她们的体型更像欧洲人，她们的头发又黑又长，很大一部分垂下来披在肩上，她们个子矮得像驼背一样，一大绺头发垂挂在乳房前，胸部很难或者从来也不会形成乳沟和弧线。[72]

非洲男性奴隶被看作"野兽一般，不受人待见"；[73] 非洲女性则被物化，正如理查德·利根的描述："这些年轻的女仆人通常胸脯很大，高高鼓起，又结实又坚挺，不管是向前跳、向上跳或者左右晃动都不会引起乳房颤动，她们双臂健壮，肌肉发达。"[74]

非洲人一夫多妻的家庭结构在很长一段时间内维持不变。男性坚持要多妻多妾，坚持多要孩子。怀孕的女人可以免遭鞭打，直到孩子生下来为止，但在怀孕期间她们要跟平时一样从事苦力，"因此有很多女性流产。对此，有些奴隶主公开表达出喜悦的心情，毫无怜悯之心"。[75] 孩子出生后，这些妇女可以休息两周，以便在返回种植园之前建立亲子关系，"两周后，女人就开始背着孩子和其他女人一样轻快地干活了。如果监工考虑周到一些，会让她在干活时比一般人多休息一会儿。否则，她就不得不与其他人一样辛苦地工作"。[76]

汉斯·斯隆对她们分娩后的体型表示十分失望："这位母亲给孩子哺乳后，也不用布带兜一下，以防乳房下垂，从那以后她的乳房就呈瘦长形状下垂着，看起来就像山羊的乳房一样。"[77] 奴隶是不允许给自己的孩子取名的，婴儿由监工起名，有时他们会起非洲或英格兰的名字，如"奥克斯福德"或"坎布里奇"等，但是更多的时候他们会起"猴子""狒狒""苦日子""累赘"之类的名字来侮辱奴隶的人格。然而，最常用的名字是"桑巴"（Sambo）。不会说话的野兽还能引起人们的警惕，理性的男人也能引来女人前来攀谈，但婴儿起了名字后，就被抛在一边，很少有人再去关心他。[78]

不同种族间的大量性行为是不可避免的，有强制的，也有两厢情愿的。英格兰人对种族间两厢情愿的性行为持有异议，这并不让人感到意外。1644 年制定的关于通奸问题的规范惩罚条例让我们了解了许多关于奴隶、仆人和自由人之间的区别。例如，如果一个自由的白人（不论男女）被发现与一个黑人奴隶发生性行为，他就会被罚款。如果一个白人仆人发生了这种事，他的劳役契约就要延长，以示惩罚。如果发现黑人奴隶与白人犯了通奸罪，黑人不仅要被烙铁烫烙印，还要接受鞭笞。然而，奴隶主却经常与女性奴隶同床而眠，家中还养着俊俏美丽的黑人姑娘作为家务女仆，这样有助于随时接触便于偷情。这些奴隶主大多是年轻的单身汉，或者是刚结婚不久，家眷也都很年轻，自己也是第一次离家。尽管这些事都是不允许的，但大家却都睁一只眼闭一只眼。但是，如果一个奴隶主或监工被发现与一个白人仆人发生性关系，仆人通常会被解雇。[79]

许多混血儿在白人父母的眼里都是掌上明珠。一位名叫威廉·邦纳（William Bonner）的牙买加种植园园主与他其中的一个奴隶有了 4 个孩子。他临死前，给了孩子的母亲自由身，并给每个孩子 100 英亩的土地。[80] 几个孩子都是一母所生，母亲又被赋予自由，这表明他们是一个稳定的家庭单元，邦纳也明白自己的责任，不过他没有在生前还这位母亲以自由身。遗憾的是，大多数的混血儿并没有出生在这样的环境里，最后还是沦为了奴隶。[81]

几十年过去了，尤其是从 18 世纪初叶开始，奴隶主纷纷在他们退休时开始解放他们的奴隶。巴巴多斯的一位市议员托马斯·沃德（Thomas Wordall）解放了所有 34 岁以上的奴隶，并为他们举行洗礼仪式。但是千万别被他的行为蒙蔽了，这些姿态并不是没有人怀疑：奴隶们长时间地辛苦操劳，到了三四十岁时，他们的体力都已经耗尽，解放他们就意味着他们的前主人不再有义务为他们提供衣食。理查德·S·邓恩指出，解放了的奴隶和混血儿"不允许有投票权，不能担任公职，不能有高收入的工作，也不能拥有许多土地"，[82] 最终的结果就是他们只能被困在一个连自己都鄙视的小岛上，为一点小钱继续在种植园里干苦力，无论如何也逃不出这片苦海。

第五章　制糖

> 糖业种植园的纪律就如同军队那样严格：清晨 4 点种植园里的钟声就敲响了，招呼奴隶们到地里干活。他们的工作是施肥、挖沟、锄草、犁地、种植、除害、收割甘蔗，然后将甘蔗送到碾磨坊，压榨出汁，最后蒸发浓缩成糖。
>
> ——詹姆斯·拉姆赛（James Ramsay）[1]

一位欧洲白人到了新大陆，面临几个职业选择：许多人被海盗的浪漫生活迷惑得神魂颠倒；还有许多人决意去种植一种令人兴奋的异国经济作物，例如姜、柑橘、西班牙甜椒、烟叶、槐蓝属植物及可可豆等；那些想发大财的人都进入糖业公司里，那里潜在的利润比新大陆任何其他的经济作物或商品都高。

英格兰人有这个优势，他们可以从自己的国家获得足够的资助去建设世界食糖领导者所需的基础设施，不过种植园园主早已把他们的工作安排妥当了：他们必须清理扩大土地，购买家畜，为劳工、仆人、奴隶和牲口进口粮食和饲料；他们还必须进口建筑材料、工具、家庭和园艺所需的五金设备以及专业设备；[2] 一切安置妥当后，还必须进行全面的筹备，并且要熟练精准地实施。一个种植园就是一台由许多部件组成的运转顺畅的机器。种植时间必须错开，这样碾磨工和锅炉工就能效率最大化。相关行业的男女员工，例如操锯手、箍桶匠、木工和铁匠必须预先考虑他们产品的供需情况。不难看出，管理一个种植园绝不是一件简单的事。用当时的标准去衡量，管理工作也可谓有条不紊，务实高效。

尽管高产的糖业岛屿让英格兰为之骄傲，但是成功的种植园园主对土地的耕作和后方的管理不得不采取完全不同的态度，主要的不同当然在于如何取得他们和投资者所期望的丰厚利润，以及如何让奴隶和契约仆人从事毫无人性的工作。这就是说，殖民地的英格兰人在劳动力管理方面与英格兰本土的管理者有着很大的区别。只要有一笔恰当的投资，有投资重点、技术和强烈的冲劲，有极度的残忍心和运气，就能发大财。[3] 暴风雨和疾病可能摧毁整个城镇和种植园，但粗心和疏忽也会造成同等的损失。糖业生意是非常难以预测的，利润会因为不可抗拒的天灾、不断变化的糖价以及奴隶的成本而大幅度波动。当年还是一片欣欣向荣的繁荣景象，第二年产量就可能突然大幅下降，所以种植园园主需要懂得财务计划和债务管理。同时，他们也要具备坚韧不拔的品质，因为他们要依赖商人提供的贷款来购买奴隶，并为自己购买新的设备、衣服和高级的商品。他们还得依靠王室，因为王室能提供海事和军事的支援，保护他们免遭大西洋殖民地其他国家的欺凌。

不过，最重要的是，在英格兰糖业生产最繁忙的日子里，他们要依赖非洲奴隶的稳定供应，这些奴隶都是由皇家非洲公司贩卖和运输过来的。[4] 有些大型种植园产糖量翻番，甚至增加了 2 倍：1650 年巴巴多斯糖的出口量为 7000 吨，到了 1700 年，它的出口量就达 2.5 万吨之多，比巴西糖产量还多 3000 吨。[5] 令人遗憾的是，这种情况也反映在奴隶贸易中。18 世纪是糖业发展最兴盛的时期，西印度群岛每年进口 7.4 万名奴隶，比其他欧洲国家进口奴隶的总数还多。[6] 在此期间，葡萄牙人和西班牙人的殖民地利用制糖的副产品生产烈性酒，才勉强实现收支平衡，略有结余。英格兰人从殖民地接收自由贸易的糖，然后将多余的糖再转卖至欧洲，这是一个行之有效的模式。到了 1700 年，仅巴巴多斯每年就能装运 143 吨的白糖，需要 200 艘船只才能将其运走。[7]

＊＊＊

17 世纪和 18 世纪初叶，一个种植园园主需要 2 座碾磨坊和大约 80 英亩土地种植甘蔗，才能保证每年生产出 8 吨左右的白糖。[8]据理查德·利根记载，"1 英亩优质的甘蔗能生产 4000 磅（1800 公斤）的白糖，产量再差也不会少于 2000 磅（900 公斤）"。[9]种植园园主需要锅炉房、加工坊、储藏室和生产烈酒的酿酒厂（英格兰殖民地生产朗姆酒，葡萄牙殖民地生产巴西甜酒）。他还必须为手下的劳动力提供衣、食和住所，此外还得监督他们。通常 64% 的劳动力为田间工人，10% 为工厂工人，14% 为家政服务人员，12% 为专业工人，如监工、司机和送货人员等。[10]并非所有的劳动力都直接参与制糖，每一个种植园就是这个行业的缩影，有技术的木匠、箍桶匠、陶工都为自己找到了合适的位置。铁匠可能是最有价值的，他们能锻造"各种各样的锄头，但主要是制造可单手使用的小锄，因为身材矮小的黑人奴隶需要用它来除草；能打出各种尺寸的刨子、凿子和钻头；能打出供黑人奴隶收割甘蔗使用的手镰；还能打出供木工使用的绘图刮刀……以及供黑人奴隶使用的铁器、钢器和小铁锅"。[11]

日复一日管理一座高效的种植园的关键人物是管理者和奴隶监工，通常他们会"与几组奴隶一块儿出工，有的 10 人一组，有的 20 人一组，人员多少是根据种植园园主雇佣的管理者的能力来定。这些人出去都带有任务，根据种植园园主的指示，有除草的，有种植的，有伐木的，有劈木头的，有将木材锯成板子的，有负责将木材抬回家的，有收割甘蔗的，剩下的人参与管理联合体、锅炉房、蒸馏室和加工坊的工作"。[12]

新大陆的种植园都有一个基本的经验法则，那就是 1 英亩（0.4 公顷）地应该配 1 个田间劳动力。如果是在一个英格兰的种植园里，这个劳动力就把机器和畜力的活儿全都包圆儿了。因此，大家可能认为这个经验法则的效率似乎太低了。我们都知道，早期在西班牙统治的伊斯帕尼奥拉岛上的甘蔗田里，他们是用牛犁地，[13] 然而，巴西人需要和肥沃的黑黏土打交道，犁地时黑黏土太滑，牛拉不动犁，因此必须依靠人工翻地。英格兰人的种植园里不存在这样的借口，他们让奴隶从事这种繁重的苦力是因为他们害怕奴隶的反抗，尤其怕奴隶得闲谋反。所以，他们绝不让奴隶有闲暇时间，强迫他们终年忙于这种慢吞吞的、有辱人格的、单调乏味的工作。以这种方式把奴隶圈在地里干活是非常廉价的事，只需花费 5 英镑就可以给 50 名奴隶配齐所需的手斧、锄头和手镰。[14] 这种不必要的繁重劳动是用来磨灭意志，使奴隶们士气低落、效率低下，更易于控制。"不让吃饱是为了瓦解他们的反抗能力，让他们从事不用动脑筋的工作是让他们变得呆傻"，培养"驯服的、呆滞的、幼稚的"奴隶个性。[15]

为了将工作尽可能多地分摊给大家，不让奴隶获得一丁点儿的休息时间，就需要精细安排时间并周密地组织种植和收割。[16] 一般来说，甘蔗生长是在 6 月至 11 月的雨水充沛期，全部错开种植的甘蔗需要十四至十八个月才能成熟。甘蔗收获通常是在最干燥的 1 月，因为那时甘蔗的含糖量最高。为了适应这一不均衡的周期，农田被划分成许多块，每块 10 英亩，每块都稍稍错开种植时间。所有这一切都是由奴隶带着他们简陋的工具完成的。种植甘蔗时，30 人左右组成一组，在 10 月至 12 月的种植期内，他们每天要完成 2 英亩（0.8 公顷）地的挖垄沟、播种及插条等任务。[17] "由于所播种的品种不同，奴隶有时就带着锄头跑到……更远的地方，挖的沟也更深。另一项任务就是……种植地下茎，然后用土覆盖。所以，如果赶上了好季节，甘蔗一定会长势喜人。清除完杂草后，甘蔗就会长得茂盛粗壮，凭借其自身的优势就能扼制杂草的生长。"[18]

现在有四个月的时间为田间除草，一般情况下除草都是女人干的活儿，"这需要弯着腰干，常常会累得腰酸背疼"，[19] 但"如果在甘蔗幼苗时不进行这样的管理，以后迟了就没有补救办法了。因为甘蔗长到一定高度时，叶片就会变得很粗糙，边缘很锋利，会划伤黑人奴隶的皮肤。由于他们都光着身子，裸着腿脚，一进入甘蔗地浑身都有刺痛感，皮肤被刺破后就会流血，一流血他们就忍受不了了。"[20]

要想让甘蔗长得茂密，必须大力施肥，每英亩施肥量高达 30 马车的动物粪肥（即每公顷 75 马车的粪肥）。[21]甘蔗容易受到害虫和寄生虫的侵害，其中最大的威胁是老鼠，"老鼠是影响他们收益的大敌……它啃啮甘蔗后，要不了多久甘蔗就会腐烂，无法作为制糖的原料，这会让该岛遭受极大的损失。奴隶会尽最大努力，在那块甘蔗地的四周点起火，驱使老鼠集中到田中间，最后火势蔓延过去，将它们全部烧死"。[22]尽管这样他们损失了一季的作物，但地下茎经过这一场折磨后依然能存活下来，并非颗粒无收。[23]6 月至 11 月之间，错开生长的甘蔗最高能达到 2.5 米，渐次成熟，从"纯粹的小绿苗，变成了一片亭亭玉立的甘蔗"。[24]

随着收获季节的临近，种植甘蔗的能手亲自下田评估甘蔗的成熟情况，然后当场制定出快速加工的最佳方案，因为"只有他们技术全面，才可以应对从种植、碾磨到蒸煮、提炼的全部生产过程"。一旦收割开始，工作时间会延长，又苦又累。在巴西，碾磨机从下午 4 点开始转动直到第二天早上 10 点才停下，刚坐下小憩片刻，新一天收获的甘蔗又送来了。在英格兰人殖民的岛屿上，他们分成两班或三班轮流工作，从清晨 6 点开始，一直干到午夜时分。农忙高峰时期，一天工作时间可以长达 20 个小时。一周工作 6 天，但需要时可随时延长至 7 天。[25]

收割甘蔗总是靠最强壮的男女劳工手工完成，第一拨人将甘蔗外层的叶子剥除，然后由第二拨劳工将甘蔗收割打捆后装上牛车，运送到碾磨坊。[26]"收割的方式是用小手镰在离地面大约 6 英寸（约 15 厘米）处下镰收割，然后同样用小手镰将甘蔗的茎秆一分为二，接着抓住茎秆的上端部分，将长在四周的叶片去掉，甘蔗的茎秆和叶子都被捆成柴火捆，装上马车。"[27]这活儿累得让人难以承受，只有在监工的强力催逼和威胁下才能完成。正如著名的糖史专家詹姆斯·瓦尔维恩（James Walvin）指出的那样，"外人勾画奴隶在甘蔗地里干活的情景时，总是画着奴隶主和监工骑着高头大马，手执鞭子，时刻都在鞭笞奴隶，强迫他们拼命地干活，其实这并不是艺术家凭空想象出来的"。[28]

从第一次收获开始，第二季的作物（即"鼠尾草"）便从地下茎处开始生长，经过九至十个月便可成熟。在巴西制糖联合体里，收获可以一直持续到雨季。一到雨季，"黑黏土的甘蔗地就无法再收割了，因为一踏进去就会陷在土里无法自拔"。这里，奴隶的工作定额是通过"手"来计量的，用这种方法很容易就能计算出这项折磨人的工作进度。具体是这样操作的：12 根甘蔗算作 1 捆，10 捆算作 1 指，5 指算作 1 手。当他们收割了 7 手后，就算完成了定额，一天总共需收割 4200 根甘蔗。[29] 他们的工作定期会受到检查，"如果管理者认为他们打的捆太小，或者他们来得太晚，就要抽打他们 4 鞭至 10 鞭作为惩罚。有些奴隶主兴

1823 年安提瓜岛上的男女奴隶在收割甘蔗。（大英图书馆）

18 世纪中期，一台由马匹驱动的三轧辊立式碾磨机。中间轧辊的轮齿被放置在比其他两个轧辊稍前一点的位置，这样，甘蔗可以由此进料并被压碎，取得约 50% 的榨取率。（克斯廷·内韦尔西克）

之所至时对牲口都会呵护有加，现在竟然要抽打奴隶 50 鞭，致使他们好几个星期都无法动弹"。[30]

种植甘蔗的艰苦程度简直让正常人无法想象，收割甘蔗同样也艰苦难熬。在巴西，碾磨坊一年开工 270 天到 300 天，只在星期天才停工，这也是在教堂的干预下才实行的制度，因为教堂坚持认为即使是奴隶（当时已是基督徒）也必须有休息日。种植园园主争辩说，他们无论如何也不能让碾磨坊停工，就算是上帝也不能，因为甘蔗的压榨和甘蔗汁的蒸煮浓缩必须在一天内完成。在英格兰人殖民的岛屿上，收割的季节较短，每年在 120 天至 180 天。[31]

甘蔗一被送到碾磨坊，就会卸到一个叫"巴比酷"（Barbycue）的大平台上。平台上"装有两根栏杆，这样甘蔗就不会掉下去了"。甘蔗来了之后必须立即加工，这点很重要，"因为一旦放了两天以上，甘蔗汁就会减少，就不适合作为制糖原料了，其酸度还会影响甘蔗的其他部分"。首先，甘蔗会被旋转式三轧辊立式碾磨机打碎。轧辊的齿轮相互咬合，中间的轧辊突出，会对甘蔗进行两次压榨。规模小的种植园，通常是由家畜推动碾磨机，但在大型种植园里，常见的是用水力和风力驱动的碾磨机。利根解释了这一碾磨流程：

> 马和牛……绕圈转，用它们的力量拉动中间的轧辊，中间的轧辊通过两端的齿轮带动其他两个轧辊……一个黑人奴隶从前边将甘蔗喂入，轧辊会将甘蔗拉到后边。后边站着的黑人奴隶拿到压榨过的甘蔗后，将它们再次送入中间的轧辊，轧辊又将甘蔗反向拉回。这样一来一回两次通过轧辊，大家认为所有的甘蔗汁都被榨出来了。[32]

这个原理也许并不复杂，但这项工作却需要大量的奴隶来操作。一台家畜拉动的碾磨机一天可加工 30 马车的甘蔗，足够生产出半吨的成品糖。与在甘蔗田里干活相比，这里的活儿更会把人累得半死，所以在葡萄牙的俗语中有"困倦得如同在碾磨机边干活的奴隶一样"的说法，这都来自它的坏名声。碾磨机运作起来势不可挡，一旦开始转动，就很难让它停下来，而且还会频繁发生事故。如果奴隶的手臂被卷进轧辊（这类事是经常发生的），瞬间就会被站在机器边的同伴或者监工用一把锋利的大砍刀从肩膀处把手臂砍断。在巴西的种植园里，甘蔗碾磨被认为是女人的活儿，奴隶状况清单里有许多条目都有关于独臂女奴的记载。[33] 这就是 17 世纪种植园内健康和安全的状况，同样的管理系统已推广至整个新大陆的糖业种植园。连爱德华·利特尔顿（Edward Littleton）在他抵制废奴主义的小册子《种植园里的痛苦呻吟》中也发自内心、简明扼要地描述了这样一件事："一个碾磨机的进料者一旦手指被卷进机器，他整个身子随即也会被拖进去，挤成肉酱。"[34] 今天，当然会有某种紧急制动杆，但在 17 世纪和 18 世纪的种植园里，碾磨机是绝对停不下来的。从这些可怕的事故中幸存下来的人并没有被种植园园主抛弃，毕竟奴隶的价格非常昂贵，所以种植园园主必须从他们的资本投资中获得最大的价值。于是他们雇佣幸存者充当看守者或监工，他们站在一边本身也是对操作碾磨机的奴隶的一种警示，随时提醒他们要专心工作，一旦疏忽大意后果将不堪设想。

甘蔗打碎后，碾磨出来的棕色汁液就会流入一个大盘子似的容器里，甘蔗汁并不储存在这个容器里，而是往下流入地上的一根管子或者流入一条密封的铅槽，然后又流入固定在楼梯边的蓄汁箱内。沿着楼梯下去可以从碾磨坊进入蒸煮室。甘蔗汁不能在蓄汁箱内留存一天以上，否则会变酸。蓄汁箱里的甘蔗汁会通过一根（固定在墙上的）铅槽流入净化铜锅里。流程继续进行，当甘蔗汁在第一口铜锅里净化时，漂起的浮渣通过一根管道或铅槽被输送走。之后，还要经过第二口净化铜锅，两次净化后仍会有浮渣，现在看来真是有负于这辛辛苦苦的蒸馏过程了，因为浮渣依然又脏又油腻。[35]

蒸煮室被认为是种植园里最重要的部分，不仅是因为糖要在那里去杂净化，还因为那里的设备最为昂贵。蒸煮室里排列着 5 口口径很宽的浅铜锅，全都支在用砖和巴黎灰泥抹成的炉子上，铜锅按容量从 820 升到 136 升不等。[36] 这些铜锅非常珍贵，不只是因为铜本身是一种昂贵的金属，还因为它们必须花费大价钱从英国进口。[37] 监视净化过程的是锅炉工，他们是所有制糖工人中责任最重大的。"甘蔗汁进来后从一口净化铜锅送至另一口铜锅进行提炼，流经的铜锅越多，提炼得就越精细、越纯粹。"随着铜锅越来越小，糖浆也变得更加黏稠，施加的温度也更高。这需要很多技巧、经验和判断力，而且必须在令人窒息的地狱般的工作条件下进行："工作一直不停，从星期一凌晨 1 点起，一直到星期六夜间

SACCHARVM.

Qua Saccharum paretur arte, plurimis   Pictura, quam vides, docebit te modis.

1591 年法国人的碾磨坊。注意水力驱动的碾磨机、蒸煮锅以及前景中准备出口的糖块。（大英博物馆）

（这时，火炉里的火才熄灭），在日日夜夜的工作时间里，人员（即奴隶）、马和牛都会不断补充。"[38]

火炉吞进了不计其数的木材后熊熊燃烧，奴隶们给它起了个名字——"永不合上的大嘴"。英格兰人的种植园和葡萄牙人的联合体中用来填喂这些大嘴的是木头，而不是用废弃的甘蔗皮和甘蔗叶（即所谓的甘蔗渣）来充当燃料。木材这么多，谁还会费力不讨好地去使用那些东西呢？[39] 蒸煮室的温度高得出奇，监工不得不密切关注那些锅炉工，一旦出现晕倒或者走神的情况，就要上前提醒他们。爱德华·利特尔顿描述了在蒸煮室里工作的危险情景："如果锅炉工身体的任何部位沾上了滚烫的甘蔗汁，它就会像胶（或者黏鸟胶）一样黏得牢牢的，不管是想保全肢体还是挽救生命都十分困难。"[40]

当甘蔗汁流到第四口铜锅时，就会变成一种很稠的深棕色的糖浆，并准备继续进入下一个生产阶段——结晶和提纯（有时也叫加工、净化）。首先，将糖浆与油、木灰或酸橙汁中的任何一种搅拌在一起，让它们转变成褐色的混糖或提炼成白糖。[41] 将混糖这种黑色黏稠的糖蜜倒进一个像花瓶似的陶土瓶中，瓶中有洞，糖蜜可从洞口排空，在一个温度很高的屋子里放上大约 12 小时进行干燥固化，随后转移到一间温度较低的房间里，在那里：

> 糖蜜会慢慢滴出，大约需要一个月的时间才能排空。在这段时间里，糖应该被提炼到很纯的程度了。然后，他们会抱住黏土瓶往地面一磕，糖就整个被磕出来了，就像子弹从模具里弹出来一样。磕出来以后，你会发现黏土瓶里有三种颜色，顶层略带棕红色的是一种很轻的呈泡沫状的物质；底部的颜色则深得多，但分量重，多油腻，且湿润，充满了糖蜜；他们把这两部分切割下来，重新蒸煮……中间部分占整个黏土瓶的三分之二，看上去色泽鲜亮，比较干燥，味道很甜，这一部分被单独放置起来，装入皮袋里，上面覆以油布，然后挂在驴和骆驼背的两侧，将它们送到布里奇的仓库。[42]

为了制作白糖，浓稠的糖浆在黏土瓶里干燥时用厚厚的湿黏土封住口，这相当于用水库将水挡住一样。当糖蜜从底部流出时，形成了压力变化，将水分从湿黏土中抽出，使其净化，因此才用了"去除杂质"这个词。后一种方法更受葡萄牙人和法国人的青睐，就是这种不需要进一步提炼的纯糖给他们带来了财富。然而，英格兰人通常不会采用这种办法，他们不得不为精制糖支付更高的关税。他们将混糖送往欧洲进一步加工，这就更具商业意义。不过，有时他们故意将一些白糖贴上"混糖"的标签，[43] 偷偷运往欧洲。那些未经提炼的混糖随后会被装入木桶，重量在 200 公斤到 300 公斤之间，每一桶都会进行登记，标注上重量和质量等级，盖上生产者的商标，"然后运往英格兰和世界其他地方，那里有最好的市场"。[44] 收成好的时候，如果制糖时适当注意将浪费压缩到最低，那么"1英亩地里的甘蔗有时就能产出4000磅的糖"，相当于每公顷的甘蔗产出4.5吨的糖。[45]

每一个种植园都有生产朗姆酒的酒厂及相关的设备和工人。这是制糖岛屿上人们最常饮用、最受欢迎的酒精饮料。"三口较小铜锅内的浮渣被送到楼下的蒸馏车间，那是制作烈酒的地方。他们称烈酒为'鬼见愁'，[46] 也叫'不适合制糖的蔗汁酒'。"[47] 传统意义上，糖蜜是送给牛和奴隶快速补充热量的东西，[48] 现在却成了额外的源源不断的收入来源。实际上，一旦英格兰这个制糖机器开足马力加速生产时，巴西种植园也只有采取这种办法才能转变成独立发展的经济体。[49] 如同这个群岛上大规模生产的所有阶段一样，酿酒也是非常危险的一件事：

> 甘蔗汁一直停留在蓄汁箱（蓄汁箱在蒸馏室内）里直到产生一点酸味（在那之前烈酒是不会在蒸馏室里生成的）。生成的第一茬酒是劣质酒，称作低度酒，我们把它放入蒸馏器中，再次蒸馏后流出的就是度数很高的烈酒。如果一支蜡烛被带到附近，置于一个大酒桶的桶盖上，或者带到外室厨房，酒气就会飘向蜡烛，并将蜡烛火焰往下带进酒桶里，将整桶酒变成一个火球，火球立刻会将酒桶烧炸，形成一片火海，将周围一切可燃物质全部点燃。类似这样的事故让我们失去了一位优秀的黑人兄弟。他在夜间将一瓶这样的烈酒从蒸馏室带到了饮酒室，但他并不知道烈酒的威力。他将一支蜡烛放置在了一个过于靠近酒的地方，他本该知道不能把蜡烛放在酒桶盖上的漏斗中，因为漏斗会将火带到大酒桶里。不料，他这一系列动作扰动了酒气，酒气飘了出来，抓住了蜡烛的火苗，就这样把周围的一切都点着了，把这位可怜的黑人兄弟——我们优秀的仆人也烧死了。如果在着火的一刹那他用手捂住酒桶盖，可能还有救，但是他不知道这个办法。不仅整桶的烈酒烧光了，还搭上了自己

的一条命。所以，在那次意外致死的事故发生后，上面立刻就下达了严格的命令，夜间任何时候都不准将烈酒带入饮酒室，任何明火或者蜡烛也不能带进那里。[50]

卡思伯特·帕齐谈到巴西制糖业联合体时说："他们强迫奴隶无休止地干活，手段非常严酷，而且他们发现越是对奴隶使用得狠，越是能发挥奴隶的潜力，奴隶的性格就是如此。根据经验他们发现，宽容地使用奴隶反而会坏了他们的规矩。"[51] 在所有新大陆的种植园里人们都普遍认为，非洲人更喜欢以这种方式对待他们，这就是他们的性格。他们还认为，奴隶制"让奴隶摆脱了一个陷入杀戮和混战的非洲大陆，过上了相对舒适的'幸福得多的生活'"。[52] 尽管英格兰人还不至于将非洲奴隶当野兽看待，但他们还是认为非洲奴隶兽性十足。一位名叫爱德华·朗（Edward Long）的西印度群岛种植园园主就明确表示："我不认为一个猩猩丈夫会让非洲南部霍屯督人的女子丢脸。"[53]

一旦赚足了钱，大部分种植园园主就会离开他们自己创立的地狱般的魔窟，尽快返回英格兰。他们遗留的那些种植园在毫无经验的代管人的管理下，最终都变成了杂草丛生的荒芜之地。受冲击最严重的还是那些可怜的、极端依赖主人的奴隶。一位观察家说："我从内心对这些可怜的奴隶、驴和其他家畜表示同情。"[54] 最残忍的就是这些英格兰人，因为他们制定了法律，将非洲人的权利剥夺殆尽。他们的管理体制是邪恶、残酷和极端的，但也是奏效的，他们的强权体制一开始被转移至其他制糖岛屿上，随后又转移至美洲大陆的殖民地，这些制度在那里大受欢迎，行之有效。其实，随后在北美洲出现的残忍、暴力和种族灭绝行为都是建立在英格兰人对制糖奴隶的管理制度之上的。

第六章　对自由的恐惧

暴政的代价是永恒的警觉。

——理查德·S·邓恩（Richard S.Dunn）[1]

到了 17 世纪，英格兰的种植园园主每年都会购买成千上万的黑人奴隶。由于他们意识到自己已经非常依赖强制劳工，迫使他们不得不面临这样的问题：奴隶到底是干什么的？应该如何对待他们？奴隶不再仅仅是近东地区的那些战俘，也不再像在马德拉群岛的种植园里那样作为候补劳动力，现在他们就是实实在在的劳动大军，而且已经被大多数人所接受。种植园园主清楚地知道，如果没有这些奴隶的话，就不会有他们的制糖业，至少他们是这么认为的。不过，这种认知并没有让他们变得更有人情味，只是迫使他们承认了奴隶在以往工作中的重要性。英格兰人现在要应付一个规模空前的奴隶人口的问题，因此奴隶制必须改变。要控制这么多奴隶，他们需要一套完整的规章制度，只有这样才能建立起统一阵线，才能获得一个庞大的、安分守己的奴隶群体。

由于害怕奴隶反抗，巴巴多斯的英格兰种植园园主着手将他们主宰奴隶的权力写进法律。为了证明这种做法的合理性，他们明确指出，因为非洲人没有开化，所以他们缺乏人性，更喜欢（在某些情况下理应）过被奴役的生活。暴力被看成是控制和惩罚奴隶的一种有效的方式。在种植园园主的眼里，非洲人几乎就不是人。根据这种逻辑，只有以非人的方式对待奴隶，种植园园主才能保持控制权。如果哪位种植园园主感觉这样做不妥，他们也不必为此深感愧疚，因为非洲人更愿意享受这种待遇。事实上，这是奴隶唯一能理解的语言，他们以前在西非过的就是这样的生活。

以上这些观点都被写进了"奴隶管理法案"，并于 1661 年提交给巴巴多斯议会，后来在 1688 年进行了修改。随着此法案的实施，英格兰人剥夺了非洲奴隶几乎所有的权利，理由是奴隶天生就与白人不同："上述为此目的而加入本岛居民的黑人是缺乏教养、狡诈、本性野蛮的，这使他们完全无法适应我国法律、习俗和惯例的管理。"[2] 奴隶一旦受雇佣，该法案便赋予种植园园主对其奴隶的完全控制权，因此他们会以自己认为合适的方式全权处理这些奴隶。只要把黑人塑造成甘愿受压迫、被慑服、从不考虑把自由作为选项的一个群体，他们就绝不会努力去争取自由。巴巴多斯的法案是简短而全面的，后来不仅在巴巴多斯，在英格兰其他的制糖岛屿、北卡罗来纳和阿根廷，该法案很快也成为他们未来对待奴隶的模板。[3]

他们的观点非常明确，即奴隶是愚蠢野蛮的。该法案让他们丧尽天良，以至于种植园园主和监工可以肆无忌惮地对奴隶实施残暴的管理而丝毫不感到内疚，而这种内疚是在虐待他人后普通人内心通常会有的感觉。他们的确承认奴隶与他们一样也是人，但他们同样认为"奴隶是不知道世界上还有上帝的那些人"。[4] 该法案规定："应该充分为黑人和奴隶提供生计，保护他们免于遭受脾气暴躁者或奴隶主的残暴蛮横的行径，使他们可以摆脱专横跋扈和诉诸暴力的奴隶主。"[5] 但是，这种规定只是一张空头支票，在现实中并不存在，只是他们认为既然他们关爱的责任已经延伸至他们想保护的宝贵的资本投资上，那么也应该延伸至这些受他们虐待的人身上。"如果有人恣意妄为或仅仅出于血腥心态或残忍意图蓄意杀害了自己的奴隶，那么这个人要向公共基金上缴 15 英镑；但如果杀死的是其他奴隶主的奴隶，那么他就要向该奴隶主赔付双倍的钱，并向公共基金上缴 25 英镑。"[6]

该法案的意图是确保奴隶主知道他们的权利和义务。让他们明白，一旦权利没有得到维护，义务也没有完成，会造成怎样的局面！[7] 契约仆人的权利同样也少得可怜，不过，凭借他们的基督徒身份，他们至少还保留了一些权利。

虽然该法案强调奴隶应该有衣穿，但是他们只能得到最基本的衣物。奴隶直到进入青春期才能穿上衣服，奴隶主给他们提供的是用蓝帆布缝制的服装。男性穿长内裤和缠腰布，有时也会穿衬衣。女性穿缠腰布、无袖宽内衣和衬衫。奴隶主很少为他们提供鞋子和帽子，其实每年只需花 35 英镑就能为 100 个奴隶提供衣服，[8] 同时法案中只字未提应该为奴隶提供的食物数量及居住条件。相比之下，白人仆人则可以得到食物和服装补助，如果受到主人的虐待，他们还可以提起诉讼。如果白人仆人生病却没有得到主人适当的照顾的话，他们的主人会被罚款。如果白人仆人在他们的手中死去，主人可能因谋杀罪而遭到审判。然而，对于黑人奴隶，主人可以用他认为任何适合的方式来惩罚他们。[9]

对白人仆人和奴隶惩罚的严厉程度也有很大的不同。该法案规定，对白人仆人大部分罪行的惩罚手段是延长他们的劳役期：犯盗窃罪劳役期延长两年，犯逃跑罪延长三年，"接待一个奴隶逃犯"延长七年。对黑人奴隶的惩罚手段包括鞭笞、火烫烙印，有时还会在全身烫烙印或者划开他们的鼻子（译者注：类似但略轻于中国古代的劓刑）。[10] 该法案实施一百年后，获得自由身的奴隶、废除奴隶制的活动家奥拉达·艾奎亚诺（Olaudah Equiano）写道："在这几座岛屿上这是很常见的事，尤其是在圣基茨岛（St Kitts），奴隶会被烫烙上他们主人名字的首字母，沉重的铁钩悬挂在他们的脖颈上也是常见的事。实际上，即使在最普通的场合，他们也会戴着沉重的镣铐和其他一些刑具，例如铁口套、拇指夹……我就见过一个黑人奴隶仅仅是因为锅里的汤溢了出来，就被打断了骨头。"[11]

另一项对男性奴隶普遍的"惩治手段"是阉割，不过法案里并没有这样的规定，很可能是因为连议员都觉得这样做太残忍了。[12] 对奴隶来说，偷窃价值高于1先令的物品，强暴、侵犯人身或者纵火都是死罪。现在，既当警察又当法官俨然成了奴隶主的"责任"，有人还建议他们要抑制住自己的"人道主义天性"。[13] 对于偷窃价值低于12便士的货物，罪犯"要公开并严厉地接受不超过40鞭的鞭笞"。若再次违法，就会"割开他们的鼻子，然后用热烙铁在他们的前额烫上烙印，这个记号永远也抹不掉"。如果一个奴隶"被发现第三次犯罪，就会被判处死刑。"[14]

更严重的罪行由法院来裁定，出庭的有2名法官和3名终身法官，他们听取并详细审查所有的证据、证言和口供，随后作出死刑判决。[15] 为了确保让诸如偷窃食物等轻微罪行的发生率保持在最低，他们经常会对奴隶的住处进行搜查。下述情况已经在修订后的第二版法案中得到确认：有时奴隶被逼走上犯罪道路，是因为奴隶主对他们照顾不周。在这种情况下，责任应该归咎于种植园园主。"奴隶主和种植园园主……如果没有具备足够的良知来为黑人和其他奴隶提供生存的必需品，或者不允许黑人和奴隶自己种植作物养活自己，那么必然会促使黑人和其他奴隶违反法律，走上犯罪的道路。这时奴隶主应该根据黑人或其他奴隶的价值，对受害方进行赔偿。"[16]

他们对奴隶自由权利唯一的让步就是允许他们到其他种植园作短暂停留，并允许他们在周日逛市场，但相关的规定却非常苛刻。奴隶如果没有主人的证明是不能离开种植园的："无论何时，奴隶主如果发现其种植园的黑人或其他奴隶没有主人出具的条子，或者没有主人交办的事项，那么，一旦他们被抓绝不是打几鞭子就能了事的。"[17] 如果你对此感到疑惑，我可以告诉你，当时人们认为被抽打50鞭只是"适中的惩罚"。[18]

斯隆告诉我们，那些罪行较轻的人"通常由监工用树条鞭抽打，打到他们流血不止……先是在碾磨坊里将他们双手捆起来……有人将胡椒粉和盐撒在他们的伤口上，让他们感到剧烈的疼痛；还有些时候奴隶主会将融化的蜡油滴在他们的皮肤上……黑人有时候就该受到这样的惩罚，因为他们是刚愎自用的一代人。尽管这些惩罚措施看似非常严厉，但与他们所犯的罪行相比根本算不了什么。"[19]

所有这些惩罚措施都起源于英格兰的刑罚制度。基思·托马斯（Keith Thomas）指出："近代早期规范的惩罚措施包括绞刑（即缓慢勒死）、烙印、颈手枷、鞭笞、砍断双手和耳朵，以及在鼻子上割开口子……叛逃者会被施以绞刑，放下后仍然不死者，会被割去睾丸、开膛取出内脏以及肢解……玛丽一世（Mary I）[译者注：玛丽一世（1516—1694），英国女王，国王亨利八世的长女，西班牙国王腓力二世之妻，强行恢复天主教，残酷镇压新教徒，被称为"血腥玛丽"]统治时期，一位法国人对英格兰滥杀罪犯的做法感到非常震惊，因为这些罪行在法国最多就是一次鞭笞而已。"[20]

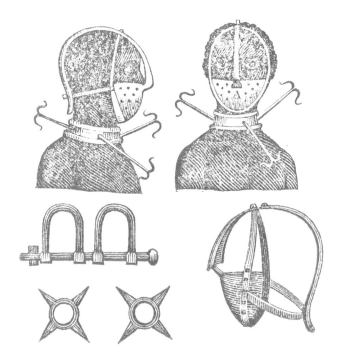

铁面罩、铁项圈、脚镣和用来限制奴隶的铁刺。铁面罩经常和压舌器连在一起，防止犯人吞咽，包括吞咽唾液；铁颈圈带有长刺，戴上后罪犯就无法躺下、休息或睡觉。图片源自 1807 年托马斯·布拉纳根《忏悔的暴君》一书。（美国国会图书馆）

简而言之，英格兰人非常残酷，他们将这种残酷延伸至奴隶身上。与法国不同的是，这些男女老少既不是杀人犯也不是叛逃犯，而是清白无辜、易受伤害的弱势群体。奥拉达·艾奎亚诺写道："监工大部分都是西印度群岛上各种教派中'性格最恶劣的人'，堪称'人类屠夫'。"[21]

面对这些暴力和死亡，奴隶们不得不经常考虑自己的生存问题。理查德·利根说："有人死了，他们就会挖一个墓穴，等到晚上将他下葬。下葬时，他们会击掌并痛苦地绞扭双手，喉咙里发出悲伤的声音。"[22] 墓地四周一束束散发着芳香的药草在缓慢地燃烧，他们在坟墓中放上祭品，譬如朗姆酒或白糖，以保佑死者在返回家乡后获得重生，并重新焕发青春。这一想法已深深嵌入他们心中，只要受到奴隶主的恐吓或威胁，他们就会上吊而死，这已经成了他们的常规做法。[23] 奴隶们相信，为了抵达人生终点，他们的身体必须保持完整。但令人气愤的是，奴隶主恰恰利用了这一点。如果奴隶因过于思念家乡而自杀的话，奴隶主会让他们相信，他们死后的灵魂是无法重生的：

> 科洛奈尔·沃尔龙德（Collonell Walrond）就是这样失去了他最要好的三四个黑人兄弟。一个黑人兄弟的头颅转眼就被砍下，固定在一根高 12 英尺的长杆上。然后奴隶主把所有的黑人奴隶都招来，让大家不停地围绕着这颗头颅转圈，命令大家注视着这颗头颅，确认是否是自杀者的头颅。大家确认后，他会对奴隶们说，你们都以为死后会回到自己的祖国？那就大错特错了。不信的话，这个人的头颅就在这里，这是大家亲眼看到的。没有头颅的尸体怎么过来世的生活呢？奴隶们被眼前这悲怆的一幕说服了，大家纷纷改变了想法。从那以后，再也没有人上吊自杀了。[24]

在法案实施三年后的 1661 年，牙买加的种植园园主就决定采纳巴巴多斯的模式。既然对奴隶的审判费时费钱，那么让奴隶主拥有更大的审判权和惩罚权就显得合情合理了。该法案经修改后，稍稍宽容了一些。这里的奴隶数量比巴巴多斯少得多，价格也更加昂贵，所以，被判死刑的人也更少了，取而代之的是体罚。还有一个重要的变化是允许奴隶皈依基督教，但他们又是如何对待这些上帝的孩子的呢？他们在这方面表现出的与道德准则格格不入的做法充分显示了他们令人震惊的虚伪演技。在较小的安提瓜岛和背风群岛上，由于奴隶数量更少，他们采取的行为就更宽容。但毫无疑问，这里的"更宽容"仍然是极端残酷的：偷窃虽不会被判死刑，却依然要遭鞭打。如果奴隶偷了肉，就要被割下一只耳朵。种植园园主不得不为每 20 个奴隶提供 1 公顷的土地，这样他们才可以种植自己的口粮。当时曾有人提出一个令人吃惊的且具有前瞻性的想法——获得自由身的奴隶可以成为一名学徒并有权拥有自己的土地。[25]

17 世纪 70 年代，奴隶人口数量继续上升，较大岛屿上的奴隶数量与日俱增。许多奴隶有权在种植园里学习一门手艺。奴隶人口中有相当一部分人（尽管仍很少）第一次与岛上的箍桶匠、木匠和铁匠做起了生意。之所以有这样的决策并不是因为种植园园主认为奴隶需要这种激励去追求自己的幸福，而是因为这样做能提升商业意识：一个奴隶开始做生意后，每个月挣回的钱足够他一年的花费。[26] 但种植园园主依然会担心这些新的权利会引发叛乱，所以治安措施也进一步得到加强，以防有些奴隶得寸进尺。

背风群岛上出现的一个重大决策变化就是种植园园主将奴隶"重新定义"为不动产，而不是类似家畜那样的个人财产。现在奴隶属于种植园，而不属于种植园园主，这意味着奴隶不能被拍卖，"不能剥夺种植园的生产能力"。有时候种植园园主的死亡会导致其种植园破产……因为未成年继承人很随意地就将奴隶卖掉了。[27] 种植园园主经常发现自己无法使新接手的种植园重新运转起来，因为没有资金去购买奴隶，结果往往生意还未开张就破产了。为了避免产生闲置且无利可图的种植园，修订后的法案规定了对新老种植园园主参与投资的激励措施，由此避免了这个行业停滞不前。法案还让奴隶变成了农奴，虽然这样做对英格兰人有利，但岛上农奴的生活并没有发生实质性的变化。[28]

奴隶所犯下的最不可饶恕的罪行之一就是逃跑，他们被抓回来后会接受军事法庭的审判。任何逃跑后隐匿在森林里的奴隶都会遭到追捕、活捉，有的会被当场杀害。一个最常用的追捕方式是使用猎犬"引导我们找到逃跑的黑人……他们会躲藏在树林或洞穴里，靠掠夺为生"。[29]如果他们被带回来后死亡了，种植园园主会获得一定的赔偿：

> 任何治安法官、警察或者监工都可以合法召集并组建武装力量（不超过 20 人）去抓捕他们（不论死活）。每活捉 1 名从其主人处逃跑六个月以上的黑人或奴隶，抓捕者将获得 50 先令；每抓捕 1 名逃跑十二个月以上的黑人或奴隶，抓捕者将会从奴隶的主人或主管那里获得 5 英镑；如果在抓捕过程中杀死了逃犯，他们将从公共基金处获得 50 先令。[30]

造反也是最严重的罪行之一。种植园园主每天都提心吊胆，生怕奴隶造反，这就是为什么他们要如此全力以赴、雷厉风行地去追捕逃跑的奴隶。若活捉，奴隶的脚踝就会被套上沉重的铁链，或者用铆着两条长长的颈状物的"脖套克斯"（Pottocks）套住脖颈，要不就是在嘴里放入铁刺。[31]逃跑过的奴隶绝不会再有机会跑第二次。所以，"只要黑人……举行暴动或叛乱，或起来反抗贵族，或准备拿起武器"，他们就会遭受死刑或"其他痛苦"的惩罚。当然，"只要有任何一个奴隶被处以死刑"，奴隶主就会得到 25 英镑的赔偿款。[32]据汉斯·斯隆说，他们惩罚的方式是用火烧，用弯曲的铁棍将他们的四肢都钉在地上，先从脚开始点火烧，一点一点地一直烧到头部，借此让他们疼痛难熬。对性质稍轻的罪行，会进行阉割或用斧子砍掉半只脚。"[33]

1640 年至 1713 年间巴巴多斯就发生过七起暴动事件，本来还会有更多类似的事件发生，不过萌芽状态就将其扼杀了。暴动事件如此少是因为成功的起义需要精心策划和深谋远虑，最重要的是要保密。理查德·S·邓恩指出，"黑人的暴乱不能仅仅是夺几杆枪，杀几个白人，烧毁一两个种植园，然后就消失在树林里"。[34] 有许多暴乱之所以被扼杀，是因为忠实的奴隶把暴乱的计划泄露给了他们的主人。这似乎有点自私，但是他们在保护其主人的同时，也保护了自己。他们知道事后被裁定有罪的人会面临怎样的惩罚，所以把暴乱果断扼杀在摇篮中肯定不会引起大规模的屠杀和混乱。当叛乱趋于平息（历史上的暴乱最终都会平息），骇人听闻、令人极度痛苦的死亡也会减少。[35]

到了 17 世纪 70 年代，奴隶起义的风险不断增加，因为自由的白人劳工都不见了踪影，热带气候把他们都"驱逐"了，取而代之的就是"黑人"，[36] 黑人承担的工作比以往更加艰苦。由于奴隶已完全被慑服，许多种植园园主对待自己的奴隶过于随便和信任，凡事都无心过问，放任自流。1675 年，有些种植园园主甚至给奴隶分发小型枪支，允许他们成为岛上民兵组织中的一员。同年，由于种植园园主的警惕性下降，牙买加发生了最严重的一次"恐怖事件"。忠诚的奴隶们再次向其主人报告了其他人的阴谋。几个暴动带头人被抓，起义在最后一刻被镇压了下去。被抓的人受到了严刑拷打，要求他们供出有关这次密谋事件的更多信息。不过，并不是所有人都招供了，一位勇敢的奴隶宣称："如果你们今天把我烧死，明天休想再次烧死我。"最后，他们都被军事法庭处以死刑：6 个人被活活烧死，11 个人被砍去头颅。有些人的生命得以保全，以儆效尤。在安提瓜岛的一次奴隶起义中，有 50 个奴隶拿起武器，藏匿起来，有计划、有步骤地袭击各个种植园，直到岛上的民兵发现了他们的营地。大部分起义者遭到杀害，其首领虽免于一死，却被砍去一条腿，舌头也被割掉，这样他就再也无法参与密谋叛乱，也无法再次逃跑了。给奴隶分发小型手枪、让他们拥有参与民兵队的权利似乎是一种鲁莽的行为，但这种行为在背风群岛上却非常奏效，因为那里根本没有可以藏身的森林。奴隶与英格兰人配合得非常默契，共同抵抗法国人的侵扰，不过这种双方默契合作的关系并不是奴隶想显示对主人的忠诚或是他们患上了某种形式的斯德哥尔摩综合征（译者注：斯德哥尔摩综合征指犯罪中的被害人对加害人产生好感，从而宽容讨好他，并与其合作）。因为奴隶们知道如果法国人获胜了，他们就会被掳走，遭受法国人的蹂躏和奴役，到那时他们的处境可能要比在这个相对宽容的岛屿上糟糕得多。[37]

牙买加岛上的暴动确实是个难以解决的问题，因为岛上有大片可供奴隶藏身的葱郁森林。1678 年，埃德蒙·杜克（Edmund Duck）船长种植园里的奴隶奋起反抗他们的主人，起义的过程中他们杀死了杜克的妻子玛莎。没过多久，大部分起义的奴隶被抓获，但还是有 30 多人逃脱了。这个消息传到了邻近的几个种植园后，更多的奴隶起来反抗他们的主人，他们中大部分人都受到围剿和处决。一篇描述处决现场的文章让读者看得毛骨悚然："他的胳膊和腿被打断成一截一截的，然后又被仰面固定在地上——这时火被点燃，一开始烧他的脚，然后一点一点向上蔓延。当火吞噬了他的下半身一直烧到他的肚脐时，他嚅动着嘴唇似乎说了些什么。火一直烧到了他的胸部（他被火烧了差不多 3 个小时），他才咽下最后一口气。"[38]

当然，所有这些起义都证明了非洲人不愿意被奴役，更渴望获得自由，不过似乎从来没有哪个种植园园主承认过这一点。

最声名狼藉的奴隶暴乱并没有出现在英国的殖民地上，而是发生在法国殖民地圣多明各。就像英格兰人一样，法国人也喜爱甜食。到了 18 世纪末，糖已经成为法国中产和上层阶级日常饮食中不可或缺的食品了，而巴黎人则是最大的食糖消费者。法国人食糖生意成功的秘诀不在于本土的消费量，而是他们将四分之三的食糖再次倒手出口到德国和荷兰。到了 18 世纪 70 年代，法国成了主要的食糖产出国，被称为安的列斯群岛明珠的圣多明各则是法国最大的食糖产出地。法国的殖民地位于伊斯帕尼奥拉岛西部，该岛由法国人和西班牙人共享，西班牙人占领了该岛东部的圣多明戈（港口）。在随后的四百多年中，英格兰和法国激烈争夺糖业贸易的支配权，而两国间的和平时期则促进了双方贸易的繁荣发展，双方的依存性并没有减弱。到了 1789 年，圣多明各已有 5000 名黑人奴隶、2.4 万名黑白混血儿和 3 万名白人种植园园主，但糖产量却只有不到 8 万吨。[39] 两国的种植园园主都很看重和平，由于两国政府间的政治敌意，空气中始终弥漫着让人担惊受怕的阴霾。他们知道，政治纷争和战争必然会使他们的运输航线中断。值得注意的是，法国终将取代英格兰成为主要的食糖生产国，因为他们的产业是以本质上完全不同的方式建立起来的。英、法两国有一个极其重要的相似点——大量使用奴隶劳工，但与英格兰人不同的是，法国种植园园主不像英格兰人那样爱抱团，相反法国人之间喜欢相互竞争，因此与英格兰人相比，法国人几乎没有什么政治影响力。法国精制糖生产者中也存在类似的情况，他们相互压低价格，同时支付给法国王室高额的关税。所以，尽管他们也生产了大量的食糖，但并没有像英格兰人那样获得巨额利润。[40]

1789 年攻占巴士底狱和《人权宣言》的发布是法国历史上一个具有决定性意义的时刻。法国大革命改变了法国普通人的人权状况，虽然这种改变并没有延伸到殖民地的奴隶身上，不过它确实引起了某些有关奴隶人权问题的道德辩论。最后，这些思想渐渐传到了法国殖民地，很快连奴隶们都听到了大革命的传言和围绕奴隶人权的道德辩论。这些消息让奴隶们感到命运已掌握在自己手里，他们认为起义正是时候。雅克（Jacques）、文森特（Vincent）和维克托·奥热（Victor Oge）三兄弟和一位名叫沙瓦纳（Chavane）的黑白混血儿试图发动起义，但种植园园主得知他们的计划后，起义当场就被镇压了。为了不让这一暴动的企图引发之后叛乱的念头，其中两人被处以绞刑，另两人被处以车裂刑（法国殖民地非常喜欢用这种方式处决犯人），他们都因自己的罪行在极端痛苦中死去。维克托不知用什么办法成功逃脱了，以后再也没人知道他的下落。[41]（译者注：原文如此，但叙述前后相矛盾。）

但这次骚乱也产生了积极的影响，法国国民议会赋予奴隶以观察员身份出席殖民地议会的权利。种植园园主心中虽然很不满，但也只能无奈同意。这一消息很快使殖民地恢复了平静，种植园园主正耐心等待和平的降临。不料，国民议会的决定随后又被撤销了，愤怒的情绪迅速在奴隶中间蔓延开来。这种出尔反尔的做法直接点燃了奴隶心头的怒火，历史上规模最大、意义最深远的一次奴隶起义终于爆发了。奴隶们在殖民地的北部秘密策划了这次起义，与先前失败的起义不同，这次大家都守口如瓶，成千上万的奴隶都加入进来。种植园虽然分散各地，相互隔绝，彼此孤立，但奴隶之间的联络却因为一个非洲人的出现变得更容易了，他就是殖民地中最受人信赖的杜桑·卢维杜尔（Toussaint Louverture）〔译者注：杜桑·卢维杜尔（1743—1803），黑人，奴隶出身的海地革命领袖，领导黑人起义，宣布海地自治，自己任终身总督。后被法国殖民主义者诱捕，死于法国狱中〕。这位已获得自由身的奴隶在社区里凿刻了一个壁龛用来传递信件和消息。他是一个部落酋长的儿子，受过良好的教育，在法国种植园园主的眼里，他很可能就是非洲人中的佼佼者。卢维杜尔在整个殖民地传送各类机密信息，秘密策划建立了一个相互配合、相互支持的连法国种植园园主也组织不起来的政治联盟。奴隶们藏身于森林中，齐心协力有计划、有步骤地袭击种植园园主，杀死管理人员和监工，烧毁甘蔗渣储藏棚。[42] 起义的消息最终传到了法国。1792 年，3 名专员带领 6000 名士兵抵达圣多明各，但在他们登陆后看到国民议会原先的法令并没有兑现（译者注：原文如此。叙述不严谨，因为前文提到该法令已被撤销），他们便与奴隶站在了一起，驱逐了企图以暴力方式拒绝放弃旧制度的种植园园主。圣多明各的奴隶现在自由了，他们自己解放了自己，成了法兰西共和国的公民。[43]

此时的英格兰人十分恐慌，他们担心自己的奴隶听到这个消息后也会产生造反的念头，于是他们密谋了一个入侵圣多明各的计划。该计划意在一箭双雕：首先，他们要接管该殖民地（如果不能成功就制造足够的麻烦），以表明他们才是加勒比海地区的主要力量，他们要打消殖民地任何妄图暴乱的念头；其次，他们终于可以报一箭之仇了，因为法国在独立战争中援助了美国的殖民地，这一做法至今让他们耿耿于怀。大批的英国士兵千里迢迢从英国本土被运送到了这个岛屿，但卢维杜尔完全知道对付他们的最佳策略——耐心等待。他知道这些士兵很快就会抵挡不住黄热病的侵袭。果然，到了英国士兵勘察岛屿环境、制定进攻策略时，他们便开始大批病倒死亡。卢维杜尔对英国人说，如果他们撤退，他就放过邻国牙买加，于是英国人乖乖地夹着尾巴撤走了。⁴⁴

1801 年，卢维杜尔宣称自己为殖民地总督，宣布了自己的独立宪法。拿破仑作为殖民地的宗主国元首，当然对这种厚颜无耻的轻蔑行为感到非常不满，

1805 年的一幅英格兰版画，标题为《黑人军队对法国人的残暴行为进行报复》。海地人被英格兰人视为英雄，在英格兰人的绘画中也同样表现了这一点，他们在实施报复时还身着漂亮的制服。法国的绘画则完全不同，他们把奴隶刻画成残暴的，仅仅穿着遮羞布，用大棒当武器。（美国国会图书馆）

便派遣他的一位要员查尔斯·勒克莱尔（Charles Leclerc）将军去恢复秩序，[45] 这一做法也赢得了英格兰人的一片喝彩。查尔斯·勒克莱尔将军刚一抵达，就采取与英国人同样的看似很明智的策略——让士兵在大白天潜伏起来。不过，大部分士兵在那里再次死于黄热病。尽管如此，法国人这次还是占了上风，虚情假意地宣布了大赦令后，成功地抓住了这个自命的总督，将他带回欧洲交给拿破仑亲自审判。1803 年 4 月 7 日，卢维杜尔死在阿尔卑斯山上的一个环境恶劣的牢房里，死因是"肺炎和脑卒中"。[46] 关于奴隶起义的各种描述激发了英国民众的想象力，他们将获得自由身的奴隶看作英雄，当卢维杜尔死亡的消息在民众中传开时，大家都表示非常悲痛。[47] 人们对糖业殖民地的奴隶表示深切的同情，这让种植园园主感到非常烦恼，因为他们确实不想把民众的注意力引向他们所管理的奴隶身上。

法国人认定恢复殖民地秩序唯一的办法就是恢复过去的奴隶制。然而，昔日的奴隶让-雅克·德萨林（Jean-Jacques Dessalines）已经接过了卢维杜尔的接力棒。他与卢维杜尔有很大的不同，他不识字，性格让人难以捉摸，但这不妨碍他成了一名杰出的战略家。当勒克莱尔将军在 1802 年 10 月死于黄热病时，他当即重新控制了殖民地。为了报复，拿破仑又派去了另一位要员，美国独立战争时期的老兵多纳西安-马里-约瑟夫·德维默尔罗尚博将军（Donatien-Marie-Joseph de Vimeur Rochambean）前往那里。他在抵达殖民地时对胜利充满信心，当他打算动手时，还告知了德萨林自己的意图："抓住你时，我不会像士兵那样枪杀你，或者像白人那样绞死你，我会像对待奴隶一样用鞭子抽死你！"

但这场战役却是一场灾难。首先，将军带去的成群的古巴猎狗不分青红皂白，咬死了黑人也咬死了白人。随后，他手下的士兵开始死于疾病，在殖民地待了十三个月后将军自己也死于黄热病。[48] 这场战役中共有 10 万名海地人和 5 万名法国人死亡。听到这一消息后，拿破仑决定撤出军队，任当地自由发展。德萨林发布声明，宣布从法国统治下赢得独立，重新将国家命名为海地，这是

海地革命最伟大的英雄杜桑·卢维杜尔（1743—1803）的肖像画。在拿破仑的要求下，他在法国阿尔卑斯高山上的一个冰冷的牢房里死去。（欧洲数字图书馆）

最早的阿拉瓦克语的名字，意思为"群山之岛"。不仅如此，拿破仑还将法国在新大陆剩下的大部分殖民地以 1500 万美元廉价卖给了新建立的美利坚合众国，这就是著名的"路易斯安那购地案"。正如彼得·麦金尼斯所说："法国当时对加勒比海地区糖业殖民地管理不善，法国人还放弃了自由、平等、博爱这些看似妨碍他们从糖业中获利的思想，现代北美正是在这种情况下奠定了基础。"[49]

　　放弃了殖民地，拿破仑就面临一个潜在的食糖短缺的问题。不仅如此，令他烦恼的是，英国的糖业岛屿又回到了蓬勃发展的阶段，再次成了糖业中的领头羊。拿破仑被击败了，但并没被踢出局，于是他着手对英国发动一场经济战，并立即派遣舰队试图阻止英国食糖的出口。英国人不甘受屈辱，采取了以牙还牙的策略，封堵住法国的舰船，使他们无法动弹，这一举措导致欧洲食糖的进口量进一步下跌。

由于食糖已经成了民众日常生活中必不可少的产品，拿破仑担心一旦限量供给，民众会大为不满。因此，他决定彻底改变法国的制糖业，从利用热带的甘蔗制糖转变成利用温带的甜菜制糖。而且，德国的化学家在18世纪40年代已经证明甜菜是可以炼糖的。如果在温带的气候条件下可以生产糖，且生产过程效率更高，能适应工业规模的批量生产的话，那么欧洲就能实现自主供糖，无形中就会彻底摧毁英国的制糖业。随即，拿破仑拨款100万法郎进行了一项激励计划，他鼓励农民种植甜菜，还批准了100个奖学金名额让崭露头角的化学家去研发并进一步优化利用甜菜生产白糖的过程。英国人当然很担心这种做法会摧毁他们的食糖贸易，于是他们同样提供大笔资金让那些研发者放弃他们的研究项目。拿破仑的投资还是取得了成功：到了1812年，40座工厂从10万多吨甜菜中提炼出1500吨白糖。但随着1815年拿破仑在滑铁卢战役的大败，海上封锁被解除，廉价奴隶生产的糖再次大量倾销至欧洲。自由人生产的糖怎么能抵得过奴隶生产的廉价糖呢？甜菜制糖业就这样被摧垮了。[50]

在此期间，海地共和国的发展也一直停滞不前。黑人和混血儿非但没有重建殖民地的基础设施，反而为谁该拥有国家支配权的问题打起了嘴仗。赞成奴隶制的欧洲人又对海地共和国生产的糖采取全面禁运政策。[51]最后，随着德萨林于1804年遇刺身亡，该国便分裂成两个敌对的派系。不仅如此，法国还拒绝承认它为独立的共和国，法国坚持认为，如果他们想获得自由，必须用金钱交换，所标价格是1.5亿法郎，这笔钱在一个世纪后才还清。但海地革命也有其深远的意义，它加速废除了奴隶贸易制度，在奴隶中逐渐培养了过去从未有过的一定程度的自尊。在欧洲，海地革命开始加速使有关全民自由和殖民主义道德体系的种种思想及其他进步思想在民众的头脑中扎根，这些进步思想本已在民众中发芽开花，现在终于修成正果。

大英帝国和它的糖业殖民地陷入了困境。滑铁卢战役后的那段和平时期一直让英国人津津乐道，那一时期糖的产量不断提高，这进一步促使糖价再次暴跌。一般情况下，这不是一个问题，因为他们已充分准备要更凶狠地敲诈奴隶，榨取更多利润。但海地事件让奴隶拥有了自己的权力，而且英国民众视海地革命者为英雄，奴隶制受到越来越多的威胁和质疑。一旦那些议论废除奴隶贸易的人达到了目的，那就意味着制糖业的末日即将来临，这一点他们非常清楚，因此，他们绝不允许这种情况发生。

第七章　奴隶贸易

各种情况的死亡使货物逐渐减少；自杀又夺取了许多人的生命，在航行快结束时，许多人又被扔进了大海。（译者注：此处的货物即奴隶，因为他们从不被当作人看待。）

——F. 哈里森·兰金（F Harrison Rankin）[1]

大西洋奴隶贸易使欧洲、非洲和美洲殖民地之间形成了"贸易三角区"。奴隶贸易生生地将非洲人从故乡被强行拖走，然后用他们在糖业殖民地换回现金和蔗糖。蔗糖被迅速装船运往欧洲，在那里船只又会装满殖民地上英国人喜欢的主食和精美的商品，然后再次驶向非洲，等汇集了更多的奴隶后再返回西印度群岛。非洲和美洲之间这一折磨人的航程被称为"中途航线"，尽管大多数欧洲人并不知道它的存在，但时间一久，它还是成了所有"跨大西洋奴隶贸易恐怖经历"的象征。[2]当奴隶制的改革派和废奴主义者发放小册子对此问题进行报道时，奴隶们在船上污秽而恶劣的生活环境在 18 世纪后半叶早已臭名远扬。从 17 世纪 60 年代至 19 世纪 60 年代的两百年间，90% 的奴隶不是去了加勒比海地区就是去了巴西（只有 7% 的人去了北美洲大陆），绝大部分奴隶在甘蔗种植园里当苦力。

1788 年，英国议会试图通过实施"多尔宾法案"来改善现状，该法案将运送奴隶的数量降低到每 1 吨位的船最多装 8 名奴隶（这是一个相当笨拙的计量法），并坚持要求每艘船上必须配备 1 名外科医生来照看奴隶，记录死亡奴隶的各项信息。因此，奴隶的住舱区比过去干净了，他们需接受体检后才能登船，生病的人则被送回岸上。同时，议会还出台了一项坚持遵守新法令的刺激政策，政策规定如果船上的死亡率保持在 2% 以下，船长和外科医生就能获得现金奖励。[3] 虽然这个死亡率似乎还有点儿高，但当船员和货物遭遇不可避免的传染病时，死亡是在所难免的。[4] 不过，通报的死亡率也不能完全相信，死亡人数很可能被瞒报，尤其是在 18 世纪奴隶贩卖者有法律责任监督并保持低死亡率的情况下。[5]

在英格兰人进行蔗糖贸易最初的几十年中，都是种植园园主亲自进口奴隶，但当蔗糖生意蓬勃发展时，这项工作就迅速转手给了第三方。荷兰西印度公司就是这样一个第三方，直到 16 世纪 90 年代以前，它一直在进行从非洲到美洲的蔗糖、黄金、象牙和其他异国商品的贸易生意。该公司很快就赚得盆满钵满，它的欧洲投资者也很快发了财。他们始终急切地要在其贸易清单上增加更多的商品，所以就不可避免地打起了贩卖非洲奴隶的主意。该公司可能是看到这桩生意的丰厚利润，但是贩卖的毕竟不是商品，而是活生生的人，所以一开始他们还是有些犹豫。于是他们同神学家探讨起这桩交易的利弊，神学家最后认为这样的交易是不道德的。这样一来，这条路便向独立商人包括其他荷兰商人敞开了，他们很顺利地就将非洲人出口到各殖民地。然而，一旦眼睁睁地看到他人收获了丰厚的利润，荷兰西印度公司也就顾不上道德了，马上加入其中。不仅如此，他们的奴隶贸易还达到了批量级，甚至取代了强大的葡萄牙人，登上了奴隶贸易的中心位置。[6]

事态的这一变化让英格兰王室感到不快。如果谁想在与英格兰人做生意时取得垄断地位，那这个人只能是英格兰人。自从约翰·霍金斯航行以来，人们对殖民地贸易就有了极大兴趣，不过这次是英格兰王室首次明确而深入地介入到奴隶贸易中，詹姆斯四世、五世（James IV / V）和查理一世（Charles I）建立了皇家公司从事奴隶贸易。"到了 17 世纪 20 年代，在英格兰的港口城市如布里斯托尔和伦敦都能看到黑人奴隶的身影。"[7] 最初的几家公司都是短暂经营。然而，废除君主制以后，护国公奥利弗·克伦威尔看到了蔗糖和奴隶贸易其实是同一个硬币的两面，他便鼓励同时发展这两种生意。许多自称是圆颅党的英格兰种植园园主转而开始支持王政复辟了（看来他们并不关心政治，只要政治能帮他们赚钱就行）。实际上，在远离英格兰的地方生活意味着他们的政治见解远远落后于本土民众，所以当英格兰让王室和议会和解时，种植园园主们坚决表示不能接受。

为了挫挫他们的锐气，迫使他们顺从当局的路线，查理二世下令放逐岛上那些势力较弱的身份为圆颅党人的种植园园主，重罚势力强大的大型种植园园主。他们有的人皮肤被烙上烙印，有的人舌头"被热烙铁烫穿"。[8] 但这样做也无济于事，所以国王做出了一个看似很明智的决定，任命弗朗西斯·洛德·威洛比（Francis Lord Willoughby）为糖业岛屿的总督。从理论上看，威洛比是一个不错的人选：作为一个转而效忠国王的前圆颅党人士，他会从两方面观察问题，他有同情心，"力主不走极端"。刚一抵达时，威洛比甚至撤销了放逐令，他希望实现和平，达成共识。但有些圆颅党人身份的种植园园主瞒着威洛比成功游说了议会，让有些议员相信这位总督是一个保皇党分子，他实行的是集盗窃和背叛于一体的统治体制。

正当这个假消息四处扩散时，威洛比正好抵达了巴巴多斯，当时保皇党人和圆颅党人正处于僵持局面，双方对他非常冷淡。威洛比以其优势兵力打败了圆颅党的民兵组织，并宣布"殖民地自治"。随后，在举行庆功宴会时，3 艘由英格兰派遣的英联邦舰只在万籁俱寂的深夜抵达巴巴多斯，他们的任务是恢复法律和秩序，干掉这个叛逆奸诈、身份为保皇党人的威洛比。舰只锚泊海中，派遣侦查员游至岛上收集情报。他们人数不多，却占有优势，一点一点地削弱了威洛比的防御力量，慢慢形成包围态势，杀死了 100 名保皇党分子，还抓了 80 名俘虏。议会党人则在这场他们自己制造的内战中胜出。但他们是真正的英格兰绅士（因而，也极为尊重阶级和等级制度），所以他们允许威洛比继续留在那里，并保留其封地。然而，不久之后威洛比就离开了巴巴多斯，他的名誉已经被毁了，"从此再也没有听到他的消息"。[9] 再看英格兰国内，他们认定，也许最好的办法是再委派一名议会党人的总督。[10]

事态很快平息了下来，英格兰王室趁势建立了"皇家探险公司"，此名唤起了人们的大无畏和爱国主义精神，其宗旨是为在美洲的英格兰种植园"持续有效地以适中的速度提供黑人仆人"。公司自己制定的目标是出口 3000 名非洲人，"这样，种植园园主就再也不会有正当的理由抱怨缺少奴隶了"。该公司背后还有一系列资助商，他们在资助时都会敬称"国王陛下、女王陛下、约克公爵殿下（未来的詹姆斯二世和六世）、鲁珀特亲王殿下（国王的嫡堂兄弟）"等。一旦这些大人物在新局面下牢固地确立了自己的地位，他们每个人都能得到投资的机会，只要能从腰包里掏出 5 英镑就行。[11] 还有许多大投资商，包括像日记作家塞缪尔·佩皮斯（Samuel Pepys）、哲学家约翰·洛克（John Locke）等一类的人。[12] 大量的资金用于改善非洲的基础设施，在尽可能深入内陆的河流沿岸修建数个港口和货仓。"进行人口输出交易完全发端于白人，持续不断地在做这种交易的也是白人。这种交易限定在几条河流……几乎在每一条能让船只进入的河流沿岸的山脚下都建立了奴隶贸易代理行。"[13]

由于基础设施的改善，"皇家探险公司"控制了英格兰的奴隶贸易，并成功实现了出口"3000 名黑人"的目标。这惹怒了许多种植园园主，他们游说议会，希望由他们自己来做这桩买卖，就像在此公司成立前的那些日子里他们自己贩卖奴隶一样。[14] 由于种植园园主无力偿还购买奴隶所欠下的债务，该公司被迫解散，所以这种垄断局面没有再持续下去。但真正的成功出现在 1672 年，那一年该公司以"皇家非洲公司"的身份重新开张，它从之前的错误中吸取了教训，完善了向种植园园主贷款的方式，终于让奴隶贸易达到了新的高度，在1685年至1686年期间，公司向英格兰殖民地输送的非洲奴隶数量超过了1.3万人。[15]

当公司人为抬高了卖给西印度群岛腹地奴隶的价格时，种植园园主们异常愤怒。亨利·德拉克斯（Henry Drax）拥有一个大型的牙买加种植园，他经常吹嘘自己拥有的奴隶超过300个，这次他对奴隶价格暴涨非常不满意，抱怨"价格不合理"。他的理由很充足：奴隶在牙买加的交易价格是24英镑，而在巴巴多斯却只要17英镑。当时不少地下奴隶贩子偷偷从北部多山的海岸线涌入岛内，牙买加的种植园园主们便用他们的钱包进行投票，开始从地下奴隶贩子处购买劳动力，因此皇家非洲公司不得不很快改变了策略。德拉克斯沾沾自喜地说："皇家非洲公司现在开始正常为我们提供奴隶了，因为我们港口停泊着的2艘船上共有700个奴隶呢！"[16]

这种大规模的由英格兰人向英格兰人贩卖奴隶的方式真是适逢其时，因为糖价在17世纪50年代至17世纪80年代期间下跌超过了三分之一，从那以后，种植园园主们一直在苦苦地赚取利润，为他们的自由人劳工发放工资。尽管一个奴隶的成本大约是一个白人仆人的2倍，但他们能创造非常可观的经济价值，因为他们与白人仆人不一样，他们从不领取工资，也不像契约仆人那样五年后就会解约离开。[17]随着产量逐渐上升，种植园园主也弄明白了利润率缩水的问题。但是，要想增加利润，种植园园主唯一的办法就是扩大规模，要么与其他种植园合并，要么收购小企业。

完全转向只用一个供货商提供奴隶劳工的方式也许能帮助种植园园主悄悄回到雇佣黑奴的时代，但这种做法却无法持续。由于没有竞争，该公司全面提高了奴隶的价格，同时又降低了对奴隶的照看质量。结果，种植园园主们纷纷抱怨说，接收的奴隶"根本无法适应这里的工作，很快会死在我们手里，给我们造成无法弥补的损失"。[18]这再一次迫使种植园园主们从私自入岛的地下奴隶贩子那里购买奴隶。这时皇家非洲公司才意识到自己正在失去垄断地位，在成立仅十年以后，公司便十分勉强地同意开放奴隶贸易。

＊＊＊

一个帝国正在蔗糖和奴隶制的基础上建立起来。为什么大多数民众无法领悟这其中的基本关联，当中一个因素就是奴隶贸易并没有发生在他们身边。然而，许多英格兰人对奴隶及其受到的虐待都非常了解，因为奴隶制的一些标志物都是由他们制造出来的：如铁面罩、铁颈圈、活动限制器、压舌器和拇指夹等。除了这些令人毛骨悚然的刑具外，还有任何正常企业都需要的日常用品：羊皮纸、信笺和墨水等。另外也别忘了还有大量精美的商品：漂亮的服饰、丰富的食品和法国白兰地，以及手工制作的家具和精美的织物等，这些都是种植园园主想购置的东西。举例来说，1685 年，当"塞缪尔"号由牙买加向布里斯托尔航行时，船上还携带了一张有限的殖民地贵重产品清单，包括蔗糖、靛蓝颜料和洋苏木心材等，但是当它驶离英格兰时，又装载了 24 种不同的商品开往各殖民地。

奴隶贸易不仅直接为劳动者，如造船工人、码头工人、船员、会计师和保险经纪人提供了工作机会，还间接为裁缝、木匠及其他手艺人提供了工作机遇。实际上，英国从王室成员和他们的投资者一直到受纺织厂雇佣的工人（他们生产的纺织品要运往各殖民地的大宅院里）所有阶层都从中受益。但也不要忘了还有那些直接与糖打交道的人，如提炼工、甜食商和食品杂货商等。"在伯明翰，仅为非洲奴隶贸易供应枪支的行业……就雇佣了 4000 至 5000 人，曼彻斯特每年向非洲出口蔗糖的价值就高达 20 万英镑，还雇佣了 1.8 万名工人。"[19] 有了糖，大众更愿意消费苦茶和咖啡，这又推动了茶和咖啡的消费和贸易。这一张撒开的商业大网被称作奴隶制糖综合企业。[20]

当更多的人在这个综合企业里谋生时，码头周围的基础设施也得到了发展。进出口批发商修建了联排式住宅，用他们的心仪之物换回了大量蔗糖，变成了家财万贯的富豪。他们甚至把在英格兰提炼后的精白糖以高得离谱的价格再卖回给种植园园主。到了 18 世纪 80 年代，已有 1.4 万名海员在 689 艘船上工作。[21] 每当英国海军与其他国家陷入长期争执或战争需要额外帮手时，政府经常会征调这些船只。国家在奴隶贸易中大显身手，财富滚滚流入，许多英国人也从奴隶制糖综合企业提供的工作中获利。

英国最大的奴隶贸易口岸城市是伦敦、布里斯托尔和利物浦。自从先罗马时代以来，伦敦一直就是口岸城市。[22] 布里斯托尔在 13 世纪以后也成为港口城市，因此只要英国奴隶生产的商品糖一出来，马上就会运送到这里。当蔗糖生产呈指数级增长时，奴隶贸易和装运奴隶所需的船只也都呈指数级增长。到了 18 世纪 20 年代，参与奴隶贸易的英国船只已达 150 艘，仅在那十年，就有 10 万名非洲奴隶经由英国的码头被运往各殖民地。[23] 对在港口或港口附近工作的人来说，糖和奴隶制之间的关联是实实在在能够感觉到的。

18 世纪中叶之前，利物浦一直是一个名不见经传的从事国际贸易的港口小城，它一开始只与爱尔兰进行贸易往来，后来两国间停止了贸易，它所谓的国际贸易也就随之终止了。但是当西印度群岛和非洲奴隶贸易往来快速发展时，利物浦马上就转变成了一座巨型的商业码头。它的贸易搞得红红火火，很快就成了"英国奴隶贸易的重要都市"，[24] 20% 的英国奴隶贸易都是经由利物浦这个通道。这座口岸城市的生存几乎完全依赖于奴隶贸易，全国有半数水手在这里工作，造船公司和船木工在这里收到巨额的承包合同。例如，利物浦贝克和道森造船公司（Baker and Dawson）拥有价值 50.9 万英镑的 18 艘贩卖奴隶的船只，并签约每年至少贩卖 3000 名奴隶。利物浦每年要派 100 余艘船只前往非洲，坐拥这三座城市中贩卖奴隶的王者之位。18 世纪 60 年代，其奴隶成交量巨大，利物浦的奴隶贩卖者自豪地宣布，他们出卖奴隶的价格比伦敦和布里斯托尔都便宜。[25] 利物浦的投资商购买了这些公司的股票，成了当地非常有影响力的政治人物。

到了 17 世纪中叶，利物浦的黑人人口数量虽不是很多，但都来头不小。有

利物浦马丁银行大楼入口处的"黑人浮雕"的细部。该浮雕于 20 世纪 20 年代建立，从当时起直到现在都是一个极具争议的话题。（尼尔·巴特利）

时，从殖民地归来的种植园园主会带回一批奴隶，也有送他们的混血孩子回来接受英国教育的。利物浦甚至接待过许多非洲国王的儿子，但这部分黑人中大部分是遭驱逐、逃亡或是获得自由身的奴隶，他们混迹街头艰难度日，与白人工人阶级争抢一份工作。正因为如此，他们遭到了大量种族主义者的暴力欺凌。唯一的例外似乎就是黑人水手了，他们好像与白人同事合作得很愉快，白人同事把他们看作社会地位同等的人。[26]

对利物浦人民来说，奴隶贸易为他们带来了财富和工作机会，他们对自己取得的成绩感到自豪，于是把负责奴隶贸易的人奉为偶像，甚至为他们树起雕像，大加崇拜。他们用这些人的名字命名大楼，用其雕像装饰大楼，丘纳德大厦至今仍然用奴隶和土生土长的美洲人的浮雕和雕像装饰大楼。坐落在码头区的圣母教堂的塔顶上至今仍然展示着一艘金色的贩卖奴隶的船只。利物浦的几条大街是以奴隶贸易行业的著名投资者来命名的，最有名的街道"彭尼巷"是以詹姆斯·彭尼（James Penny）的名字命名的（这条大街与披头士乐队的歌曲"彭尼巷《Penny Lane》"同名）。詹姆斯·彭尼是一位金融家，他直言不讳地反对废除奴隶贸易制度。利物浦从一个默默无闻、与世隔绝的落后地区一跃成为一个奴隶贸易和蔗糖交易的主要参与者，为加速大英帝国的建立作出了突出的贡献，并始终以此为傲。

＊＊＊

奴隶贩子是从北非和西非各地获得他们的捕捉对象的，但绝大部分的奴隶贸易是在环几内亚湾及其周围的土地上进行的，这是从塞内加尔到安哥拉的一段3400 英里长的海岸线。[27] 对英格兰人来说，"非洲海岸主要的奴隶交易场所"是塞拉利昂，[28] 而他们则是从中非西部的内陆地区获得这些货物。这一广大地区中的黑人尤其是他们物色的对象，因为这一带的气候与甘蔗种植园的气候非常相近，黑人的日常食物也与西印度群岛上的奴隶饮食类似：山药、芭蕉、木薯再搭配一点肉。[29] 非洲奴隶都不是从同一个地区捕获的，奴隶贩子将网撒得很广，因为只有汇集足够数量的奴隶后，跨大西洋的航行才能成行，这样一来花费的时间就长得多，但即使这样他们也在所不惜，因为这符合奴隶贩子的最大利益。奴隶所操语言五花八门，所以从四面八方搜获来的奴隶相互交流起来很困难，这种做法使部落之间的世仇延续了下来，减少了奴隶间合作和共谋的可能性。[30] 奴隶贩子非常挑剔，他们对奴隶精挑细选，毕竟奴隶是昂贵的投资品，奴隶贩子要维护自己的声誉。年轻的非洲男性是他们首先追逐的对象，非洲女性虽不太受欢迎，但也是家政奴隶的重要来源，这样也能保持性别比例的平衡。男女孩童到了 12 岁左右也会成为考虑对象，但如果年龄更小的话就不考虑了，40 岁以上的成年人也不在考虑范围内，明显体弱多病的人也会被排除在外。[31]

皇家非洲公司在运营初期只需花费 3 英镑便能买来一个奴隶，然后以高达 17 英镑的价格将他们销往糖业岛屿。到 18 世纪初，男性奴隶的销售价格已经提高到 25 至 30 英镑。奴隶价格的提高迫使奴隶贩子更加仔细地照料他们的货物。我们可以作一下比较，17 世纪该公司装运了 60783 名奴隶前往英格兰的西印度群岛，但送到后仅剩 46396 名了，死亡率高达近 25%，但到了 18 世纪 30 年代，死亡率就降到了 10%。[32]

欧洲奴隶贩子及其团队成员是难得亲自冒险深入中非西部的内陆地区的，通常他们会要求非洲酋长为他们物色奴隶。达拉·穆罕默杜 (Dalla Mohammedoo) 是位于塞拉利昂海岸线的布罗姆部落的首领，他是一位非常成功的酋长，把自己管辖的大片土地变成了一个奴隶储藏地，通过向英格兰贩卖奴隶发了大财。[33] 欧洲的奴隶贩子总是携带糖和其他精美的商品来诱惑酋长和他们做交易，一旦交易达成，实施抓捕的人就会从邻近的敌对部落中抓人，或者深入非洲大陆内部去抓捕。"一旦他们得手，抓到了俘虏，就会把他们通通卖掉，以满足他贪得无厌的欲望。"[34] 有些被绑架的非洲人生活在非洲大陆的中心地带，他们甚至都不知道世上还有白种人。[35] 绑架者总是千方百计地从贝宁地区抓捕非洲人，因为那里的人"吃苦耐劳、悟性强、正直诚实、精力充沛"，还"激情四射"。[36] 除此之外，他们还有另一个诱人的品格使自己成了抓捕的对象，那就是他们完全依靠双手种植庄稼，根本不使用"家畜"，仅用"锄头、斧子、铲子、钩子或者尖形铁器来刨地"。[37] 这简直是为将来在西印度群岛上的甘蔗种植园里干活提前进行了一场完美的培训。

奥拉达·艾奎亚诺在他 1793 年的回忆录中描述了他和妹妹被抓的情况。他的部落位于贝宁的埃博依地区。有一次，"家里只留下我和可爱的妹妹看家，突然两男一女翻墙而入，一下子就把我俩扣住了"。他们双手被绑，分别被塞进两个麻袋里。奥拉达遭受了可怕的折磨同时还失去了妹妹，他悲伤至极，痛哭不已。但他并没有被带到海岸边卖到欧洲人的殖民地，而是被卖给了另一个非

一幅 18 世纪的几内亚湾地图。绝大多数的非洲奴隶是来自这里。（纽约公共图书馆）

洲部落当奴隶。在中非西部奴隶随处可见，但是与糖业岛屿上的奴隶比起来，性质完全不同。据奥拉达说，"他们与其他社会成员干同样的活"，尽管他们算不上自由的人，但根本就没人逼着他们像在甘蔗种植园里那样辛苦劳作。[38]

　　之后奥拉达又被转手交易了好几次，直到有一次在一个交易点，一个偶然的机会，他认出了他的妹妹。奴隶贩子一见他俩是亲兄妹，就允许他俩在一起待一会儿。"她一看到我，就大声尖叫了起来，飞快地跑过来一下子扑到我怀里，我也难受得不能自已，两人谁也说不出话来，只是……紧紧地抱在一起……当这些人知道我们是亲兄妹时，他们谁也不过来，就让我们俩待在一起。随后一个男子（我推断是他把我们买下了）过来，和我们躺在一起，他躺在中间，一整夜妹妹和我一直手牵着手，虽然中间隔着一个人，但我们的手一直没松开。"

　　但这场重逢注定是不能再延续下去了。第二天，妹妹就被带走了，奥拉达悲痛万分，因为他知道余生再也见不到妹妹了。"尽管一早他们就强行把你从我怀里拖走，但你的样子已经永远定格在我的心中，无论时间还是财富都不能把你夺走。"[39] 奥拉达还十分怀念他在非洲的童年时光，他解释说，尽管他们部落的人性格外向好斗，但"乐观向上和和蔼可亲"还是他们的主要品质。[40]

这与欧洲人尤其是殖民主义者所了解的这一地区非洲人的生活很不一样。有一篇反对废除奴隶制的文献告诉我们，"在达荷美（译者注：达荷美是贝宁的旧称），国王是绝对的主宰"，是"最凶残、最荒淫无度"的人，他会砍下臣民的头颅作为装饰品，"过节时或者有公共庆典时，就将头颅悬挂在其宫殿的大门前，还将臣民的尸体铺在通往他各个房间的地面上"。不仅如此，"他寝室前的一片区域都是用战俘的头盖骨铺就的，毫不夸张地说，他每天都把这种践踏敌人头颅的、惨无人性的行为当作乐事，并从中获得快感"。[41]

非洲人的另一个特点是他们都"憎恶自己的孩子"，汉斯·斯隆告诉我们，"人们普遍以为，他们会置孩子于死地，把孩子卖给陌生人换钱，但这却并不符合事实"。[42] 他们的生活与这样的描写恰恰相反，绝大多数人都生活在关系亲密无间的村子里，那里的文化生活丰富多彩，但种植园园主们很愿意相信那些蛊惑人心的宣传，因为这给了他们奴役非洲人的理由。据他们所说，糖业岛屿上的这些非人的待遇更符合非洲人的愿望，他们不愿意接受自己在家乡受到的待遇。岛屿上频频发生的自杀事件就可以证明种植园园主所说的完全是一派胡言。

他们把抓获的奴隶带到非洲的各港口城市，在不同的贩卖商之间交换，以便每艘船装运不同部落的奴隶。这样一混合可以防止他们起义，但却毁灭了他们的种族文化。因此，他们不得不在种植园里形成新的文化联姻，这是一个仅在最近二十五年内才受到重视的问题："不能忽视非洲奴隶的遗产，但以奴隶为主的社会文化基本是全新的，这种文化更多源自非洲人在美洲的遭遇，而不是来自他们在非洲的成长经历。"[43]

航行中导致死亡的最重要的因素之一不是航行本身，而是登船前奴隶贩子的"购买策略"，这包括奴隶是如何被抓获以及被抓获后所受的遭遇，从非洲内陆地区到等候的船只之间他们必须长途跋涉多长距离，以及启航前他们必须在货仓里坐等多长时间。[44] 奴隶可能要在船舱里待上几周甚至几个月的时间才能凑够奴隶贩子设定的人数。等待的这一阶段并没有引起大家足够的注意，这是因为死亡率只从登船时起才正式开始记录，这样计算的死亡数字肯定不准确。奥拉达描述了他被卖到跨大西洋奴隶贩子手里后被装上那艘船的情景："上船后我四周环视了一下，看到一个大型锅炉，也许是口铜锅，里面的水已经沸腾了，还看到一群群不同部落的黑人用镣铐拴在一起，每个人的脸上都带着沮丧和悲痛的表情……恐惧和凄楚让他们不知所措，我一下子倒在了甲板上，晕了过去。"[45]

这么多人混杂在一起，再加上漫长的等待，传染病便趁机迅速扩散，导致许多人死亡。例如，1859 年贩卖奴隶的大型船只"奥里翁"号刚离开刚果的港口仅两天就被英国人拦截了下来，[46] 然而，874 名奴隶中有 146 人已经死亡，剩下的也都"憔悴瘦弱"。[47] 不同国家之间的情况也各不相同，法国往往使用小型的快船，装运的奴隶数量少，因此在码头等候时间短，所以离开非洲时奴隶的身体还比较健康。而英格兰（后来是英国）运送奴隶的船只往往吨位大、航速慢、航行时间长，装满奴隶要花费很长时间。这样看来，"多尔宾法案"对死亡率并没有产生什么显著的影响。实际上，在所有影响贩奴船只上奴隶死亡率的因素中，最重要的莫过于船只的大小和船只横穿大西洋的速度了。[48] 成功的航行与船只能迅速跨越大西洋呈正相关，这是其他贩奴国家当时的主流想法。航行时间越短，奴隶的生还率越高，交易量就越大，钱也挣得越多。其他国家的奴隶贩子本能地知道这一点，然而顽固不化的英格兰人却继续使用大型船只，因此英格兰人贩卖奴隶的数量最多，死亡的人数也最多。[49]

由于船员对疟疾和黄热病没有天生的抵抗力，所以很容易感染此类疾病，在购买和装运奴隶的这段时间里，他们的身体最虚弱。长时间的等待意味着奴隶和船员不得不忍受雨季的侵扰，倾注的雨水加速了疾病在整个客舱和货仓的传播。1833 年，一个名叫欧文（Owen）的船长指出："疾病流行的季节是 9 月至 10 月和来年的 1 月至 5 月，船上许多人患上了痢疾，这是最常见也是最致命的疾病。"[50]

奴隶贩子对不同非洲国家的人形成了偏见。例如，来自黄金海岸和奴隶海岸的非洲人被认为是高素质的，[51] 而来自比夫拉湾的非洲人就是多病的、懒惰的。[52] 这些偏见源自部落间对新型传染病的免疫力差异。[53] 事实上，种植园园主经常会拒收那些来自赤贫地区的奴隶，对比夫拉湾地区的奴隶更是如此，因为他们在被抓捕之前就长期营养不良，所以根本抵挡不住疾病的侵袭。[54] 当奴隶贩子开船前往殖民地时，首先抵达的是离他们最近的岛屿巴巴多斯。那里的种植园园主有优先选择权，除非人手匮乏，否则那些来自不受欢迎国家和地区的奴隶就一直卖不出去，贩奴船只得继续航行，直到抵达加勒比海最中心的岛屿或大陆，在那里这些奴隶通常会被卖给咖啡种植园园主，由于他们对奴隶的需求量小，所以总是最后才来洽谈，他们只能凑合着买下甘蔗种植园园主挑剩下的来自比夫拉湾的奴隶。[55]

一旦抓捕到的奴隶达到合适的数量，跨大西洋的航程就开始了。皇家非洲公司和其他人口贩子公司都有详细的记录和报告。例如，一组被称为"杜波伊斯"的数据集的报告里就记录了 4000 余次法国人的贩奴航行详情，他们总共将大约 125 万名奴隶从非洲各国运往殖民地。这一数据集显示，每艘船上平均有 320 名奴隶，数据中记录的运送的奴隶数量还不到法国人贩卖奴隶总数的八分之一（译者注：原文如此，数据似有误）。在 18 世纪下半叶的几十年中，每艘船上装载的奴隶的平均数从一开始的 260 人增加到了 340 人。

然而，这些平均数会掩盖船上的残暴行为。一艘名为"安托瓦妮特"号的船只抵达里约热内卢时船舱里满满当当塞进了 900 名奴隶，仅有 10 名船员看守。另一艘船在航行的十个多月的时间中有 400 多奴隶死亡。[56] 船体内狭窄拥挤，热得让人透不过气来。"货舱里充斥着恶臭味，让人难以忍受，恶心得直想呕吐，只要再多待片刻随时可能会出事"。奥劳达·艾奎亚诺讲述道，"整艘船的货物都堆放在窄小的货仓里，绝对会引起瘟疫的流行。奴隶住处更是拥挤到连翻个身的空间都没有。"不久，这种肮脏得令人窒息的环境"就让奴隶患上了一种病，导致许多人死亡，这些人成了愚蠢和贪婪的奴隶贩子的牺牲品"。[57]

死亡率是很难预测的，这种不确定性无形中提高了货物的售价。[58] 流行病一波一波频频袭来：一开始是疟疾和黄热病引起的发烧，大约在第 15 天达到高峰；然后在第 30 天，第二波肠胃传染病又在全船蔓延开来。[59] 航行快要结束时，与营养不良有关的疾病，诸如坏血病又不知不觉地袭来。F. 哈里森·兰金描述了 19 世纪 30 年代被英国人拦截的西班牙贩奴船只"拉潘蒂察哈"号上的状况：

我刚匆匆往四下看了一眼，立刻就感到一阵恶心，差点儿晕过去。接着就感觉胸中升起一股股怒火，我再也无法得体地克制住自己了。前桅杆就在我前面，桅杆脚下的甲板上污迹斑斑，有几个人躺在那里，歪歪斜斜地挤成了一堆，身子下面也没有垫上点东西，虚弱得几乎奄奄一息了。船的前后部挤满了人，男人、女人和孩子统统都一丝不挂，全是病恹恹的样子，看了直让人恶心。恶臭味几乎让人难以忍受，根本就找不到一丁点儿干净的地方……雨季开始了，夜间大雨倾盆而下，甲板上差不多有 100 名奴隶就在雨中淋着，他们中间有一群气息奄奄、瘦得像骷髅一样的奴隶躺在前桅杆脚下。

他继续说："从地面到顶棚的高度大约是 22 英寸（约 55.88 厘米），奴隶们极度痛苦的蹲姿都可以想象得出来，尤其是那些男性奴隶，头顶上的木板让他们不得不脖颈弯曲，双手下垂……身子僵硬成一条永久的曲线。在弗里敦街上我看到过许多获得自由身的奴隶一个个都呈现出各种可以想象的扭曲状态。[60]

"当奴隶贩子学会照顾他们的奴隶后，情况就有所改善。一旦奴隶贩子开始为他们的货物接种预防针后，盛行一时的天花和麻疹病例便会迅速减少。他们经常清扫住处，痢疾的患病比例也降低了。为了预防坏血病，奴隶的食品供应中也增加了酸橙汁。装运奴隶的船也经过了改装，增加了新鲜空气的流量，减少了空气的滞留，"增加了空气循环的舷窗也是下层甲板维持奴隶存活的一个重要条件。甲板上方特制的帆让大家很容易就能辨清奴隶贩子。这些帆可以将空气推送到底层甲板，以增加空气循环"。[61]

并非所有的死亡都是由疾病引起的，有少量的一眼就能看出是事故死亡、自杀以及由船上造反引发的。[62] 理查德·利根介绍了一次奴隶暴乱的情况：

> 一位船长和一个肥墩墩的、看上去诚实能干的人将各种商品从英格兰运到了非洲冈比亚河的一个港口，在那里他们用带去的商品交换了一些黑人，打算航行时带着他们一起走，于是就把他们打发上船，并让他们放心，不会按照以往的习惯把他们都拴在一起。船长以为奴隶都很老实，也都会像他们保证过的那样，对自己忠心耿耿。加上船长耳根软、脾气好，容易轻信别人，便迁就了奴隶，让他们在船上自由活动，不加任何约束。黑人一见自己的人数是船员的 2 倍，占尽了优势，便一个个操起武器，向水手发起袭击。他们击打水手的脑袋，割开他们的喉咙，而且动作迅速麻利，当船长发现时，水手们早已断气了，任何办法都救不活他们。所以船长直接下到了货仓，引爆炸药，炸死了所有的黑人，自己也同归于尽。这一切都发生在船只还没有驶离冈比亚河的时候。[63]

男性奴隶的遭遇往往比女性和孩子更糟糕，因为他们身体强壮，经常会煽动大家反抗。聪明的奴隶贩子从来不去冒这个险，一上船立刻就将奴隶们分开，并给他们戴上镣铐监禁起来。[64] 有些船为了防止奴隶自杀在船只四周安装了大网，杜绝了奴隶们跳海自杀的可能性。[65] 自从实施"多尔宾法案"以后，死亡率都经过了仔细的分析计算。死亡率的下降是实施了这一刺激措施的结果，并不是因为奴隶贩子萌发了对奴隶的怜悯之心，从他们对待奴隶的方式上就反映出了这一点。奥拉达·艾奎亚诺讲述了在中途航道上他绝食后发生的情况："他们中一个人紧紧抓住我的双手，一直把我拖到可能是起锚机的另一端才放下，又把我的双脚捆绑起来，另一个人就开始狠狠地鞭打我。以前我从未经历过这样的情况。"[66] 奴隶们还遭到他们不怀好意的戏弄，"我经历的每一件事都只能让我更加痛苦，增加我的恐惧感，使我更加看清了白人的残暴。一天，他们捕了很多鱼，煮熟后这些人便敞开肚皮风卷残云地大吃大喝起来。让人不可思议是，我们同他们都在甲板上，本来期待他们能分给我们吃一点，谁知他们吃完后把剩下的鱼又统统扔进了大海"。

有些营养不良的奴隶想偷几条鱼，结果"被发现了，换来了一顿毒打"。[67] 他们定时让奴隶登上甲板透透气，活动一下身子，暂时逃离甲板下恶臭的生活环境。船员都知道非洲人会跳舞，所以不管他们是否愿意，就鼓动大家参加"歌舞活动"，其实他们根本就不愿意参加。因此，"他们鼓动奴隶参与歌舞的方法就是用鞭子狠狠地抽打他们"。[68] 奥拉达还特别指出一点，即船员也像奴隶一样受到非人的对待："白人看起来非常凶残，我看他们平时的行为也是这样，我在任何民族中都没有见过如此兽性的残暴行为。这不仅表现在对待黑人身上，他们对待一些白人也是这样。特别是有一次我见到一个白人，当时我俩一起得到允许来到甲板上，就在靠近前桅杆的地方，他遭到另一伙手执粗绳子的白人长时间残忍的抽打，直到将他打死，随后将他抛进了大海，就像对待牲畜一样。"[69]

最令人震惊的是船上奴隶装载过多的问题，这也是废奴主义者发起的运动中真正吸引英国人的一点。特别是 2 艘船——英国的"布鲁克斯"号和法国的"警觉"号，因为船上塞满了奴隶而臭名远扬。[70] 为了传播这些恐怖的信息，支持废奴主义的出版商詹姆斯·菲利普斯（James Phillips）于 1789 年将许多描绘船只拥挤不堪的美术作品随他的小册子《对贩奴船只的描绘》一并刊印散发。这些图片

艾萨克－克鲁克尚克克于 1792 年创作的一幅政治漫画，名为《废除奴隶贸易》（或为《奴隶贩子的非人道主义：一位 15 岁的年轻黑人姑娘因表现出童真的羞怯而受到金伯船长如此虐待就是铁证》）。一名女性奴隶悬吊在船上，船长约翰·金伯手握鞭子，正准备抽打她，另外几名女奴坐在一边惊恐地看着她。（大英博物馆）

表现了船舱的肮脏和虐奴行为，揭露了船长贪婪和冷漠无情的本性因而广为人知。简图显示，奴隶们排列在又窄又薄的板子上，无法站立，甚至连跪着都很难做到，这些当然都是事实，但这些简图并不正确。船舱里确实拥挤不堪，这些简图却清晰地展示了船上所有几乎能看得见的角落。如果当初装载货物和日常用品的专用空间（不是装载奴隶的专用空间）果真如此宽敞的话，这些画面就不可能产生发人深省的效果。"多尔宾法案"之所以坚持要求每 1 吨位的最大密度装运 8 名奴隶，是因为这样可以缓解奴隶的郁闷心情。但奴隶通常都被塞进船只中相对狭窄的空间，因此通过每吨位奴隶数测量法估计奴隶密度是十分草率的，对死亡率的推算也是不准确的。

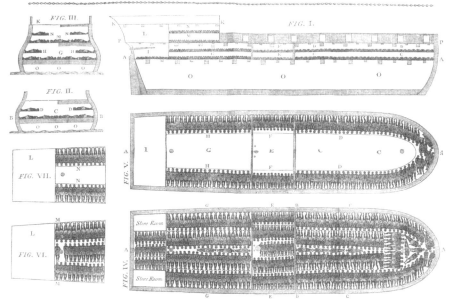

DESCRIPTION OF A SLAVE SHIP.

《对贩奴船只的描绘》（1789 年）。这本由支持废奴主义的出版商詹姆斯·菲利普斯出版的著名的小册子。其中用图解说明了贩奴船只"布鲁克斯"号内部密集装载奴隶的情况。（索斯比拍卖公司）

当船只快抵达目的地时，必须保证奴隶们安全登陆，航行才能算大功告成，而登陆本身也是相当危险的。当奥拉达在蒙塞拉特登陆时，激浪拍打着船只，船身上下左右剧烈摇晃，许多奴隶不是摔断了四肢，就是被撞击得粉身碎骨。[71] 最终抵达殖民地的那些奴隶也都相当虚弱，身心都受到了极大伤害，有些人受不了一路上的煎熬，"精神已经失常了"。[72] 船只停靠码头后，他们没有一丁点儿喘息的机会，必须立刻准备好进行交易。理查德·利根描述了在巴巴多斯的交易过程："奴隶被带到我们这里，种植园园主直接从船上就把他们买走了。因为船上的奴隶都赤裸着身子，所以身体上的任何缺陷都瞒不过种植园园主的眼睛。他们挑选奴隶就像在市场中挑选马匹一样，最强壮、最年轻和最漂亮的要价就最高。最优秀的男性黑人奴隶他们出价是 30 英镑；一个女性奴隶的价格为 25 英镑、26 英镑和 27 英镑不等，孩子则价格较低。我们就这样购买了奴隶，男女性别各一半。"[73]

奥拉达描述了自己的经历："一听到信号（比如击鼓声）买主就立刻狂奔到关着奴隶的院子里，挑选他们最喜欢的……就这样肆无忌惮地强行将奴隶与他们的亲戚朋友分开，大部分人之后再也见不到面了……为什么父母会失去孩子？兄弟会失去姊妹？丈夫会失去妻子？这无疑是对奴隶制残暴性进行了一次新的提炼，它甚至让罪恶的奴隶制更加恐怖。"他继续说，"我经常看到奴隶被推上磅秤称体重，然后以每磅 3 便士至 6 便士或 9 便士的价格出售。"[74]

在西非的几内亚，一名奴隶主正在往黑人奴隶的身上打标记。（纽约公共图书馆）

BRANDING A NEGRESS AT THE RIO PONGO
From a wood engraving in Canot's *Twenty Years of an African Slaver*,
New York, 1854

到了 20 世纪 60 年代，人们才充分意识到奴隶贸易的规模，当时菲利普·D·柯廷（Philip D. Curtin）就奴隶贸易完成了一项开拓性的人口普查。据他估算非洲的奴隶贸易迫使 1200 万名非洲人离开了家园。同样令人震惊的是，他最终从数据中获悉，只有 940 万名奴隶抵达了目的地，也就是说，每 5 人中就有 1 人在途中死亡。最不堪忍受的是，每年在中途航道丧生的就有 6000 至 8000 名奴隶。[75]

奴隶被买断送往种植园的途中，他们总是"唱着忧伤的歌曲"。刚抵达种植园，立刻就会有人用烙铁在他们身上烙上其奴隶主的记号。如果有人企图逃跑（许多人确实逃跑过），就会遭到猎狗的疯狂撕咬。在英国人控制的岛屿上，他们被带到了最终的目的地——一间用甘蔗渣和小木棍搭建的非常简陋的小棚屋，之后他们会领到一块睡觉用的垫子，有时还能得到一个做饭用的小锅。[76]此时，他们受奴役的恐怖生活才刚刚开始……

第八章　奴隶制的废除及其后果

现在我们都认为，这种奴隶贸易受到了广泛的谴责，对它的判决已是大势所趋。议会已经真实地看清了人类苦难的这一祸根，一直存在于我们民族性格中的耻辱终将被洗刷！

——小威廉·皮特（William Pitt, the Younger）[1]

糖业殖民地自从建立以来就不断有人来访，他们对自己亲眼所见的蓄奴现状大为震惊，纷纷呼吁要对奴隶实行人道待遇。基督教贵格会领导人乔治·福克斯（George Fox）就是这样一位人物。1671 年他刚一抵达巴巴多斯，立刻就有了这样的想法，即奴隶不仅在他眼里是人，而且在上帝的眼里也是人，因此应该以人道主义对待他们。他得出的结论是，作为上帝的子民，至关重要的是要让他们皈依基督教才能拯救其灵魂。

乔治·福克斯和他的追随者多次访问殖民地，散发宣传册，鼓励奴隶主更加善待其奴隶，这给种植园园主带来了许多麻烦。不仅如此，他还完全回避种植园园主，直接邀请奴隶参加贵格会的集会，这样他们就能亲耳听到福克斯进步开明的思想。然而，让他们皈依新教并不是匆忙洗礼这么简单的一件事，前提是他们需要学习，这又需要教会奴隶们识字。他们这种管闲事的结果也是可想而知的，福克斯和他的追随者频频受到侵扰和迫害，奴隶主还谴责他们煽动奴隶谋反，最终他们也无奈放弃了努力，离开岛屿了事。有一些种植园园主本身就是贵格会教徒，他们被说服后便恢复了少数奴隶的自由，但福克斯的努力基本上都付之东流了。在这样的国度里，让奴隶基督教化并不是一个好的选择，因为人们不能与奴隶亲近，还要对奴隶进行去人性化的教育，培养他们的顺从性，避免发生骚乱。

罗宾·巴克斯特（Robin Baxter）不受贵格会教徒的影响，于 1673 年在英格兰出版了他的著作《基督徒大辞典》，他在书中将糖业殖民地的奴隶制描述为"邪恶的罪行"。[2] 他建议买下奴隶，让他们皈依基督教，然后再把他们卖到殖民地，这时他们的灵魂就得到了拯救。而巴克斯特的努力也付之东流，因为宗教，确切地说是虔诚，在种植园园主的心里根本就是排不上号的事。殖民地几乎没有什么宗教信仰，以巴巴多斯为例，只有 11 名牧师管理着 2 万名基督徒。

尽管有来自贵格会教徒和其他方面的压力，但没有人愿意直截了当地建议废除奴隶制本身，只是建议奴隶们有权，不受到太严酷的对待。因此，在废除奴隶制的思想明确形成之前，我们还得等待下一个一百年，等待那场启蒙运动。

一件不寻常的事件再次让废除奴隶制的观念成了大家关注的焦点。事情是这样的，待领圣职者格兰维尔·夏普（Granville Sharp）执事是一位自学成才的律师，他帮助一位奴隶获得了自由。1767 年，夏普在伦敦街头发现乔纳森·斯特朗（Jonathon Strong）遭主人毒打后双目失明。他的主人大卫·莱尔（David Lisle）认为他已毫无价值可言，便把他撵出了家门。然而，当看到斯特朗流落街头，莱尔又动了一个心思，想把他弄回来，再以 30 英镑的价格将他卖给一个奴隶贩子。这在当时是完全合法的，莱尔是他的主人，甚至有收据为凭证。夏普向市长反映了这一问题，并将案件提交法庭。市长亲自主持审理该案，最终夏普赢得了官司，斯特朗获得了自由身，但法律却没有因此有丝毫改变（事实上，莱尔后来曾企图起诉法院，因为他认为自己的行为也许是不道德的，但绝不违法）。因此，夏普又花了五年的时间研究法律和产权及其与奴隶制的关系。随后在 1772 年，在对废奴主义运动具有界定意义的一个案件中，夏普担任逃跑奴隶詹姆斯·萨默赛特（James Somerset）的辩护律师。在法庭上，夏普据理力争，他提到在英格兰，奴隶必须"心甘情愿地为其主人服务"，但主人不能胁迫其过奴役生活。最终萨默赛特获得了自由，而这一案件的直接结果，让整个英格兰大地掀起了一阵解放奴隶的狂风。

听到这个消息，种植园园主们都绝望了，他们担心获得自由身的黑人奴隶会进入英格兰社会与白人妇女结婚。紧接着更多的案件接踵而来，而每一次审理都让英国民众看清了奴隶制的本质。呼吁废除奴隶制的团体纷纷建立，很快就赢得了大批忠实的追随者。第一批社会团体主要由获得自由身的奴隶组成，但由诸如贵格会教徒和循道宗信徒组成的基督教组织轮流领导。正是在这些组织内，奴隶制"本身就是一种邪恶"的思想开始逐渐发展。夏普说，奴隶需要帮助，因为圣经，具体来说是马太福音（22:39）教导说"爱邻如己"，这里的"邻"就包括奴隶。

这些进步的思想并没有以任何有效的方式渗入殖民地。种植园园主知道，知识就是力量，他们肯定不愿意奴隶有文化，不愿意让他们成为基督徒，不愿意让他们摆脱偏见。他们必须让奴隶蒙在鼓里，任何能引起骚乱和反抗的星星之火都必须被扑灭。他们还设法确保不让任何来访的传教士与奴隶接触，不让他们干涉奴隶的事务。把传教士和奴隶隔离开就能确保他们看不到任何会惹麻烦的事。种植园园主还告诉手下的人，传教士在场时不要使用鞭子，或者至少要等到他们走远了听不见鞭声时再用。[4]

然而，让种植园园主担忧的事还是出现了。1776 年，亚当·斯密的《国富论》出版后围绕着自由贸易的各种思想纷纷登场。很显然，英国种植园园主的垄断只有利于本国人。英国糖价飞涨的推手就是英国种植园园主自己，当然也与高关税和英国军事力量的护送成本有关。英国公民这才意识到原来欧洲其他国家享受的都是低价糖，唯独他们无法享用。亚当·斯密还认为获得低工资的自由劳工会更努力工作，不用花费太多精力去监管。随后，又出现了正在崛起的东印度问题，这使亚当·斯密的思想经受了一次相当成功的验证。印度当时被英国占领，他们利用自由的劳动力生产出了低价的白糖，既没有关税，又有英国海军保护运输船免遭海盗袭击。废除奴隶制能产生经济利益，又在道德上占了上风，但这却一点儿也不符合种植园园主的胃口，因此英国殖民地陷入与时代格格不入的境地。[5]

*　*　*

1783 年，一个非教派的废奴主义团体出现了，后来演变成了废除奴隶贸易协会，其很重要的一部分成员是基督教福音派的妇女。奴隶的困境，尤其是女奴的困境引起了她们的共鸣，女奴所遭受的性暴力让她们非常愤怒。更重要的是，她们还把为家庭购买茶用食糖这一简单的事与奴隶制的暴行联系起来了。这其中传达的信息很简单：购买食糖就意味着你参与了奴隶贸易。所以，尽管妇女还没有掌握议会的力量，但由于她们让一个有点难以理解的概念突然清晰起来，该协会变得非常有影响力。

为了让这一思想深入人心，贵格会教徒威廉·福克斯（William Fox）用食糖消费来量化奴隶的苦难，并通过计算说明，消耗 1 磅西印度群岛产的食糖就等于消耗了 2 盎司的人肉。他并没有公布自己的计算方法，所以我们也无从知道他是如何得出这一数值的。但是，他成功地将糖和奴隶制联系起来，更能引起情感共鸣。在一个贫富差距非常明显的时期，这场运动获得了工人阶级的支持，他们切实地感到种植园的奴隶和英国非技术工人是有血缘关系的，甚至自称白人奴隶。[6]该团体成员中还有传教士，虽然只占其人数的很小一部分，但他们一直在大力游说议会，发挥了巨大的作用。

在早期的废奴运动中，恢复自由身的奴隶是该团体最坚定的成员。在这个团体中出现了三位有影响力的人物，他们成功地将由三教九流捏合在一起的松散组织变成更具凝聚力和战斗力的团体。前奴隶奥拉达·艾奎亚诺和他的两位朋友——非洲兄弟伊格内修斯（Ignatius）和库戈阿诺·桑乔（Cugoano Sancho）都是坚韧不拔、善于交际的人，他们通过分享自己的经验和哲学思想成功地加强了成员之间的思想交流。艾奎亚诺于 1783 年出版的回忆录《奥拉达·艾奎亚诺的生活趣事》（或《非洲人古斯塔夫斯·瓦萨》）是一本生动描写非洲人经历的第一手资料，从描述他的家庭生活到被抓捕，再到受奴役的地狱生活直至最终重获自由的经历，内容丰富翔实，应有尽有。[7]

奥拉达·艾奎亚诺的肖像画。摘自他的回忆录《奥拉达·艾奎亚诺的生活趣事》（或《非洲人古斯塔夫斯·瓦萨》）（1789 年）。（大英图书馆）

威基伍德创作的彩色陶塑纪念章（1786 年），图案是奴隶向天发问："难道我就不是人？不是一个黑人男子吗？"后来许多女性废奴主义者又对这一图案进行了部分修改。（布鲁克林博物馆）

由于对各种不同背景的人都具吸引力，该团体的思想越来越受欢迎，其成员人数也不断增加，甚至吸引了国内一些颇具影响的人物，最值得一提的是保皇党的制陶匠人乔舒亚·威基伍德（Josiah Wedgwood）。他为该团体创作了图像纪念章：一个跪在地上的奴隶，张开双臂仰望星空，向天发问："难道我就不是人？不是一个黑人男子吗？"这个团体的发展势头越来越猛，成员的干劲也越来越足，他们挨家挨户敲门，传播信息，吸引了更多新成员。在与民众交谈时，他们将亚当·斯密关于自由贸易的思想与奴隶制和糖业岛屿联系起来，以赢得更多的关注。允许西印度群岛实行对英国蔗糖的垄断就意味着每个家庭因为购买由奴隶生产的血迹斑斑的白糖正在付出高额的代价。

运动领导者们印制了大量的书籍和宣传册，包括传教士、前奴隶甚至是奴隶主的第一手资料以加强他们的宣传。他们的文献用引人注目的图表和插图来传递奴隶们不得不忍受的恐怖生活，还发表了利物浦商店售卖的手铐、拇指夹以及奴隶绝食时用来撬开他们嘴巴的各种器具的图像。

也有一些插图表现的是贩奴船只内惨绝人寰的生活条件，包括我看到的"布鲁克斯"号上塞满奴隶的情况。其他船只也有类似骇人听闻的情况：1781年，一艘设计装载200名但实际塞了400名奴隶的"宗格"号船从非洲海岸驶出，前往西印度群岛。大家刚登船不久，船就出问题了：首先船员不见了踪影，随后又不可避免地暴发了流行病，就在这灾难时刻他们又发现船舱进水了。船长知道如果奴隶死于疾病，他要对货物的损失承担赔偿责任，毕竟他要对自己的船只状况负责，但是如果奴隶死在海盗手里，或者说死于上帝之手，那负责赔偿的就是船只的保险商了。所以，在这场令人震惊的粗暴行动中，他和他的船员将132名病情严重的奴隶扔进了大海，他的理由是，这么做也是出于无奈，目的是防止受损的船只沉没，挽救剩余的货物、奴隶和船员。[8]

对诸如此类事件的报道确实抓住了公众的眼球，但最成功的策略是公布类似获得自由身的奴隶奥拉达·艾奎亚诺那样的第一手资料。他的回忆录和天才

在这幅描述"宗格"号船上的屠杀木刻中，奴隶主正将生病的奴隶从船上抛入大海。

的演讲把奴隶遭遇的恐怖事件以及他们无可奈何的心态表述得一清二楚，他的话语至今仍有强烈的感染力。还有其他一些人，如英格兰牧师詹姆斯·拉姆齐（James Ramsay）也亲眼见过奴隶们受到虐待，他写过多篇文稿，但最具影响力的是《论英国糖业殖民地非洲奴隶的待遇和信仰皈依》（1784 年）。废奴团体在其出版物中关注了诸多奴隶制方面的问题，但重点是奴隶怎样受到虐待。拉姆齐对这个问题进行了精彩的总结："据我回忆，在所有殖民地的法令中没有一条能保护他们免于愚昧的、不道德的奴隶主或暴烈的、毫无怜悯心的监工任性多变的残暴行为。不仅如此，法律对一匹马、一头牛或一只羊的保护力度都比对一个可怜奴隶的保护力度大得多。"[9]

他认为英格兰人的残暴行为令人发指，在殖民界可谓无出其右。他指出，在法国人的殖民地，如果一个奴隶"由于年龄、受伤或生病而无法再提供服务、被奴隶主鄙弃而漂泊无依时，他们一定会被一家公立医院收留，终生住在那里，费用全由奴隶主负担"。[10]这种看护的义务并没有延伸至英格兰殖民地的奴隶身上。艾奎亚诺对此作了进一步补充，"我们的办事员和其他白人粗暴地蹂躏未婚的女奴，这几乎是习以为常的事情了"，另外"酷刑、谋杀以及一切能想得到的残暴和不公正的行为都会施加到可怜的奴隶身上，而实施者却不会受到任何惩罚"。[11]

艾奎亚诺进一步提出了一个观点：不管如何对待奴隶，奴隶制本身就是不合法的。艾奎亚诺不仅在甘蔗地里工作过一段时间，而且有相当长的时间是在码头上为奴隶主干活。他认为金先生是一个品行良好的人，因为他不鞭打奴隶，"如果他的奴隶有谁表现不正常，他既不鞭打他们，也不加重负担让他们累倒"。[12] 金先生向他传授了一系列的技能，而且还让他在公司中担任管理工作并

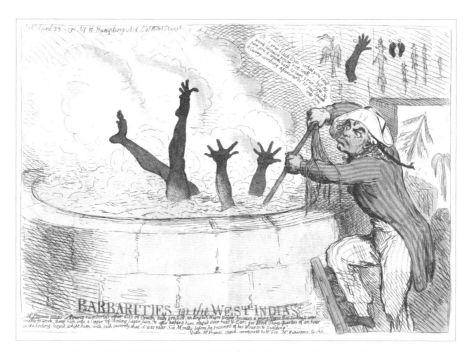

这是 1791 年的一幅题为《西印度群岛上的残暴行径》的政治漫画。画面展现了一个心狠手辣的监工将一名奴隶投入一锅沸腾的糖浆中给他"暖身"。这个监工对奴隶说："让你这双黑眼睛也彻底瞎了吧！你不能干活的原因难道不是你身体不行吗？不过，为了把你的疟疾治好，我让你先洗个热水澡，随后再为你梳刷一下身上的黑毛，让你精神焕发。"背景墙上钉着的是一只被肢解的手臂和一双被割下的耳朵。（大英博物馆）

付给他工资。尽管受到这一切善待，艾奎亚诺还是无法掌控自己的命运，总是在寻找逃脱的机会。正是因为无法掌控自己命运这个原因，也能证明奴隶制本身就是不合法的。[13] 也许他认为自己的观点不足以说服他人，便又补充了一个相当功利的经济学观点，即自由人"工作更努力，身体更健康、更强壮，也就能生产出更多的糖"。[14] 他对种植园园主表示失望："你们用皮鞭抽打奴隶，让他们整日神志不清，还认为必须让他们处于愚昧无知的状态，你们断言这些奴隶不具备学习能力，说他们的大脑是一片贫瘠的土壤或沼泽地，在他们身上看不到一点儿文明的痕迹……你们的秉性已经沦落到如此卑劣的地步，难道不会感到耻辱和羞愧吗？"艾奎亚诺呼吁种植园园主："只要你们改变做法，平等善待奴隶，他们一切恐惧的理由都将不复存在。他们将是你们忠诚老实、聪慧明智、活力四射的好伙伴，和平、繁荣和幸福一定会伴随着你们。"[15]

***

当约克郡的独立议员威廉·威尔伯福斯（William Wilberforce）加入该协会高层后，游说议会终于获得了成功，要求议会出台废除奴隶制法令的潜在可能性顿时大增。他们知道这仍然是一个漫长的过程，但它激发了该协会去制定一个政治策略计划，以便向外界展示他们是一个团结的阵线。这就提出了废除奴隶制的可行性的问题：是应该立即全部废除，还是需要一段时间逐步废除？这种渐进的方法得到克拉克（Clark）、威基伍德和威尔伯福斯的支持，并最终脱颖而出。因为大家都认为，这一办法最有可能被种植园园主和议会接受。他们认为，第一步要废除的不应是奴隶制，而是奴隶贸易。这样做会产生两个效果：第一，中途航线的恐怖事件会得到根治；第二，长期获得新奴隶的供给渠道被切断后，能迫使种植园园主们更加人道地关怀他们现有的奴隶。作为废除奴隶贸易的一部分，他们建议应该让奴隶成为基督徒。为了让大家接受这一建议，他们把奴隶描绘成性格温顺的野蛮人，迫切地想成为自由、勤劳的基督徒。女性奴隶则被描写成羞怯、谦卑的人，只想在婚姻中建立一个家，并专心抚养孩子。[16] 以今天的标准来看，这种做法完全是居高临下的恩赐。他们可能从未想过，奴隶们也渴望回到自己的故乡。不过，英国人是以基督徒的价值观去揣度奴隶的，他们更愿意同情一个文化上与他们格格不入的陌生民族。

为了反驳上述主张，诸如"西印度群岛委员会"这样反对废奴的团体纷纷建立，他们看到大家提出的种种说法，便想方设法要清除它们的影响。一本小册子谈到了奴隶的待遇："我请所有不带偏见的外国人注意，英国糖业殖民地的居民难道不是世界上最乐善好施、热情友好的人吗？"[17] 为了强调他们的观点，该委员会甚至委托人编写了一个名为《乐善好施的种植园园主》的剧本，向大家演示种植园园主如何仁慈地对待奴隶，以展现他们无比善良的内心世界。也有人认为这不过是一个简单的语义学问题，"奴隶"一词已经带有信仰色彩，"所谓的粗野是因为受到了名字和称号的影响，不要称黑人为奴隶，要称他们为种植园园主助理。这样，我们就不会再听到那些道貌岸然的牧师、软心肠的女诗人和短视的政客们发出的反对奴隶贸易的疯狂叫嚣了"。[18]

另一种观点则认为奴隶制是人类生活状态的一部分，"在一定的时期内，奴隶制在世界大部分地区盛行"，而且"在《圣经·旧约》里，奴隶制确实被认可为合法的、与上帝的意志相符的一种状态"。[19] 如果这种观点不能使你信服，他们还指出不管怎么说，奴隶已经被他们自己的民族奴役过了，"这就是大多数被带到了殖民地的人的命运，一般来说，他们在自己的国家就是奴隶，现在只是把黑人奴隶主换成了白人奴隶主而已"。[20] 不仅如此，他们还声称，非洲奴隶人数太多，必须定期进行捕杀才行（一份出版物说："他们是作为盲目恐惧的祭品而遭到屠杀的。"）。当葡萄牙人抵达非洲准备买走他们过剩的奴隶时，非洲民众"无不欢欣鼓舞"。[21]

抵制废奴主义者在谈到臭名昭著的中途航道时，把它描绘成一种乘船周游世界的节日："从非洲到西印度群岛的航行中，黑人的伙食精致，房舱舒适，船上的人尽一切可能关心他们的健康、卫生和生活等问题。"[22] 黑人受到这么好的待遇是因为"黑人对其拥有者来说是一件非常有价值、有重要意义的财产，他们愿意采用谨慎和人道的方法去珍视他"。[23] 这一系列的观点渐渐演化成用来证明黑人奴隶的待遇已经远比英国贫苦的劳动阶层优越得多，英国的穷人"被迫吸入有毒的恶臭气，而黑人呼吸的空气对于他们的热带体质来说是纯净和健康的"。一位神父写道，他"希望我们劳动阶级的穷人能达到黑人一半的富裕程度就好了：有一幢带花园的温暖舒适的小房子，还能饲养许多猪和家禽"。他继续写道，"一年到头，每天晚上黑人都能享受到社交活动的乐趣，就像英格兰社会底层的穷人在圣诞期间欢庆雀跃一样"。[24] 议会再也不会相信他们的这些说法了，尤其是当许多种植园园主承认他们还在惩罚奴隶，还把暴力当作糖业殖民地生活的一项必要因素时。"必须依靠这种恐怖的惩罚措施才能强制人们干活，这不得不说是一个令人失望的环境。"[25]

另一个抵制废奴主义的观点是从经济学角度考虑问题，因而在某种程度上更具说服力。废除奴隶制有可能彻底毁了大不列颠，理由很简单，因为"英国的糖业殖民地是大不列颠一个源源不断的财富来源"。[26] 别忘了，奴隶制糖的综合企业已经深入英国几乎所有的地方，单在利物浦这一座城市，"工匠和技师"每年就能从蔗糖交易和奴隶贸易中收取 10 万英镑的报酬。[27] 然后还有与非洲黄金和象牙相关的贸易。大不列颠在蔗糖交易和奴隶贸易中变得极为富裕，不管你喜欢与否，废除奴隶制就意味着英国人过惯了的舒适生活将随之终结。一本小册子宣称，废除奴隶制对英国经济的毁灭性影响是无法估量的。[28] 它对国家经济的破坏是如此明显，影响是如此长远，以至于废除奴隶贸易就会引发一场经济大衰退，一位抵制废奴主义者竟然宣称废除奴隶制会引发一场"大范围的饥荒"。[29]

威尔伯福斯于 1789 年提出了第一项废除奴隶贸易的议案，不过立刻就被否决了，但他仍然年复一年地重提议案。尽管协会对提案的兴趣、热情起起伏伏，关注提案的人数也时涨进落，但是核心人物——威尔伯福斯、夏普以及威基伍德仍坚持不停地游说、辩论，并出版各种反对奴隶制的宣传资料。1804 年，民众的关注度再次升温，到了 1806 年，他们极具感染力的宣传被开明的辉格党接受。废除奴隶贸易一下子又变成了大选的议题。辉格党赢得了大选，他们的政府很快就于第二年向议会提交了该议案。这将是在威斯敏斯特宫的第十六次公开讨论，但这次政客们知道英国公众是压倒性地赞成废除奴隶制。议案在上议院以 41 票对 20 票获得通过，随后在下议院以压倒性的 155 票对 5 票的优势胜出。[30]

大街上民众抵制奴隶生产的糖，用他们的钱包进行投票，迫使食品杂货商进口像东印度人那样的自由人生产的食糖，这让西印度岛屿的食糖交易陷入了危机。由于海地革命和法国的封锁，他们已经提高了糖价。英国人消费习惯的改变迫使西印度群岛的种植园园主以低于其生产成本的价格销售食糖，种植园园主报告说，他们已无法从英国商人那里获得贷款去置换破旧的设备。废奴主义者根本不买他们的食糖，这让贪得无厌的种植园园主抱怨不已，因为他们再也无法获得所期望的巨大利润了。1808 年，种植园园主们暂时抓住了一根救命稻草，那一年他们成功地让议会相信，由于谷物短缺，因此没有多余的谷物可供酿酒商酿制烈酒了。怎么解决这个问题呢？为了酿酒商，英国人也应该尽可能多地买下西印度岛屿生产的食糖。这虽然不是一个可持续的策略，但至少在财政上为他们提供了一个喘息的机会，因为他们可以利用这段时间请求议会降低对其出口食糖的关税。到了 1812 年，牙买加食糖的销售价格为每公斤 1 先令，而古巴食糖的价格则为每公斤 0.6 先令，当时的英国人都可以买到古巴食糖。自由贸易的好处现在对英国消费者来说是十分明显的，西印度群岛生产的食糖即将沦为一种历史遗物。[31]

为了应对这一切，抵制废奴主义者成立了一个名为"西印度利益"的组织，进行拥护奴隶制的宣传，不过这很快就发展成了一场诽谤运动，他们竟然声称废除奴隶贸易协会的一位成员由于毒打他的奴隶而把自己的腿弄瘸了，造成了永久性损伤。他们还以海地为例，告诉大家奴隶一旦获得自由后会出现的严重后果——破坏、死亡和贸易的突然瘫痪。然而，英国公民视海地人为英雄，而不是恐怖主义者。看来唯一有利于他们的一点是获得自由的奴隶干活不会像以往那么卖力，也无意使生产维持在大家期望的水平。但是废奴主义者立刻对此进行反驳，他们引用了西印度群岛上一位为奴隶发放工资的种植园园主的例子，来说明奴隶们得到工资后心情如何欢畅，生产出了更多的食糖。[32]

废除奴隶贸易并没有让种植园园主对他们的奴隶表现得更为宽容，奴隶们看到自己仍然被别人豢养，内心十分苦恼，导致起义更加频繁。种植园园主指责传教士和其他神职人员在奴隶心中埋下了革命的种子，因此许多神职人员被投入监狱，他们的教堂也被彻底摧毁。传教士约翰·史密斯（John Smith）被收监，只是因为他想教奴隶识字，让他们有能力学习《圣经》，成为有教养的新教教徒，激励他们争取自身的自由。听到神职人员受到监禁的消息，一个名为"巴彻禾冒险乐园"的大型种植园里的奴隶也造反了，他们把主人都抓了起来，给他们上了足枷并对其大肆辱骂。但这次造反很快就被邻近的种植园园主平息了，在暴乱事件以及随后的审判中，大约 250 名奴隶惨遭杀害。史密斯仍然被监禁，最后死于营养不良。[33]

种植园园主现在面临的是奴隶人数急剧下降的状况，他们依然强迫这些奴隶像过去一样卖苦力，但已经无法通过合法的手段得到更多的奴隶来替换他们。于是，种植园园主与西班牙和法国私下秘密进行"黑象牙"（译者注："黑象牙"是殖民主义者对非洲黑人奴隶的侮辱性称呼）贸易，导致英国不得不始终对西印度群岛和非洲海岸进行监视。[34] 不过，这种情况注定不会持续下去，因为欧洲其他地区的政治气氛正在发生变化，西班牙于 1811 年同意停止奴隶贸易，法国随后也于 1815 年终止了奴隶贸易。

显然，下一步必须是奴隶的全面解放。渐进策略弊大于利，废奴主义者施压要求立即全面解放奴隶。这些协会中的妇女再次用她们的方法强调女性奴隶的困境，修改了威基伍德制作的纪念章，将图案改换成了女性奴隶在向天发问：

"难道我就不是女性？不是姐妹中的一员吗？"这一新的纪念章被别在发卡和手镯上，被绣在手提包和手绢上，始终在民众目力所及的范围内。这一策略极为有效，很明显英国民众是支持全面解放奴隶的。这一消息不胫而走，迅速传到了西印度群岛，这让种植园园主更加恐慌。他们以种植园园主特有的方式，本能地作出了反应，逼迫奴隶更辛苦地卖命，并加大对他们的惩罚力度。他们从心底期望能早日将自己手里的奴隶处理掉，赶在不可避免的奴隶解放日到来之前将他们卖掉，还不至于损失太多。结果，在 1831 年圣诞节当天，牙买加奴隶爆发了大规模起义，起义中 200 名奴隶惨遭杀害，秩序恢复后又有 540 名奴隶因参与起义被处以绞刑。这种肆无忌惮的残暴行径传到了英国海岸，促使废奴主义者更加专注于他们的斗争目标了。[35]

***

　　1834 年 8 月 1 日，英格兰通过了奴隶解放法案，80 万名奴隶本应在那一天获得自由，但是这一情况并没有发生。相反，种植园园主和议会达成了协议，只有 6 岁以下的儿童才能获得解放，其余"获得自由身"的前奴隶必须强制进入职业"学徒期"：非大田劳动者学徒期为四年，大田劳动者为六年。学徒期间，对因生活不能自理而进入福利院的非洲人，要教会他们既要享受自由也要提高教养。更重要的是，从种植园园主的立场来看，这留给了他们一段时间去考虑如何在一个没有奴隶的世界里继续生存下去。

　　法案的条款规定，被解放的奴隶每周的工作时间应逐步减少至 41.5 小时，每年有 26 天的自由日，可以带薪工作，也可以照管自留地。奴隶们将有饭吃、有房住、有衣穿，能享受更好的医疗服务。不仅如此，他们还将派英国官员到岛上检查法规的执行情况。"西印度利益"组织极力反对该法案，他们认为如果奴隶制就这样走向灭亡，那么奴隶贸易就会彻底崩溃，所以他们强烈要求赔偿。议会同意了，颇有争议地将每年预算的 40%，相当于 2000 万英镑拨给种植园园主作为补偿金。公众对这笔交易表示强烈抗议，但是议会认为这是必要的妥协之举。[36]

奴隶现在恢复了自由身，但却过着 17 世纪白人契约仆人那样的生活。这不是奴隶的解放，因为并没有产生亚当·斯密所说的有工作热忱、高效的劳动力。这是怎么回事呢？这根本不是自由，他们的劳动依然没有报酬。奴隶们深感悲伤，他们希望获得真正的自由。他们举行罢工，但种植园园主们对他们进行了报复，宰杀了他们的家畜，砍伐了他们的果树，还实施了劳动合同制度。合同规定，如果奴隶不能让他们满意的话，就会受到惨无人道的惩罚；如果奴隶连续 2 天逃避干活，除了增加一周的苦役外，还会遭到和以往一样的虐待和毒打。这种虐待在有些方面更恶劣：怀孕的女奴照样会遭到鞭打，经常会被打到流产；种植园园主们想方设法不让奴隶的孩子存活，因为孩子生下来就是自由人，不受他们管理。[37]奥拉达·艾奎亚诺谈到这种局面时说："我过去认为只有奴隶制是件可怕的事，但现在看来获得自由身的黑人的状况同样可怕，在某些方面甚至更糟糕。"他继续说道，"他们是否宁愿选择之前悲惨的奴隶制，也不愿选择这样一种可笑的自由？"[38]

大型种植园园主心满意足地拿着他们的巨额补偿金，回到位于英格兰的豪宅里，但小型种植园园主情绪低落，他们认为自己被惹是生非、好管闲事的传教士给毁了。当他们被古巴和英国的东印度糖业打败时，他们感到自己赚钱谋生的手段已逐渐消失殆尽。西印度群岛的制糖业已经被英国资本主义强制出售了，因此英格兰在加勒比的统治地位也从根本上开始动摇。[39]

此时学徒制也陷入了可悲的绝境，终于在 1838 年被废止。英国糖业岛屿上的非洲人最终获得了自由，但他们仍然被困在那里，因为没有交通工具把他们运走。所以，他们只能像过去一样依赖白人种植园园主，种植园园主强迫他们签订劳动合同，以便继续剥削他们。传教士们尽最大努力为非洲人提供真正发放工资的符合人道主义精神的劳动合同，为这些前奴隶建立自由的村庄，用这些办法来反对种植园园主持续的剥削。种植园园主们被迫使用新方法（或者说至少对他们来说是新方法），比如使用中世纪马拉犁的耕作方式，甚至尝试研发更易于收割和碾压的甘蔗新品种。[40]

然而，奴隶制在古巴、法国、巴西和美国的种植园中依然存在。彻底解放奴隶的思想很快从英国传到了美国，英国的废奴主义团体与美国的同行分享信息，在两国之间建立起更具建设性的关系。但不幸的是，相同的问题也在美国的种植园里出现了，种植园园主们迫使奴隶付出更多的劳动，但支付给他们的费用却减少了，种植园园主承担的责任更少了。所以，对于新大陆的许多种植园来说，一切基本如旧：非洲人拼死拼活地干，白人则负责监视、组织、剥削和实施惩罚。[41] 不仅如此，奴隶制在古巴一直阴魂不散，大西洋奴隶贸易明火执仗的势头始终不衰。由于无法享受随时供应的廉价糖，所以直到 1886 年古巴最终废除奴隶制之前，美国始终不敢让古巴奴隶制糖业停下来。[42]

***

进入后奴隶制时代后，西印度群岛上的甘蔗种植园园主始终没有退缩。残酷的学徒制失败了，黑人劳工的数量急剧下降，糖产量也随之下降。资本主义对西印度群岛的制糖工业造成了极大的破坏。种植园园主需要劳动力，还必须是廉价、数量充足的劳动力，但现在他们不管采用什么方法再也找不到这样的劳动力了。大英帝国现在对建立和经营种植园十分精通，在热带、亚热带殖民地四处扩张的边界内，种植园如雨后春笋般大量涌现，不仅是印度，连南非、毛里求斯、斐济和澳大利亚都有了种植园。这些新的种植园自然也需要劳动力，于是他们就开始雇佣这些新征服的土地上土生土长的当地人。然而，西印度群岛的种植园园主们在剥削本地人方面没有优势，本地人已经快累死了，于是他们转而求助于大英帝国当地的劳动力去填补种植园的空缺。

印度就是大英帝国较早建立的属地之一，所以他们首先求助印度人为他们的种植园提供"自由"的契约劳工。从 19 世纪 30 年代至 20 世纪 20 年代他们就成功地将 150 万名印度人转运至新老属地上：25 万人去了英属圭亚那，15 万人去了特立尼达，后来又有人又被送往斐济、南非和毛里求斯。[43] 大家戏称这些印度人为"苦力厮"（coolies）（译者注："苦力厮"指没有专门技能或没受过专门培训的苦力），很快它就成了一个贬义词。第一批被送往西印度群岛的印度人于 1838 年启程。[44] 仅就字面看，这一新的契约制似乎是一种进步，应该可以行得通。种植园园主接收的这些劳工靠得住，可以对他们进行培训，合同期为五年。作为交换，劳工会得到一份有保障、有固定期限的工作，外加一张免费回家探亲的船票。工资标准、周末和节假日休息的天数、食宿费用、口粮定量等都由双方商定。但现实却完全不是这样，也不像合同中所许诺的那样。只有最贫困、最绝望的人才会被招募过去，技术工人愿意去只是为了得到较高的工资和较好的工作条件，许多妇女签订契约只是为了逃避在家所受到的虐待。[45] 他们登上拥挤不堪、环境恶劣的船只，中途航道的经历再次重现，但由于航线延长导致死亡率更高，他们下船时不是疾病缠身，就是缺胳膊少腿，要不就是饿得骨瘦如柴。下船后他们没有时间稍作安顿，像先前的黑人奴隶一样被催促着马上干起活儿来。

种植园园主使用的还是那些老花招——消磨意志，不让吃饱，蹂躏身体，搞性虐待。他们让印度教徒和穆斯林教徒混住在一起以制造敌意，减少密谋和造反的机会。印度苦力也没有得到曾经许诺过的报酬，没经过培训的新劳工第一年领不到分文工资，这些情况没人会感到意外。那些拿到报酬的也只得到了许诺的一小部分。种植园园主还给那些最基本的生活用品制定了高得离谱的价格，为此工人们还得自掏腰包。例如，购买一把餐叉要花去他们三个星期的工资。[46] 种植园园主还违背自己承诺的免费探亲，工人的收入太低了，根本买不起回家的船票，因此只能被迫再签五年的契约劳工合同。法国人和荷兰人看到这一制度的成功，也立即采纳了。

在随后的 1853 年至 1884 年间，西印度群岛又接收了 1.8 万名中国劳工，契

19世纪80年代在牙买加种植园里劳作的自由的甘蔗收割工。

约条款大体上没有变化，不同之处在于这一次他们不再许诺提供免费探亲，也不允许妇女充当劳动力，但可以作为居民住在那里。[47] 种植园园主很快就形成了一种成见，并大肆宣传，让这些成见在多民族的心里扎根：中国人比非洲人更勤奋，比东印度人更强壮。他们因才思敏捷而受到称赞，操作器械的工作往往交给他们，需要缜密思考的任务也交给他们。然而，中国人在他们眼里也是狡诈和冷酷的。黑人劳工忌恨中国人和印度人，因为即使工资很低他们也愿意接受，这就让黑人劳工失去了去争取较高工资待遇的机会。种植园园主的计谋成功地制造了各民族间的仇恨，直到今天这种敌意还在这些区域之间蔓延。[48]

***

对于大英帝国的其他糖业殖民地来说，劳工都是土生土长的当地人，但因为糖是工业化生产，产量极大，所以移民劳工也常常被从帝国的其他属地运来以填补劳动力缺口。正如糖史专家悉尼·明茨（Sidney Mintz）指出的那样，这些劳工很少是英国人或白人，"种植园园主许诺的低工资只能吸引生产率低下的国家的移民，大英帝国中生产率高的国家是不会有人移民过去的。但是，气候温和的地区只接纳白人移民显然是一些国家，诸如澳大利亚、新西兰、加拿大和美国制定的种族主义政策的结果"。[49]

将当地的移民劳工混合在一起，加深了他们之间的仇恨，情况就如同西印度群岛上的种植园那样。"新的种族等级制度出现了，当地劳工后代和契约劳工后代之间根深蒂固的仇恨也出现了。甘蔗再一次将仇恨的种子播撒到四面八方，从加勒比海地区到最偏远的太平洋岛屿，它造成了社会和民族的分裂，加深了不同地区之间的敌对情绪。"[50]

同样的历史在每一个糖业殖民地都有各自的版本。在斐济，当地的劳工会被撵走，印度劳工反而更受青睐。斐济的生活条件非常差，甚至比西印度群岛上还差，以至于在所有的英国糖业殖民地中，斐济的自杀率是最高的。[51] 澳大利亚一开始是从马来西亚的南太平洋诸岛的种植园中获得劳动力，这个过程被称为"诱捕黑人奴隶"，岛上的苦力遭绑架后立即会被运到海外的甘蔗田干活。他们的故乡太偏远，也不适于居住。当有人带着仅有的几件不像样的随身用品，例如鱼钩、烟叶等返回家乡时，当地人见了都感觉稀罕得不得了，因为这些物品能稍稍让他们艰难的生活减轻些压力。就此，也衍生了一种制度，即南太平洋诸岛的苦力可以到海外充当契约劳工。随着他们辛勤的劳动，他们珍贵的"交易盒"里也积累了一些个人财物，契约到期后，如果他们像其他大英帝国的制糖劳工那样没有被饿死、打死、累死的话，他们就能带着"交易盒"返回家乡。不过，尽管人们普遍认为只有有色人种才会种植甘蔗，但澳大利亚偏偏不信，在一场使澳大利亚"白人化"的大规模运动中他们向欧洲开放劳动力市场。1916 年后，只有白人被允许在甘蔗田干活成了一项政策，但这种变化只是在机械化改善了这项工作的劳动强度后才出现的。他们执行这项政策时，甚至怀疑究竟该将意大利人视为白人还是"有色人种"，因为他们虽然是欧洲人，但与肤色白皙的英国人比起来，意大利人的肤色则黑得多。[52]

19 世纪 60 年代，当大批英国人来到纳塔尔（现在为南非的一部分）建立种植园时，非洲人有充分的理由不信任他们，所以只要有可能他们就拒绝到种植园里干活。一种印度契约制度很快建立了起来，英国人将三个种族实行了隔离并区别对待。1893 年，当年轻的律师莫汉达斯·甘地（Mohandas Gandhi）[译者注：莫汉达斯·甘地（1869—1948），印度民族解放运动领袖，有"甘雄"之称，印度国大党主席，首创非暴力抵抗，多次发动反英的"不合作运动"，领导争取印度独立的斗争，印度独立后，被印度教极右分子杀害]访问该省时对种族主义、种族隔离和印度同胞所受的虐待感到大为震惊，他利用自己的专业知识终结了印度契约制度。三个种族的隔离也变成了两个种族的隔离。于是，英国人将目光投向了祖鲁兰（译者注：祖鲁兰是南非东部阿扎尼亚一地区）和莫桑比克，以期望从这两个地方招工来填补劳动力的缺口。但他们根本不具备权威人士那种挑剔的眼光，竟然招募了一些离家出走的未成年儿童，他们出走只是希望能挣得一些体面的小钱而已。这里的环境和饮食条件很恶劣，他们又将如此繁重的体力活强加到孩子身上，所以为了自己种植园的利益，他们也不得不改善一下现在的工作条件。[53]

面对这样的局面，西印度群岛的种植园便开始扩大经营规模，这纯粹是被微薄的利润率所迫。1750 年，一个大型种植园的规模应该是 2000 英亩左右，但到了 1900 年，大型种植园的规模就增长到 1 万英亩。到了 1860 年，世界糖产量也达到了惊人的 137 万吨。"在热带和亚热带地区的各个角落，都在进行大规模的蔗糖商业化生产"，[54] 一个"大糖"时代出现了。

第九章　制糖业国家

　　路易斯安那的制糖业很快确立了一个独特的新旧混合体——保留旧式
的、残酷无情的奴隶生产，改由新的机器和现代管理来维持它运转。

——詹姆斯·沃尔文（James Walvin）[1]

　　美国人对甜食的喜爱可以追溯到英格兰殖民统治时期，当时英格兰的西印
度群岛和北美的殖民地之间存在着"多种紧密的经济联系"。西印度群岛提供
糖、糖浆和朗姆酒，用于与北美殖民地交换奴隶的服装、咸鱼及其他食物和木
材。由于西印度群岛生产的绝大部分糖都是非精制糖，北美的殖民地就需要建
立自己的蔗糖精炼厂。于是，第一座精炼厂于 1689 年建立。那时，北美大陆其
实只是英格兰的一块延伸地，因此糖也具有和在欧洲一样的社会地位，只有富
裕人家才能买得起，社会上的穷苦阶层对糖的了解只停留在糖浆阶段。[2]

　　然而，这种联系在 1764 年破裂了。那一年，英国政府认定对北美的殖民地
"征税严重不足"，随后便出台了《糖法》（译者注：该法案是一项对殖民地商
品征税的法案，主要目的是通过对糖、酒、咖啡等商品的征税，增加英国政府
的财政收入），决定对英国殖民地之间的食糖交易和食糖产品征收关税。[3] 早期
的美国人并不愿意为糖支付更多的费用，所以被迫考虑除了对糖进行精炼外，

还必须发展自己的制糖业。西印度群岛的种植园园主对此表示强烈反对，如果美洲大陆殖民地实施食糖禁运，或者实现了食糖自给自足的话，这对他们来说就是一场灾难，因为他们对北美食糖贸易的依赖程度实在是太高了，甚至贸易量下降也是不能接受的，这不仅是因为失去了基本的商品贸易会影响他们的生意，而且英国还要求他们只能与英国同行有贸易往来，其他的朋友和同事即使关系再好也不能有贸易往来。牙买加议会甚至请求英国议会，希望他们发表声明放弃对牙买加的主权要求，以便他们能自主管理相关事务。这一举动与北美殖民地的做法相似，当然后来北美殖民地成功实现了独立。[4]

北美的殖民者在弗吉尼亚州、乔治亚州和南卡罗来纳州尝试种植甘蔗，但没有成功。[5] 如果说《糖法》有什么效果的话，也仅仅是进一步给英国及其殖民地之间火上浇油，并使走私活动更加猖獗。[6] 随着 1775 年独立战争的爆发，蔗糖贸易几乎停止了。结果西印度群岛只收到少量来自美洲大陆的产品，成千上万的奴隶死于营养不良。[7] 由自由贸易带来的消费观念的变化进一步加剧了贸易量的下滑，西印度群岛的种植园接连倒闭。英国海军从大西洋撤回了许多舰艇，转而去关注像澳大利亚这样的新殖民的领地。新共和党人士发现自己没有了廉价糖的来源，于是再次把注意力转向国内，不过这一次他们的热情更加高涨。然而，在他们从法国人手中获得路易斯安那之前，进展甚微（译者注：并非现在的美国路易斯安那州，面积远比该州大得多）。

***

由于海地革命结束，法国殖民地路易斯安那的经济获得了蓬勃发展，每年的糖产量高达 45 吨。所以，当锐气略显不足的拿破仑·波拿巴（Napoleon Bonaparte）于 1803 年将它以 1500 万美元的价格贱卖给美国时，简直是搬起石头砸了自己的脚。天下哪有这么好的交易，正如革命战争英雄霍雷肖·盖茨（Horatio Gates）将军对杰斐逊（Jefferson）总统所说的那句名言："让这片土地狂欢吧，因为我们用一首歌买下了路易斯安那。"

美国的国土面积一下子就增加了 1 倍，法国人走后瘫痪的制糖业也恢复起来了。不用说，这需要持续大量地为他们输送奴隶劳工。他们从南北战争前的美国南方的 15 个州获得了奴隶劳工，在路易斯安那建立了更多的种植园，又在邻近的密西西比州建立了几个种植园。[8]奴隶们现在被置于司空见惯的、惨无人道的制度之下。这里的气候比西印度群岛凉快一些，这就意味着甘蔗种植季也会缩短，因此劳动的规模、强度及产量都要提高到前所未有的水平。还有一个压力，那就是甘蔗如果不能及时收割，经霜打后根茎就会死亡。奴隶们也很快因劳累过度而大批死亡，这迫使种植园园主转而求助非洲再为他们提供奴隶。他们合法地从刚果得到一批奴隶，也从加勒比海地区非法偷运了许多奴隶。这一时期对奴隶的需求量是巨大的，因为他们需要奴隶来维持新增种植园的运转，来替代因过劳而死的奴隶进行工作。奴隶们还不得不应付各种昆虫、害虫、疾病和令人窒息的潮湿气候，经常要在随时会被洪水淹没的甘蔗田里辛苦劳作。他们骇人听闻的生活状况"变成了远近闻名的丑闻，以至于美国其他地方的奴隶主常常威胁手下那些桀骜不驯的奴隶，要把他们卖到那里进行惩罚"。南部各州的高死亡率让美国对奴隶的需求量上升到每年 50 多万人。[9]

正是在路易斯安那的生产力空前提高、残暴行径惹得满城风雨的早期，美国历史上规模最大、最血腥的奴隶起义爆发了。当时有 150 名至 300 名奴隶大逃亡，来到了新奥尔良的种植园。"在暴乱中，造反的奴隶表现出军队铁一般的纪律和平等的尊严，他们欢迎来自不同种族、出身、肤色、职业和身份的奴隶加入。非洲出生的奴隶和西印度群岛的克里奥尔人奴隶、服侍主人的奴隶和田间劳作的奴隶、黑白混血儿和黑人、起义首领和士兵、男人和女人都加入进来，秩序井然，他们迅速排成战斗队形，向新奥尔良挺近，沿途高举战旗，鼓号齐鸣，阵势威武。"[10]

他们首先袭击了最大的种植园，然后转向袭击下一个，越来越多的由已获自由身的奴隶组成的组织也加入了他们的队伍。然而，他们并没有成功占领各种植园，种植园园主以其优良的武器迅速制伏了他们。逃亡的奴隶很快遭到围捕，种植园园主雇佣当地土生土长的美国人去追踪藏匿在密林深处的起义者。"大获全胜的白人在返回时开始肢解起义者的尸体，将他们的头颅作为战利品带回。"他们的暴行令人发指："首先将他们的耳朵、双手和双腿砍下，然后割下他们的头颅……用一根木杆从口中穿过将头颅固定住，再让他的黑人兄弟们举着木杆在城里游街。"据说有的奴隶腿部中弹后被架到火上活活烤死。死者中只有几个白人，但有超过 100 名奴隶或在战斗中阵亡，或是后来被处决。[11]

这次起义首领是一位勇敢且意志坚定的黑白混血儿奴隶，名叫查尔斯（Charles）。遗憾的是，我们不知道他为何如此英勇。种植园园主们只指认他犯了罪，但没有给出任何说法。难道他的目的是推翻白人种植园园主吗？参加起义的奴隶都没有留下任何书面或口头的证据，所以我们也无法探究起义发生的原因。不过这次起义是经过精心策划的，起义之前也没有透露任何风声，我们从中可以大胆猜测，查尔斯的目的就是想发动一场像海地一样的革命。

路易斯安那的种植园都有大量投资。实际上，甘蔗"成了这个国家农业最大的投资项目"。在随后的几年里，有 75 个碾磨坊都在加工处理成熟期短、抗霜打的甘蔗新品种。[12] 进入 19 世纪 30 年代后，制糖业采用了蒸煮技术，生产力水平有了大幅度提高。[13] 其中还包括 19 世纪 30 年代出现的五轧辊碾磨机和真空锅，以及 19 世纪 50 年代出现的离心过滤机，这些设备迅速提升了提炼和净化的效率。不仅如此，所有这些设备都是由美国人自己研发生产，不像西印度群岛上的种植园园主要花费大价钱从英国进口工业设备。奴隶们现在的工作是"喂饱"这些新型的、超高效的蒸汽驱动碾磨机"永难满足的巨大胃口"。[14] 密闭的真空锅代替了大型露天铜壶，大大提高了燃料效率。真空锅是由一位在巴黎接受教育的名叫诺伯特·里利厄（Norbert Rillieux）的黑白混血自由人设计的，尽管他发明了这台至关重要的机器，但人们依旧瞧不起他，认为他还是低人一等，从来不允许他与白人同事一起住在"大寝室",夜里他还是只能挤在奴隶的小宿舍里。[15]

路易斯安那成功的另一个关键因素在于,那里很少有家在外地的种植园园主。美国的种植园园主一心扑在自己的事业上,对制糖业的各方面都了如指掌。他们"个个技术超前……乐于接受新思想、新方法"。[16] 由于甘蔗的生产期短,所以他们必须对所有的劳工实行微观管理,保证每件事都不能出差错,他们不会像西印度群岛上的种植园园主那样,把最关键的生产环节交给一些受雇的监工去管理。[17]

把蒸汽动力应用于制糖工业上是一项重大的成就,但劳动量太大非奴隶能力所及。现在,奴隶一周工作 7 天,每个人都在干活,男女老少、健康的和生病的奴隶都得出工。他们被逼着"超越了自己的生理极限,尽管饥饿、体弱、厌烦、沮丧和疲惫不堪一起袭来,他们还得不停地在劳动中挣扎"。即使身体垮了或晕厥过去,工头也会把他们拉起来,或往他们的脸上泼水,等清醒后命令他们继续工作。最惨无人道的折磨是在甘蔗的碾磨阶段,那时候"身体极度疲劳到只有严厉地抽上几鞭子才能让人清醒过来"。他们每班的工作时间是 18 至 20 小时,许多奴隶因此断送了四肢或失去了生命,他们像之前很多奴隶一样,要抱起甘蔗喂饱那台永不停转的轧辊碾磨机。即使这样也很少有人会奋起反抗,因为他们既没有意愿也没有精力,奴隶们只能另辟蹊径,采取更隐秘的办法——破坏设备,他们有时甚至拆卸设备,把零件卖给其他种植园。奴隶逃跑依然很普遍,但这只是为了逃离这骇人听闻的生活,而不是密谋另一次大规模的革命。超强度的工作使大量男性奴隶死亡,导致性别比例失调,奴隶中大约 85% 是男性。种植园园主明白性别比例平衡的重要性,而这本身也是他们所追求的东西。但问题是,妇女和女童比男性死得更快。如果妇女怀孕了,肚里的婴儿不是流产就是在分娩时死亡,连临产的女性奴隶也很难"延长自己的寿数"。[18] 那些能活下来的婴儿只能靠吮吸缺乏矿物质的母乳活着,他们是"有文献记载的年龄最小的穷人"。[19]

在采用了上述的新技术后，制糖业开始蓬勃发展。到了19世纪40年代，糖业种植园已超过1500个，路易斯安那的糖占世界总出口量的四分之一。1861年是甘蔗完全由奴隶人工收割的最后一年——105吨的糖是由12.5万名奴隶生产的。[20] 美国大力颂扬路易斯安那种植园园主的功劳，认为他们在短暂而紧张的生长季中大搞技术革新，公开分享信息，实现了效益最大化。但这个评价并没有把成千上万受奴役的劳工在那个季节经历的痛苦和死亡考虑进去。

在种植园之外，奴隶们的生活与西印度群岛种植园里的奴隶十分相似，他们睡在窄小平房里的木板上，肉的配给量少得令人咋舌，所以他们不得不外出捕杀野兽来补充营养。他们与西印度群岛种植园里的奴隶有一个重要的区别，那就是他们星期天干活是有报酬的。他们用微薄的工资给自己买了一些东西，如烧水壶、盘子或梳子。这种新"自由"背后的含义是，如果奴隶能挣一份工资，

1910年前后，在古巴的糖业种植园里，劳工正往牛车上装甘蔗。（美国国会图书馆）

即便是微薄的工资，他们都"不会将制糖季节或种植园看作是大敌，而是当作一个额外收入的来源"。[21] 圣诞节期间的气氛会比较轻松，奴隶们可以把蓝色的工作服抛在一边，换上绚丽夺目的服装。他们尽情享用火鸡和炸鸡，有些不怎么严厉的种植园园主甚至让他们来到白人独享的"大寝室"里一同饮酒作乐。

宗教也被用来作为控制奴隶的手段。他们让所有奴隶皈依基督教，接受白人主人的教诲。白人主人用《圣经》向奴隶证明他们是劣等民族，教育他们不要不知天高地厚，要安分守己，要明白受奴役是上帝的安排。这些都不是奴隶想听到的，尽管有些奴隶接受了这种观点，但很多人明白这是毫无事实根据的："上帝并不认为白人和黑人有什么不同。黑人只是上帝的奴隶，我们祈祷这一天快些到来。"如果那样还不成的话，他们只能为"那双合脚的鞋"祈祷了（译者注：If the shoe fits"一双合脚的鞋"是美国谚语，意思是话虽不中听，但符合你的情况，你应该接受。这里是说如果那一天还不能到来的话，我们也只能接受这一现实）。甚至还有由种植园园主主持的拙劣可笑的婚庆仪式，不过奴隶们并不知道他们上当受骗了。[22]

***

路易斯安那的繁荣并没有持续下去，美国内战结束，当亚伯拉罕·林肯总统的政府废除了美国各种形式的奴隶制后，路易斯安那的繁荣也走到了尽头。联邦军队于 1862 年攻占了新奥尔良，导致许多奴隶从种植园逃离，他们知道自己很快就会获得解放。林肯于 1863 年签署了《奴隶解放宣言》，但两年后奴隶才全部获得解放。许多奴隶留了下来，但他们拒绝在美国种植园园主的体制下工作，这导致种植园的产量下降了 90%。许多种植园遭到彻底摧毁，幸免于难的种植园也损失惨重。例如，大型的帕图种植园的食糖销售量下降了 86%。[23]

路易斯安那之外的制糖业即将彻底崩溃，但是对于种植园园主来说，需求还在，他们可以做出调整来适应新情况。19 世纪六七十年代，当种植园园主试图进一步使生产过程机械化时，各项发明创造相继问世。其中，帕图种植园尤为成功，当时甘蔗种植和收割是该行业中唯一仍需人工操作的部分，他们为辅助其操作的许多机器申请了专利。现在，可以加工成糖的甘蔗茎和甘蔗汁的量实在太大，以至于大型种植园也不得不合并为更大的种植园，这样才能保证有足够多的机械来消化这些原料，使产量不至于下降。

在后奴隶制时代后，恢复自由的黑人奴隶不愿意再回到甘蔗田，但他们始终希望得到一点尊重，掌控自己的命运。比如，能自主选择雇主，选择自己的居住地等。他们与亲人团聚，因为许多人一直被分开在仅相隔数英里的不同的种植园干活，新政府也支持他们这样做。种植园劳动力的空缺由输入的中国劳工填补，紧随其后的还有爱尔兰、法国、意大利和葡萄牙的劳工。然而，当这些欧洲的自由人了解了劳动合同对他们的要求时，当即就撕毁了合同。与此同时，自由派的政治领导人也鼓励获得自由身的黑人参与谈判，争取得到每年 350美元的工资，以便能维持生活，改善自己的居住环境。种植园园主们对此非常不满，他们不愿意屈从于这些本该属于他们个人财产的前奴隶。在他们看来，白人至上的观念已经被剥夺了，现在必须恢复才行。1867 年，第一个坚持白人至上的社团——"白山茶花骑士团"成立，他们恐吓获得自由身的黑人男子，威胁要杀掉任何企图参与投票的黑人。[24] 虽然这个社团存在的时间不长，但他们对"三 K 党"（Ku Klux Klan）产生了巨大的影响。

1877 年，当共和党人和美国南方地区签订了一份臭名昭著的协议后，以前取得的一切进步都化为了泡影。他们要求南方各州在即将开始的选举中参与投票，作为回报，一旦他们当选，将从南方撤出联邦政府的军队。结果他们赢了，这也意味着对黑人的暴力和压迫将再次爆发。1883 年，白人至上主义者杀害了100 名获得自由身准备去投票的黑人，尽管他们中的大多数人都投降了。1887年，蒂博多的黑人糖业工人举行罢工，要求提高工资，改善工作条件。但是，3天的暴力事件，导致几十名获得自由身的黑人死亡，其余黑人别无选择只能返回种植园。旧的权力平衡又恢复了。[25]

***

美国的甘蔗种植园并没有从萧条中恢复，从种植园园主知道黑人解放必然会实现的那一刻起，他们就将目光转向了仍然由奴隶制糖的国家，巴西就是目标之一，但是离佛罗里达州海岸较近的古巴很快就被认定为可以与巴西进行奴隶贸易的最佳地点。

从西班牙宣布它将在 1820 年前废除奴隶贸易的那一刻起，古巴就已经成为一个产糖大国了。古巴的种植园园主知道终止奴隶贸易的钟声总有一天会突然敲响，所以他们在美国内战爆发前一直尽可能多地输入奴隶，使古巴人口增加到原先的 8 倍之多。[26] 西班牙严重依赖与古巴的食糖贸易，所以对此视而不见。"到了 1830 年，古巴一跃成为世界上主要的食糖生产国，每十年产量就翻一番，直到 19 世纪 60 年代。"[27] 古巴成了"大糖"时代的中心。

古巴通过进口英国生产的工业设备使糖产量大增。在这期间，英国人一边尽情地享受奴隶生产的廉价糖，一边向其他西方国家夸耀自己已经废除了奴隶贸易，堪称道德高尚的国家。[28] 古巴人甚至成功修建了铁路网，取代了步履笨拙的牲口驮运，使他们能深入岛上的森林中进行勘察。蒸汽动力的机械设备以空前的速度摧毁了林木，开垦了大片新土地，随时准备将其改造成甘蔗田。他们借贷，英国人欣然投资，尽管在英国自己的殖民地奴隶制是非法的。

新开垦的土地需要更多的劳工去耕作，古巴人将 20 万名奴隶置于与路易斯安那种植园非常相似的管理体制之下。与美国一样，这里的奴隶们做出的反抗行为也是破坏设备、拒绝干活或者伺机逃跑。正如伊丽莎白·阿博特（Elizabeth Abbot）直截了当指出的那样："其结果就是劳工满腔怒火、食糖品质低劣、生产力低下、技术规范不严，以及奴隶数量持续短缺。"私下的奴隶贸易无法满足需求，19 世纪 40 年代，古巴将目光转向了中国的契约劳工，其他国籍的劳工也被吸引进来，尤其是来自西班牙、爱尔兰及加那利群岛的劳工，古巴人对待他们就像对待奴隶一样残酷无情。古巴人也同其他糖业种植园园主一样，认为缺乏了残酷、暴力和强制手段就不会有制糖工业。[29]

到了 19 世纪 70 年代，欧洲和英国开始从美洲撤出他们的业务，专注做廉价的欧洲甜菜糖以及产自其新殖民地的蔗糖交易。就在此时，美国急忙参与了进来，填补了古巴贸易的空白，迅速拿下了古巴食糖出口的最大份额，一下子就挽回了败局。美国对古巴的制糖工业进行了大规模投资，在美洲大陆和古巴同时建立了几座大型蔗糖精炼厂。美国总共投资了 9.5 亿美元，在 19 世纪的最后几年美国与西班牙开战时，美国吞并了古巴。[30] 这个小岛不只是在美国的庇护之下，它还成了美国的一个附属国，直到第二次世界大战爆发。"大糖"时代现在属于美国了。

由于在古巴取得了成功，美国自然期望在其他潜在地区也能发展蔗糖生产，而且很快将夏威夷确定为竞选者。那里的气候适合种植甘蔗，因为在 19 世纪 30 年代，传教士已经在那里成功种植，他们还利用种植甘蔗让夏威夷当地民众皈依了基督教。19 世纪 50 年代，夏威夷国王和美国政府签订了一份互惠条约，保证向美国自由销售食糖的同时，美国也向贫穷的夏威夷民众出口廉价的小商品。[31]

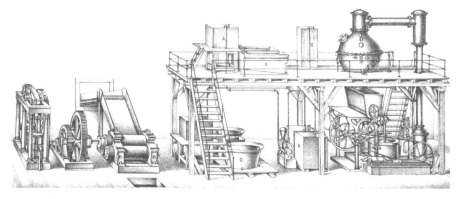

1871 年费城的帕斯卡尔钢铁厂，一台全机械化的蔗糖碾磨机和锅炉房。图片左侧是一台由传送带进料的轧辊碾磨机，图片右上方是一口真空锅。（帕斯卡尔钢铁厂的插图目录）

十年内，夏威夷将生产 10.5 万吨的蔗糖。甘蔗成了主要作物，结果夏威夷完全依附于美国了。然而，美国的种植园园主对当地的劳工感到失望，认为他们"缺乏资本主义的职业道德，需要一刻不停地监视才肯干活"。[32] 他们开始使用来自中国和日本的契约劳工。到了 1900 年，夏威夷人发现他们自己倒成了自己国土上的"少数民族"。像古巴一样，夏威夷在美西战争中被吞并，但是它没有变成一个附庸国。1898 年，夏威夷的君主政体被推翻，通过自身的努力它成了美国的一个州。然而，由于它在 20 世纪之交成了美国的一部分，奴隶制和契约劳工就变成非法的了，因此日本劳工和中国劳工被赶走，取而代之的是菲律宾劳工。[33]

1959 年菲德尔·卡斯特罗在古巴掌权后，立即为制糖工人提高了最低工资，这不可避免地导致食糖批发价的提升。美国对此感到非常愤怒，当卡斯特罗明显不愿意在这个问题上让步时，美国便撤销对古巴的财政援助，另觅他国糖源，古巴也立即向苏联供应食糖来填补这一贸易真空。但美国人的问题来了：夏威夷群岛无法填补美国的食糖真空，所以它不得不将目光转向美国国内，看上了佛罗里达州。

20 世纪 30 年代，佛罗里达州在甘蔗种植方面取得了一点成就。当美国切断与古巴的联系后，大批流亡的种植园园主从古巴来到了佛罗里达。美国在那里大量投资，沼泽地迅速从生态资源丰富的湿地转化为水分排空可供耕作的土地。到了 20 世纪 60 年代中叶，这里每年能生产 100 万吨糖。[34] 这样的生产规模需要大量的劳动力，佛罗里达州的种植园园主便从加勒比海地区船运输入劳工，给他们发放临时护照。这些劳工远离家乡，与外界隔离，受到了大规模的剥削和压榨，由于受契约约束，即便他们受到驱逐出境的威胁也不敢抱怨。20 世纪末叶，这种剥削制度被曝光。2000 年，佛罗里达州的种植园园主不得不向劳工支付一份还算体面的工资。当然他们这样做也是出于无奈，"大糖"时代抛弃了体力劳动，选择了机械化的种植和收获。

***

20 世纪，糖业生产在世界各地蓬勃发展，从商业角度考虑在任何地方发展制糖业都是可行的。但每一次都是由精于剥削和劫掠的管理者操纵，每一个管理者都比上一任更加冷漠无情。每当工人们获得更多权利时，种植园园主总能想办法，不是改变规则进一步加强剥削，就是只雇佣部分劳工。看来糖似乎败坏了所有制糖者的名声，但千万不要忘记，这些罪恶首先是被欧洲人，然后才是被世界其他国家和地区的人永远无法满足的食欲催生出来的。

糖的暗黑历史说到底是由糖的食用者——那些通常远离甘蔗种植和蔗糖生产地数千英里外的人类个体推动的。所以为了继续讲述糖的暗黑历史，现在我们要将注意力转向糖的消费。

第十章　闯入王室　站稳脚跟

> 人类的牙齿是有感觉的骨头，而且敏感度极高，人体中没有其他骨头可以与之相比，因此牙疼会让人极度痛苦。
>
> ——安德鲁·布尔德（Andrew Boorde）[1]

理查二世从过去到现在一直都是颇受诟病的国王。他是一位花花公子，终日放纵任性，陶醉于帝王的奢华之中，可谓是中世纪末灯红酒绿的生活和富豪时尚的一个典型缩影。他有一个庞大的家族，家中成员遍布四方，他的王室成员估计超过1万人，其中3000人是宫廷厨房的膳食侍奉人员。[2] 尽管这可能是一个过高的估计，但也确实表明他手下的侍奉人员要比先前典型的中世纪君主（如果存在的话）的侍奉人员多得多。

理查非常喜欢精致的美食和豪华宴会。像许多君主一样，他经常为了口腹之欲捕杀野味，喜欢排场和仪式，关注戏剧中中世纪盛宴上的细节，用现代的说法，他就是一位"美食家"。烹饪界有两个主要的说法都与他有关：他是餐巾纸的发明者，并委托他人用英语写了第一本烹饪菜谱。《烹饪之法》（*The Forme of Ceny*）一书是由他手下众多的大厨编写而成的，或者确切地说，是由理查口述、大厨们记录下的一本书，成书于1380年前后，是一本包含有200余道菜肴及其烹饪指南的详尽记录，[3] 其中许多菜肴都添加了糖。该书是由抄写员抄录下来的，所以副本可以送往王室的其他家庭。据我们所知，原始手稿早已失传，留存至今的几种抄本，在内容上都有细微的差别。

糖在中世纪的西欧被认为是一种香料，像其他渐渐流入王室的香料一样，糖不仅味美，还具有异国情调，而且是地位的象征。在十字军东征之前，英格兰与伊斯兰帝国就有少量的食糖交易，但数量非常有限。英国最早提到糖是盎格鲁-撒克逊（Angio-Saxon）时期的英格兰。735 年，盎格鲁-撒克逊的大历史学家尊者比德（Bede）逝世。逝世前，他将自己搜集的一些香料和香木赠送给教友，其中就有少量的白糖。[4] 从那时一直到三个半世纪后十字军东征，史料记录上再也没有提及过糖。从理论上推断，十字军第二次东征后从战场返回的亨利二世的夫人阿基坦的埃莱诺（Eleanor of Aquitaine）对糖和香料有所了解，还亲自品尝过。十字军第一次东征结束后，返回的骑士们带回了一些糖，不过那仅仅是一种好奇心。但是，当埃莱诺带回盖有她官印的食糖时，她崇高的名望让绅士们，特别是让王室内那些操持日常家务的女士们"迅速接纳"了糖。因为正是这些人每天填写食物订单并掌管处于严密看守下的香料箱的钥匙。当神秘主义者玛杰丽·肯普（Margery Kempe）夫人精神崩溃时，首先就是没收她手里掌管的香料箱的钥匙。[5]

第一件有史料记载的英格兰家庭购买食糖的记录见于埃莱诺和亨利二世的王室履历中，但他们只购买了极少量的食糖，糖还是严格地被限于王室消费。[6] 到了 13 世纪，亨利三世（埃莱诺的孙子）就经常购买食糖。那时糖的价格仍然昂贵，被认为是特供商品，不过当时已经按磅出售，而不是按盎司出售了。[7] 1264 年，1 公斤的糖要花去亨利三世 1 先令，别忘了他厨房仆人的年薪才 4 先令左右，由此可见糖的确是很特殊的商品。[8] 亨利并没有将糖据为己有，但也只能与贡献最大的人分享。糖在那时成了外交使团之间相互交换的礼品，收到糖作为礼品是一种显贵的荣耀。

糖在 13 世纪便开始以多种形式进入西欧，同时进入的还有其他物品，通常是具有芳香味的烹饪材料，如紫罗兰花、桂皮香料、玫瑰花和藏红花等。埃莱诺·德蒙特福特（Eleanor de Montford）是与亨利三世同时代的人，她的丈夫西蒙·德蒙特福特（Simon de Montford）勇士伯爵是亨利最信任的陆军中尉之一，深受他人尊重。她将家中的开销都一一记入账本，根据那些账本的记载，埃莱诺购买了大量在当时能买到的最便宜的"普通糖"。[9] 这些糖是以塔糖的形式进口的，所以她的仆人必须将其费劲地敲碎碾细后才能使用。塔糖体积相差很大，重量从 500 克到 9 公斤不等，这些糖物有所值，也完全在上层阶级的购买力范围内。据说，勃艮第伯爵夫人于 1299 年在拉尼苏尔–马尔讷的交易会上购买了 15 块塔糖，我猜想她一定是费了很大力气才把这些糖拖运回来。[10] 糖的价格变化很大，在蒙特福特的账单中，1265 年 4 月至 6 月糖价就涨了 1 倍。但是，糖是在各种情况下都会用到的原料，所以像蒙特福特这样的家庭也能轻松地承受这些不可预测的开销。[11] 到了 14 世纪 30 年代，糖价跌到每公斤 15 便士。随后，在 14 世纪末，由于更多的糖以及红糖和糖浆这些制糖过程中的衍生品随当时无数船只频繁航行的贸易航道四处扩散，再次引发了糖价下跌。[12] 然而，下跌后的价格仍然是欧洲绝大多数人无法接受的。

14 世纪，理查用糖给许多食品进行调味，正如《烹饪之法》一书指出的那样，人们常常发现在类似蛋奶火腿蛋糕的蛋挞和"牛奶冻"这样的菜肴中都添加了糖，"牛奶冻"在当时还不是一道会抖动的甜品，而是一盘在杏仁奶里炖制而成的阉鸡。[13] 一种名为"蔗糖盘"的菜品在当时颇受欢迎，它是像玻璃一样的方块糖，通常被染成红色，并用玫瑰水调味。还有其他甜食，如柑橘蜜饯、糖浆腌制的水果以及一种名为"布兰奇普德雷"的糖和干姜粉混合物，所有这些都是由威尼斯和热那亚商人进口的。[14] 在餐桌上，理查的香甜牛奶麦片粥和葡萄酒添加的是糖而不是蜂蜜。装点理查餐桌的还有棉花糖和令人赞叹的精致甜品。这些装点性质的甜品都是摆放在那里让人夸耀赞赏的，并非供人食用，其中还包括用糖制作的骑士和一棵挂满了蜜饯的糖树。[15]

尽管摆放在餐桌中间惹人注目的装饰品给人留下了深刻的印象，但它们只是中世纪伊斯兰帝国，尤其是埃及的"盛大节日宴会上一种不太贵重的附加品而已"。[16] 990 年，埃及的糕点师为了庆祝斋月结束制作了许多糖树、糖动物和糖城堡。苏丹王穆拉德三世（Sultan Murad Ⅲ）曾下令制作一系列包括糖狮子、糖象和糖长颈鹿在内的糖制动物，以及糖喷泉和糖城堡，用来纪念为其儿子行割礼。[17]

在理查极其奢华的晚年，他修建了一座香料储藏库，每年要花费 3500 英镑才能保持库存充足。[18] 在王室中糖甚至成了女士们的时尚配饰，她们戴上了 3 英尺高的塔糖帽（那也是一个著名的穿尖鞋的时代）。[19] 正是理查及王室的糜烂生活和阔绰的生活方式为他的表亲亨利·博林布罗克（Henry Bolingbroke）提供了暗示，促使他篡夺了英格兰王位，成为亨利四世，理查则被亨利投入监狱，饿死在城堡的地牢中。这一戏剧性的嘲弄倒让后来的国王有所领悟。尽管新登基的君主一再鼓动人们节俭禁欲，但却丝毫没有减少民众对食糖高涨的热情。在亨利统治时期，一艘停靠在布里斯托尔港口的船只竟然装载了近 10 吨重的糖，压得它几乎难以航行。[20]

到了 16 世纪，葡属巴西殖民地新产的糖开始大量涌入欧洲各港口，糖就成了更加司空见惯的商品了。所有欧洲王室都储存有大量的糖，那时王室经常举办豪华的宴会，提供大量可口的蜜饯以及用糖和杏仁蛋白糊（现代杏仁蛋白软糖的前身）制成的精致甜食。1526 年，在由阿拉贡的凯瑟琳（Catherine of Aragon）［译者注：凯瑟琳（1485—1536），英国国王亨利八世第一个王后］举办的一次圣餐仪式上，出现了一块巨大的甜食，"花费了七个甜品大厨的工资。甜食是一个城堡主塔和一座庄园，固定在两个杏仁蛋白软糖上，由糖制成的湖中装饰有四处游弋的大小天鹅"。[21] 伊丽莎白女王特别爱吃甜食，她经常出席膳食完全由糖制成的餐宴，最盛大的一次是 1519 年由赫德福德伯爵举办的宴会，甜食包括

1693 年意大利参议员弗朗西斯科·拉塔（Francesco Ratta）为其主持的宴会定制的一款豪华精致的甜食。（J. 保罗·格蒂信托公司）

"用糖制作的女王陛下的军队"、糖城堡、糖鼓手、糖狮子、糖独角兽、糖虎、糖象、糖猩猩、糖隼、糖猫头鹰、糖蝰蛇、糖海豚和糖美人鱼，还有许多其他的精美菜肴，数不胜数。[22]

　　糖的价格依然经常性地发生剧烈波动，但大部分中上层阶级还是能时常享用食糖，享用的方式与中世纪王室相似。都铎王朝时代的烹饪书里中收集的食谱与 14 世纪食谱手稿中发现的烹饪方法惊人地相似，都是普通人群的常规烹饪方法。托马斯·道森（Thomas Dawson）的《优秀家庭主妇的精品》一书中就有一小节专门讲述宴会。在一份"必不可少的 30 种食品"的菜单中，排在首位的就是糖。道森传授说，揉"一个糖面团，就可以用它制作出各种糖水果以及其他各种式样的精美甜食，如糖盘子、糖碟子、糖杯子等，用来丰富你的餐桌"。[23] 这种糖面团替代了难以制作的糖盘子，成了受人喜爱的浮雕原料，但除此以外，这些制作方法大体上与《烹饪之法》一书里的制作方法一样，只不过它们不是写给国王，而是写给一般家庭主妇的，尽管这些都是富裕家庭的主妇。糖越来越多地被用于制作各种布丁和水果馅饼，书中有一些章节专门介绍了用糖腌渍各种食物的方法：如糖果、果冻、果酱、橘子酱及糖浆等。

人们大量地购买糖不只是为了大摆阔气，还有更实在的用途，因为糖被认为是一种重要的药品。人们发现糖有一种能让人上瘾的特点，操着一口佛兰芒语的地图绘制员亚伯拉罕·奥特柳斯（Abrham Ortelius）曾经绝望地指出，糖已经变得无所不在了，"过去只是药商为病人保存的东西，现在却成了贪饮暴食者为满足口腹之欲的食品了"。[24] 然而，他的话也并非完全没有依据，因为有些药品中含有大量的糖，但它们并不是用来口服的。例如，一种用来治疗结膜炎的药是由粉状的糖、珍珠粉和金叶粉制成，治病时要将药粉直接吹入眼睛。[25] 盖伦（Galen）〔译者注：克劳迪亚斯·盖伦（129—199），古罗马时期的著名医生、

一位药剂师在分发麦芽糖含片。选自约 1529 年出版的《神奇的草药》一书。（韦尔科姆信托公司）

生理学家和哲学家，被认为是仅次于希波克拉底（Hippocrates）的第二个医学权威。著有《气质》《本能》《关于自然科学的三篇论文》等] 关于"四种体液"的理论知识是和糖一起沿着伊斯兰帝国贸易航线传播开来的，有些相关的经文已被译成拉丁文。他们的教义经常建议用糖来治疗腰部、尿道、眼睛和胸部的疾病，以及治疗头痛和炎症。[26] 糖也被大量用于治疗胃病和消化方面的疾病："制作成榅桲糖浆服用后会让胃部感到舒适。在 1 品脱的榅桲汁里加 1 磅糖、半品脱醋，以及相当于 5 颗谷粒重量的姜、6 颗谷粒重量的肉桂、3 颗谷粒重量的胡椒粉即可，一共只需要花费 2 便士。"[27]

糖在法国成了极受尊崇的珍品，以至于 1353 年颁布的王室法令规定，绝不能用蜂蜜代替医生处方中的糖。没过多久，在药品中加入"大量的糖"成了一种经验法则。[28] 珍贵的蜂蜜，这一天赐的食物，在糖的面前只能充当次要角色了。

在所有的药品中，糖被认为在医治肺部疾病时最为有效。例如，爱德华一世（Edward Ⅰ）让他病重的儿子服用含糖食物，希望能治愈或至少能缓解孩子异常虚弱的肺部。他服用的糖里加了玫瑰花、紫罗兰花、甘草以及大麦水和甜鸡汤（三百年来甜鸡汤依然是治疗肺部小恙的处方）。他还雇用了十三位寡妇为儿子祈祷。但不幸的是，两种办法都没有奏效。[29] 理查德·利根曾说起一位名叫巴特勒（Butler）的医生，认为他是"这个国家，或者说这个世界培养出来的最博学、最著名的内科医生之一，他用糖为巴巴多斯岛上的许多殖民者治病。他经常说，糖可以腌制保存梨和李子，为什么不能用它来保养我们的肺呢？而且糖在他自己身上也显出了同样的效果，他一直饮用的红酒里就放了很多高质量的精制糖，他还经常向父母推荐用糖治疗感冒、咳嗽和黏膜炎，这些病在严寒地区很常见，尤其是在岛屿上，因为那里的气候比大陆地区更潮湿，对我们的健康很不利。"[30]

根据以上所说，糖能治病的说法已经在民间流传很长时间了。糖史专家艾丽斯·托马斯·埃利斯（Alice Thomas Eliis）收到的一封信里就讲述了一个用"糖

老鼠"治疗肺病的例子:

> 1920 年，我 4 岁时，一位老太太给了我一些糖老鼠吃。这个老太太住在离我家不远的拉德利特，只要一有机会我就会往她家跑。糖老鼠是她用普通的老鼠夹抓住老鼠剥皮以后制成的。她先取出老鼠的内脏，然后将它们的尾巴拴在一把木勺上，在一个铸铁煮锅中倒入很浓的糖浆，放在文火上慢熬，最后把拴在木勺上的老鼠放入糖浆中。几个小时（或几天）之后，这些老鼠就成了结晶体。放凉以后，她就给我一个吃，味道很香甜，连骨头都能吃，脆得很……我记得她说过，只要我吃了这种"蜜饯"，我的肺部就永远不会得病。[31]

这也许是一个极端的例子，不过 21 世纪了我们许多人肺部不适时还是会服用糖水、糖浆或者葡萄糖片，所有这些在今天的药店里都能买到，它们也是中世纪药物的直接衍生品。

历史记载表明，糖因其医学价值，在理查二世的王室中得到普遍应用。由于糖有明显的镇静特性，查理二世的外科医生约翰·阿诺德（John Arnold）便会在他的乳制品、紫罗兰油、药茶（一种草药茶）和他用来治疗淋病的杏仁油里添加糖。[32] 理查和王后安妮（Anne）难以生育，所以医生就用糖来为安妮治病，提高她的生育能力——毕竟，这是她作为王后最主要的职能。她的私人药剂师的药单中就有各种形式的糖，包括"形形色色的糖浆""在各种水里煮过的糖"、糖块和玫瑰花糖。似乎从来没人想过医治，甚至质疑理查的生殖能力。[33]

糖在"帮助病人吞服药片"方面效果显著，一位名叫汉斯·斯隆的人认为，糖"是吞服药物的便捷载体"。[34] 虽然这样做的成本很高，但在口服一些难以下咽的药物的过程中糖还是有些帮助的。医生有时会开熊胆汁或者用车前草汁浸泡过的老鼠屎这样的药品，如果糖能帮助病人顺利吞下这些药并让它们成功地留在胃里不吐出来，病人还是不惜花费这个大价钱的。[35] 给难以下咽的药片裹上糖衣仍然是当今普遍的做法，一些常用药或草药，例如扑热息痛或布洛芬也都裹着糖衣。

大多数人正是从药剂师那里第一次品尝到糖的。药剂师存有一大批不同类型的糖：有一种叫"卡夫吞"的糖，它是一种打褶成瓣的叶状糖块；有一种叫"卡松纳德"的白糖非常易碎，它是现在精白砂糖的前身；还有来自克里特岛的糖块；最昂贵的是埃及人制造的一种名叫"穆斯卡拉特"的糖，它赢得了神话般的地位，经过两次提炼，这种糖的纯度极高，是专门为巴比伦的苏丹王制作的。

我们再来看一下价格频谱的另一端，最便宜的低品级糖叫作"齐普里"（cypre），它其实是制糖过程中的副产品，并不能称为真正的糖，只能用作灌肠剂，不过无良的药剂师经常会用它来替代那些价格昂贵的糖。[36] 教会很快发现了这个情况，医生有点过于慷慨地把糖作为处方药开出来，于是他们提醒教徒要三思，服用这些药是否是想找一个借口来纵情享受一番？问题随之也产生了：糖到底是药，是营养品，还是满足口腹之欲的食品？托马斯·阿奎纳斯（Thomas Aquinas）挺身而出，他走到奉献盘前宣布糖不是营养品，也不是用来享乐的，吃糖是为了健康，因此只在大斋节期间才允许食用。[37] 当时很少有人对此提出异议。

如果说药物只是糖的一种载体，那么后起的让人兴奋的苦味茶饮料、咖啡和巧克力也都是运载糖的工具了。这些热饮对身体有一种振奋作用，但是它们的苦味却让许多人望而却步。然而，一旦加入一点儿糖，它们就会变得非常可口。结果这三种饮料的销量激增，使糖的销售量也进一步增长。需求的增加又促使糖价下降，糖慢慢从上层阶级进入中上层阶级，给甜食爱好者造成极大伤害的"黑齿"也在中上层阶级中蔓延开来。伊丽莎白女王的蛀牙直到现在都是让王室很丢脸的事。1598 年来访的德国私人家庭教师保罗·亨策尔（Paul Hentzer）这样描述她："这时 65 岁的女王走过来了，就像预料的那样，她举止庄重，长方形的脸，一头金发，但脸上有皱纹；她一双黑眼睛虽然很小，却炯炯有神；鹰钩鼻子，双唇较窄，满嘴黑牙（这似乎是英格兰人吃糖过多而易患上的毛病）。"[38]

这是食用了一种让人上瘾、同时也具有地位象征的甜味食品的必然结果。不过，如果说这只是富裕人家想要以满口黑黑的蛀牙、自豪地炫耀其丑陋的露齿笑容作为对他们巨额财富的一种精彩的宣传，这未免也太荒唐了！其实，情况并不是这样，都铎王朝的王室成员和我们今天的任何人一样，对满口蛀牙感到很尴尬。伊丽莎白女王从青少年起就饱受牙病的折磨，所以这位老人于1602年把大多数的牙齿都拔掉了，整张脸看起来如同塌陷了一样。为了遮掩丑相，她在口腔里填满了布，或者手执一把装饰扇遮住脸的下半部，结果其他人根本就听不清她到底在说什么。[39]还有另一个著名的例子，就是"太阳国王"路易十四（Sun King Louis XIV），由于吃糖过多，到40岁时他满口的牙都掉光了，只得用棉花填充自己瘪陷的口腔，使其看起来丰满一些，连他自己都感到非常尴尬，于是他禁止任何人在宫廷里发笑。除了患口腔疾病以外，他很可能还患有2型糖尿病，这也是大量吃糖引起的后果。[40]

人类一直遭受牙病和疼痛的困扰，但这只是当大量吃糖变成寻常事、口腔不卫生成了一种流行顽疾以后的事。在先糖时代牙的主要问题是齿龈脓肿、颌骨断裂和口腔癌，蛀牙则很少出现。由于中世纪的欧洲人开始消耗越来越多的糖，蛀牙就变得非常普遍了。到了中世纪末，一个新的职业出现了——拔牙医师，他们专门从事牙科手术和拔牙。[41]

一开始，人们并没有意识到糖和牙齿健康之间的关联，想必是因为大家认为糖是有益于健康的。当时大家认为黑龋洞与珐琅质和齿质的软化或是寄生的牙蛀虫在其中作祟的结果，蛀虫在牙齿中不停地扭动翻转才会导致牙疼。这一人们长期持有的观念可以通过伊斯兰医书追溯到盖仑，并一直追溯到公元前5000年的苏美尔人（译者注：苏美尔为古代幼发拉底河下游的一个地区）的文本记录中。医治这些牙蛀虫主要使用清洁液、药物和巫术。一个颇受欢迎的办法是使用莨菪籽，它能将牙蛀虫的卵从感染的牙齿里清除掉。"如果龋洞确实是由蛀虫造成的，用莨菪籽制作一根蜡烛，点燃蜡烛后让蜡烛的香气进入龋洞，下面放一盘冷水，等蛀虫被熏出掉进水里后，将它们从中捞起，掐死即可。"[42]

医治龋洞要将其中腐烂和松软部分清洗掉，然后填入各种材料，包括地狗牙和用"相当白的网布"包裹住的盐。有些材料则更为合理，例如地雄鹿角，它受潮后会略有膨胀，形成一种坚韧的凝胶，这是一种极佳的临时性填充物。从16世纪40年代起，就有许多记述，谈到用金叶来填充牙齿。手术使用的医疗器械既原始又笨拙，所以人们只有在极端的情况下才愿意做口腔手术。他们更倾向于使用能使牙齿碎裂或脱落的材料，如地山鹬脑、牛粪和青蛙脂肪（当时人们普遍认为青蛙能使牙齿脱落）等。[43]大部分的治疗基本上只是处理一下轻微的牙疼或清除因蛀牙引起的口臭，"把有龋洞和臭味的牙齿洗一下而已"。

中世纪的医书强调清洁牙齿的重要性，尤其是在每顿饭后，有人甚至建议不吃甜食，尤其是不吃糖，不喝加糖的葡萄酒和蜜糖酒。[44]当然，这些都是很好的建议，最后他们进一步提出用一块布沾上大理石磨料来洗牙，或者用蜂蜜和糖的混合物洗牙，更糟糕的是还有人建议用硫酸清洗口腔。[45]上层阶级的饮食中有大量的鱼、肉、炖水果，却很少有蔬菜（他们认为蔬菜什么营养都没有），所以这些牙科问题就变得越来越严重了。结果，大部分人都患有轻微的维生素C缺乏症，这是牙龈萎缩的诱因。

蛀牙是对富人的一种折磨，这一点在20世纪40年代的伦敦得到了证明。当时德国人的一颗炸弹爆炸了，炸开了17世纪40年代的一个平民的公共墓穴，墓穴中所有人都是鼠疫的受害者。但让那支考古队感到庆幸的是，尸体都被封在密度很高的黏土中，在无氧的情况下有效地把它们隔绝了起来，使遗骸非常完整。在检查儿童和青少年遗骸的牙齿时，他们就发现很少有蛀牙的情况。然而，在检查富人家死去的孩子的颅骨时却发现满口的蛀牙，这些孩子可能吃了大量的甜布丁和其他甜点。[46]

如果追溯到史前的英国人，不管儿童还是成人很少有人患口腔疾病。后来的罗马人非常爱喝含糖浆的饮料以及食用用蜂蜜腌制的水果，这导致龋洞的病例直线上升。只是在罗马人离开后，盎格鲁-撒克逊时代开创了较为简朴的生活方式，牙齿问题才再次得到了改善。一直到诺曼人征服英格兰后这种状况依然保持得不错，结果到了中世纪末，牙齿健康问题再次恶化。[47]随着时代的前进，越来越多的人都买得起糖了，西方各国的牙齿健康情况便急转直下，"牙病几乎成了现代人普遍存在的问题了"。[48]

第十一章　无处不在　无人不爱

> 糖是一种理想的物质。它能让繁忙的生活变得轻松一些；它能让人在短暂的时间里恢复精力……调整情绪；它比复杂的碳水化合物能更快地提供饱腹感和满足感；它能很容易与其他食品混合起来……难怪富人和有权势的人都如此喜欢它，也难怪连穷人也都渐渐爱上了它。
>
> ——悉尼·明茨（Sidney Mintz）[1]

从 18 世纪 50 年代开始，糖就成了中产阶级日常饮食中的一部分，不是在茶点时间从廉价的塔糖上切下一点糖末撒在焙烤糕点上，就是慷慨地把钱消耗在更多高档的精美甜食上。糖消耗量大增背后的驱动力就是引进了深受人们喜欢的苦茶饮料和咖啡。首先引进的是咖啡，它的价格比茶便宜，由于受到咖啡因的刺激加上伴有糖，咖啡一经推广便大获成功。咖啡的作用与啤酒或白兰地正相反，后者会使人心情郁闷，但喝了咖啡后人们心情愉悦，更加健谈，更有热情。很快，咖啡屋便如雨后春笋般随处可见，成了不同阶级、不同背景、不同思想的人聚会的一个社交大熔炉。为了有助于这一苦味饮料顺利入口，必然要消耗大量的糖。

茶的价格更贵一些，因为它是与神秘的中国人交易并由他们运输过来的，中国人把茶的价格定得很高，因为他们不使用奴隶劳工。查理二世国王是继他的新王后布拉甘萨的凯瑟琳（Catherine of Braganza）之后最早消费茶叶的人之一，凯瑟琳带来的嫁妆里就有好几桶的茶叶。后来，斯图亚特王朝的最后一代君主安妮女王（Queen Anne）经常与一些贵族夫人一起饮茶，从那以后，茶叶再也没有从宫廷里消失过。安妮女王于 1717 年逝世，仅过了一年茶叶就广受欢迎，第一家茶室便开张营业，茶室主人名叫托马斯·特文宁（Thomas Twining）。[2] 有实力开得起茶室的人并不多，但特文宁办茶室是出于他对茶叶的偏爱，所以没费多大工夫，也没添置多少用具就为茶室营造了一个温馨的氛围。随后，东印度公司与中国达成一笔交易，直接与中国进行贸易，这就意味着上流社会的新成员都能买到茶叶了。[3] 现在上层阶级和中上层阶级都能享用茶饮了，不久"茶点时间"的概念随之出现，就是指在下午进行的一段小吃时间。上层富裕人家的正餐都是在晚上，所以正午时刻的午餐与正餐之间有很长一段等待时间。他们的"下午茶"被称为"low tea"，"low"是因为茶是在边桌上或矮桌上享用的，而不是在正餐餐桌上享用的。"low tea"于下午三四点钟在客厅里进行，除了配有黄油、面包片和一点烤制的甜品外，还有必备的新餐具和糖钵等。[4]

这种新颖的形式在大多数情况下被认为是件好事，茶和糕点制作精细，分量适中，席间不提供含酒精的饮料，它以轻松随意的方式把大家聚在一起。一开始这只是在下午暂时抵挡饥饿的一种方法，但很快它就演变成日常生活中具有仪式感的一部分。只要经济上能承担得起的家庭都开始享用"下午茶"。下层阶级也渴望能像"富裕人家"那样过上这种"精致"的生活，不过这需要大幅度降低茶叶的价格他们才消费得起。茶叶等材料都是由家庭仆人管理，毕竟买茶、沏茶、端茶都是他们的工作，同时还要配上美味精致的小甜点。在更加慷慨的家庭里，仆人是允许喝用已沏过的茶叶重新冲泡的茶水，他们也很可能趁主人不备悄悄将偷偷藏起来的茶叶带回自己的房间。[5] 然而，抓一把没沏过的茶叶几乎是不可能的，因为在大多数家庭里存放茶叶罐的小箱子的钥匙是由家里的女

　　狄更斯的小说《小杜丽》（1857 年）中的插图，奇弗利（Chivery）先生的茶几上摆放着面包和果酱。
（Archive.org）

主人保管的，就像中世纪和都铎王朝时期家里香料箱的钥匙也是由家里女主人保管一样。只有女主人或她手下最高级别的雇员才有权接触茶叶。

18世纪茶叶的价格再次下跌。那时诸如茶叶和咖啡之类的商品贸易已经相当成熟，进口规模也出现了前所未有的增长，关税也随之降低了，茶叶（尽管质量经常不稳定）一下子成了人人都买得起的商品。然而，如果没有糖将这些东西变得美味可口，那它们几乎毫无价值。工人阶级一开始享用的是糖浆，但由于自由贸易的增加导致糖价下跌，他们就弃用糖浆，先是使用未经提炼的粗糖，最后终于用上了纯净的白砂糖。

城市的日常饮食与农村有很大的差异，曾经作为劳动者主要热量来源的麦芽啤酒已经被抛弃，取而代之的是加了糖的茶水，工人们以往食用的相对多样化的蔬菜、天然谷物和麦片粥等食品现在也都换成了黄油白面包。尽管极度贫困的劳工每天辛勤工作12小时以上，生活环境也肮脏邋遢，但他们同样放弃了乡村的日常食物。"对消费、营养、身高、死亡率、工作时间和童工等一系列研究得出结论，在工业革命时期，工人的生活状况更糟了。"[6]劳动阶级现在花费过高的租金得到的却是拥挤不堪、肮脏简陋的住所，没有园圃为自己种些蔬菜或养些家畜。家中只有"当家的男人"才有工作，60%的家庭收入花在了食物上（当今是20%），可是他们还是买不起新鲜的烹饪原料以及烹饪所需的燃料。[7]然而，19世纪中叶工厂劳工与农业劳工相比要花2倍的钱去购买糖和茶叶。[8]曾经遥不可及的食物现在成了普通商品，而面包制作过程的工业化，第一次让买面包比自己制作面包还便宜。[9]

这些工人阶级家庭里提供的下午茶叫"high tea"，因为是在高桌上饮茶，也就是在厨房的餐桌上或者餐厅的餐桌上喝茶。他们的晚餐主要是甜茶和黄油面包片，这些并不是下午茶的小吃，这是英格兰至今仍存在的一种差别，北方人把他们较早吃的晚餐称为"茶"（tea），南方人把他们主要的晚餐称为"正餐"（dinner）。在只有丈夫一个人外出干活的家庭里，妻子和孩子吃面包和茶，而丈夫吃肉。这是当时社会的常态，外出干活的人要吃营养成分最高的食品，结果就出现了一种奇特的家庭现象，男人的身体都相对健康且精力充沛，但女人和孩子大都饥肠辘辘，营养不良。[10]

英国人对糖的贪婪欲望除了改变了他们的饮食习惯以外，也使其城市港口的整体面貌有了彻底的改观。他们从 1544 年起就在伦敦建起了第一座食糖精炼厂，很快泰晤士河两岸就布满了炼糖厂，随着美洲食糖产量的增加，伦敦糖厂的数量也在增加。食糖精炼厂的大批建立开始让英格兰的其他大型港口城市，如布里斯托尔和利物浦的人口不断增加。随后，糖厂又进一步向北扩展到其他港口城市，如赫尔和格拉斯哥。

工业规模炼糖是一项极其肮脏的工作。这个过程需要在高温下将粗糖溶解成一种超级饱和的糖浆，糖浆经过几个阶段的净化，先让其流经内置木炭或碳化的动物骨头的容器，然后加入鸡蛋搅拌，再通过棉花过滤，最后在极端高温下烘干。整个过程中产生的恶臭气味刺鼻难闻，所以没有人愿意把家安在炼糖厂附近。提纯过程用牛血替代鸡蛋后更是臭气熏天，工作条件也污秽不堪，提炼车间全身上下"被一层长时间积累的厚厚的糖和尘垢覆盖着，地面是黑乎乎的……房顶是黑乎乎的，一根根大梁和承梁柱上的悬饰都成了炭黑色，屋檐下亮晶晶的冰柱和车间里的渗出物简直就像橡胶树的渗出物一样"。[11]北美和欧洲其他地区的情况也都差不多，"尽管当地一直努力想控制从炼糖厂的烟囱里喷出的污染烟尘，但阿姆斯特丹还是夸耀说它有 40 座炼糖厂"。[12]

甘蔗种植园的基础设施以同样的方式在不停地建设，扩大生产规模，提高产量，以应对需求的增长和价格的下跌。炼糖厂也面临同样的情况，所以不得不将它们合并成大型企业，以实现规模经济。结果西方许多城市的景观都发生了变化：

沿布鲁克林和泽西城码头区的一排排大型炼糖厂都是由大量砖头砌

成的庞然大物，高度往往超过 100 英尺，从下往上窗子有十多排，毫无建筑美感可言，但高大的厂房和坚固厚实的建筑结构确实构建了令人印象深刻的河岸景观。他们这么做为的是进口食糖一落地，马上就能进入一道接一道的生产程序，尽可能地减少电力、时间和空间的浪费，直到精炼出随时可供消费的"闪亮剔透的白沙粒"为止。所以，炼糖厂都沿深水边建造，码头上可见各式各样的船只，从西印度群岛沿海航行的轮船到徜徉世界大洋的寻找工作的巨型蒸汽货轮，三三两两地停泊在一起，忙着卸下他们的货物，填入这些庞大炼糖厂贪得无厌的无底洞里。[13]

炼糖厂的工作肮脏又危险。因为糖在提炼过程中会变得越来越热，越来越黏稠，经常会着火并引起爆炸。事故和死亡是非常常见的，灼伤和其他的伤害事故也频频发生，连移动一下油桶都会有危险，甚至清洗设备这种事情也会造成人员死亡。德国劳工约翰·科德斯（Johann Cordes）的悲惨遭遇就能证明这些问题。1853 年《每日新闻》报道说，他一直在伦敦布雷泽山脚下的霍博（Hall & Boyd）炼糖厂工作：

三月三十日星期六，他点上蜡烛开始清洗装满木炭的大罐子。那天早上天色很暗，打开盖子后，他刚要站到罐子里，污浊的空气突然就被点燃了，巨大的气浪把他往后掀了大约 10 英尺，将他重重地甩在了墙上。赫尔曼·亨金（Hermann Henckin）和约翰·巴克（John Buck）发现了重伤倒地的约翰，此时他已经面目全非，无法辨认。他的双臂、脸部和身体都被严重烧伤。约翰被抬回了家，随后又被出租车送到了伦敦医院，在医院奄奄一息地拖了一段时间，于上星期天晚上去世。[14]

各炼糖厂的规模不断扩大，各公司不断地巩固合并直到最后就剩下一座英国炼糖厂，该厂一直延续至今，这个"巨无霸"就是英国的泰莱集团（Tate and Lyle）。

19世纪糖已经成了一种久享盛誉的防腐剂，许多乡村家庭夏季当令水果过剩，他们会用煮开后的糖水腌制水果，以便在下半年的早餐或下午茶时间食用。城市中的劳工居民还食用大量的果酱，但与抹在面包片上的果酱一样都是一种工业化的产品。他们的果酱是用劣质水果，甚至是其他食品生产过程中剩余的果肉制成的，果肉含量只占果酱重量的三分之一。[15]这种果酱在广告中被说成是营养价值极高，物超所值。不久之后，"许多人发现他们抹在面包上的甜果酱中的基本营养物就是用面粉与糖混合制成的，所有这些都随着茶水一起咽下了肚。难怪新兴的牙科同行们发现有足够的证据证明，19世纪末工人阶级的孩子中就存在蛀牙"。[16]

工人阶级家庭的食物再也不需要自己去烧煮，这个过程外包给了食品行业，"这些分量不足、营养严重失衡、浸满了糖的食品不仅刺激了工人阶级的胃口，还点燃了劳工参与的工业革命"。[17]如果下午糖价大跌，干活的工人会在下午短暂的工休时间里用更多的糖把茶杯斟满，配着工厂生产的小饼干痛饮起来。中产阶级也不愿意错过享用糖的机会，他们日常饮食也变得越来越甜了。他们喜欢在正餐结束后上一道餐后甜点，通常是浇上了甜酱的布丁。实际上，正是在这一历史阶段，赫赫有名的英国布丁变成了生活中一种不可或缺的食品。布丁的制作技艺精湛，制作方法五花八门，基本是由精白粉、动物油、糖（或糖浆）、果酱或果干之类的甜味烹调原料混合而成。

由于工人阶级家庭越来越依赖工厂生产的食品，糖的消耗量便大幅增加，这又激励食品生产商增加花色品种。蛋糕和饼干的销售量激增，以至于其销售成本比家庭制作或面包店糕点师制作的成本都低。到了1900年，光饼干的种类就有400余种。英国最受欢迎的饼干是偶像级的麦维他消化饼，是由亚历山

深受中上层阶级欢迎的布丁和甜点。（摘自尼尔小姐的《日常食谱》）

大·格兰德·德福里斯（Alexander Grand de Forres）研制的，制作方法从 1892 年至今一直没有变化。[18] 它是以一种能促进消化的食品被推向市场的，因为其中有一些全麦面粉和燕麦，以及大量能中和胃酸的碳酸氢钠（小苏打），所有这些都因为添加了糖而变得美味可口。货架上与它们放在一起的是至今都能买得到的产品，如添加了糖的炼乳和一大堆必不可少的糖：粉末状的、方块糖、颗粒状糖，加上德梅拉拉蔗糖（译者注：德梅拉拉蔗糖是一种粗红糖）和湿糖（译者注：湿糖是一种深褐色的软糖），还有一种我们至今都非常爱吃的谷类早餐食品。性情乖僻的美国企业家约翰·哈维·凯洛格（John Harvey Kellogg）在 1899 年首次提出了这一概念，把谷类早餐作为一种健康食品推向市场，英国民众很快就对这种新颖的、跨大西洋的方便"健康"食品产生了浓厚的兴趣。到了 1921 年，市场上已有 60 种品牌的谷类早餐食品，这种看似健康的早餐食品里都掺入了大量的糖。[19]

食品杂货商还出售少量的糖果和巧克力。为了能帮助读者充分了解到底有哪些品种，我们必须参观一下当地的甜食商开的商店，那里的甜食能迎合各种消费水平的顾客。研究糖是一个复杂的过程，不过到了 19 世纪末，对糖的化学特性的研究已取得很大进展，使人们"对糖异常丰富的品种有了更全面的科学理解"。[20] 糖的品种真是琳琅满目，19 世纪末大麦糖、棒棒糖、什锦甘草糖、果味含片、甘草甜饼、梨形小硬糖块和有条纹的薄荷硬糖等都可以在市场上买到。20 世纪初又迎来了更受欢迎的产品——大块圆形硬糖、茴香子球形糖粒、胶糖娃娃（译者注：一种做成娃娃形状的凝胶软糖）和果味软糖。所有这些产品几乎都是百分之百的糖，今天想起来都让人非常怀念。回忆录《男孩》的作者罗尔德·达尔（Roald Dahl）在书中追忆了他孩童年代常去的糖果店：

> 冰冻果子露……1 便士 2 杯。每一杯都是用黄色纸板做成的纸杯，里面装满了果子露粉，有一根中空的甘草糖吸管插入纸杯中……先用吸

管吸冰冻果子露，吸完后就吃甘草糖。真爽口啊，冰冻果子露！果子露在嘴里发出"滋滋"的响声，一旦知道了如何发声，你就可以让白沫从鼻孔里喷出，然后装作大为震惊的样子……梨形小硬糖块让人感觉非常刺激，因为吃这种糖要冒一定的风险。它有一股指甲油的气味，而且会卡在咽喉底部，上不来也下不去。大人都警告我们不要吃这种糖，结果是越警告我们吃得越多。[21]

当然还有巧克力。18 世纪末叶以来，巧克力是以饮料、可可粉和巧克力块的形式进入市场的。巧克力块总是很苦，有饱腹感，口感甜得发腻，出售巧克力更多的是考虑它的药用价值而不是它的味道。但是，当弗莱巧克力公司（Fry's）于 1902 年生产出含大量牛奶的甜食"五孩儿"（Five Boys）巧克力后，巧克力就变成了受大众追捧的产品了。弗莱公司将巧克力掺水稀释后在外面裹一层糖，就把这种原本针对特殊消费群体的产品转化成一种美味可口的甜食。后来，弗莱公司的主要竞争对手吉百利公司（Cadbury's）先是生产出一种小巧玲珑的盒装巧克力，作为一种高档礼物。接着公司的巧克力制造商设计出一种巧克力制作方法，温度高时能像液体一样倒出来，温度低了又能变硬变脆，这样就垄断了复活节巧克力蛋的市场。至此，吉百利公司就成了巧克力世界的主要玩家。[22]然后，他们又在 1905 年研制出了偶像级的牛奶巧克力，很快这款巧克力就成了国民喜爱的巧克力产品。[23]

不过，民众除了对巧克力的口感表示赞赏外，也对巧克力制造商为确保生意成功而采取的广告策略发出了批评的声音。广告铺天盖地无处不在，海报上、大型广告牌上、有轨电车和公交汽车的车身上、食品杂货店两侧的巨型彩色招牌上，报纸、杂志、行业刊物上，到处都能见到广告的身影。巧克力被宣传为不仅是人们日常喜爱的食品，更是复活节、圣诞节这种特殊场合必不可少的礼物。糖果和巧克力还是"完美丈夫"、未婚夫喜欢购买或在约会场合必备的一种富有情调的礼物。[24] 公司迅速瞄准的客户群体就是家庭主妇，因为她们既是消费者又是购买者的目标。这些产品既可以满足她们自己，也可以取悦她们的孩子。如果她们担心糖果对孩子有害，广告一定会指出巧克力在某种意义上讲是一种营养品，就像现在我们被告知一块 200 克的牛奶巧克力中含有一杯半牛奶一样。说到好吃的甜食，糖果还被宣传为精明的小天使唯一爱吃的食品。弗莱公司出品的"五孩儿"巧克力也采用了这一策略，而且非常成功，"每一块巧克力上都有一张小男孩的脸，脸上带有经典的五种表情：绝望—平静—期望—欢呼—领悟，这就是弗莱的牛奶巧克力！"[25] 在广告中和巧克力的包装纸上 5 个小男孩穿着英王爱德华时代的水手服，传递的信息是小男孩的父母都是社会地位向上流动的人士。弗莱公司瞄准的对象是那些一心想提高社会地位和生活水平的文法学校孩子们的家长。作家米克·杰克逊（Mick Jackson）对学校附近零食店里孩子们最

孩子们喜爱的高档巧克力甜食"五孩儿"（Five Boys）巧克力的广告画。（1910 年前后）

爱吃的食品做了总结："'五孩儿'巧克力包装纸上的几张脸成功地概括了小男孩的全部情绪，从一开始的令人同情到情感频谱另一端的欣喜欢快。包装纸似乎在告诉我们，为了实现这样一种幸福的转变，你只需满足孩子的要求就行。"[26]

大规模的广告开始出现了，帮助食糖消耗量从 1880 年的每人 31 公斤增加到 1914 年的每人 41 公斤。[27]

英国的巧克力制造商还将他们的产品出口到美国赚取了大笔利润，美国人根本不是他们的竞争对手，但这一切在 1900 年发生了变化。那一年，米尔顿·S·赫尔希（好时）（Milton S.Hershey）开始生产巧克力，就是一直深受大众欢迎的"好时之吻"。到了 1915 年，他们每天能生产 4.5 吨巧克力。好时巧克力帝国不断发展，几乎无人能敌，直到遇见了一个正在走下坡路的名叫弗兰克·马尔斯（Frank Mars）的巧克力生产商，他设计出一种十分精美的甜品——"银河"巧克力棒，即在搅打后的麦乳精四周裹上一层薄薄的巧克力。巧克力棒的中心主要是糖和空气，[28] 巧克力裹层很薄，所以生产成本很低，但体积却比好时巧克力大得多，销售时外面还用着色的珠子糖装饰一番。[29] 赫尔希（好时）和马尔斯的激烈较量使巧克力的价格非常具有竞争性。到了 20 世纪 10 年代，英国和美国都有了许多含糖和牛奶的质量低劣的巧克力。[30]

但随后一切都变了。世界大战的爆发意味着欧洲对英国可靠的甜菜糖供应一下子就中断了。此前，在拿破仑早已失效的纲领彻底破产后，欧洲的糖用甜菜开始兴起，后来邻近的德国又热情地接手重新将它种了起来。尽管德国本身没有糖业的殖民地，但接手后搞得很成功，到了 1886 年每年都能生产 100 万吨糖，随后还将糖出口到美国和英国这两个世界最大的食糖消费国。[31] 德国是欧洲最重要的产糖国，1914 年第一次世界大战爆发时，它是英、美两国最重要的供应商，所以当德国停止向这两个国家出口食糖时，英、美两国只能实行限量供应食糖。看到德国的成功，其他许多欧洲国家也开始发展自己的国内制糖工业，其中就包括法国。法国在自己国内生产出的糖足足占其总消费量的三分之一。[32]

在荷兰的投资者说服诺福克郡的农民种植甜菜后，英国也曾试图自己生产糖，但在随后的两三年中持续阴雨连绵，导致收成不佳，他们就放弃了。[33]

为了使糖的输入不断线，英国政府成立了皇家食糖储备委员会，其职责是从大英帝国或其他盟国批量购买食糖，确保蔗糖和甜菜糖的稳定供应。[34] 糖不再是食物中的奢侈品，而是像面包和培根一样成了必需品。糖也是战士给养中的必备品，它既是现成的热量来源，也带有一种家乡的味道。一个战士标准的日常给养中有大量的果酱、糖和茶。甜味食品和含糖饮料无疑能给战士增加能量，提高其心理素质。糖能给人以安慰，果酱和甜点能让人想起家乡。当英国最勇敢的人扛枪站在陌生的能让人患上抑郁症的战壕里时，让他们始终保持对家乡的思念是绝对必要的，这能时刻提醒他们牢记自己是为谁而战。这是我们的希望——糖将赢得战争。许多指挥官认为给养中有这么多甜品会让战士多愁善感，沾染上女人气息。他们建议朗姆酒应该受到更多的重视，只要避免"过量饮酒"，我们还是需要酒后的胆气来稳定战士的紧张情绪。

自从 1900 年的布尔战争以来，维多利亚女王曾要求乔治·卡德伯里（George Cadbury）为她驻扎在非洲的战士每人提供 1 罐圣诞巧克力，从那以后，战士的给养中一直都有甜食。卡德伯里是一位忠实的贵格会教徒，也是一位反战主义者，他认为布尔战争是所有战争中"最邪恶的"。实际上，就在维多利亚女王提出要求的前几年，卡德伯里先生就自己出资印制并散发了 300 万本反战宣传的小册子。他拒绝了女王的请求，但并没有直接用"不"字来回绝女王。女王固执己见，坚持要他生产巧克力。卡德伯里与弗莱和朗特里（Rowntree）（两人都是贵格会教徒）进行了接洽，二人一致同意由他们共同分摊这份"责任重担"，就这样一共生产出 20 万罐巧克力。但他们都是原则性极强的人，拒绝给圣诞巧克力罐贴商标，因而没有收取分文的利润。[35] 然而，没过多久，就有传闻说乔治·卡德伯里的巧克力棒中的可可粉是由圣多美岛上的奴隶劳工生产的，他的声誉因此受到极大伤害。不仅如此，传闻还说所有这些情况他本人都一清二楚。

贵格会教徒是坚定反对奴隶制的，卡德伯里便把那些编造这种恶毒指控的人告上了法庭。最终他赢得了官司，但烂泥沾身洗不清，他的声誉永远被玷污了。最终他还受到了不公正的对待，法院只判给了他 1 法寻（译者注：法寻是英国旧时值四分之一便士的硬币或币值）作为赔偿金。[36]

为了让糖、各类糖产品和朗姆酒能源源不断地流入英伦三岛，皇家食糖储备委员会加强了与英属西印度群岛和古巴的联系。委员会还给农民提供财政援助，同时提供补贴，尽快发展英国的糖用甜菜工业。然而，该委员会的努力并没有达到预期效果。食糖消费持续上涨的势头第一次受到遏制，随即开始掉头向下。由于日常生活中缺少了糖，英国民众把"食糖的限量供应看成是最痛苦的事，但这只是战争让他们尝到的最直接的'小苦头'"。[37]

第十二章　垃圾食品的兴起

糖是一种新型烟草。[1]〔作者注：许多人说过类似的话，但最早似乎源自罗伯特·勒斯蒂格 (Robert Lustig) 教授 2013 年在关于"糖·肥胖症·新陈代谢综合征"会议上的发言。〕

第一次世界大战结束了，如果英国还愿意再尝一次"小苦头"的话，恐怕就要遭天谴了，这就是典型的"一朝被蛇咬，十年怕井绳"。政府意识到英国已经变得过于依赖进口产品，他们也完全清楚什么是英国民众的当务之急，于是开始着手建立激励性机制，鼓励农民种植糖用甜菜。1925 年的《制糖业（补贴）法》为激励民众种植糖用甜菜，提供了极有吸引力的补贴：任何愿意种植甜菜的人，将确保能享受长达十年的补贴，农民生产的糖用甜菜每吨将能获得最少 44 先令的合理补贴。[2] 这个机制取得了巨大的成功，种植甜菜的土地三年内几乎增加了 8 倍，2 万名农民为 15 座制糖厂提供可加工的甜菜。[3] 这种成功是"立竿见影"的，很快英国的纳税人便愿意自掏腰包扶持自己种植的甜菜，然后又能重新从当地的食品杂货店里买到糖了。[4] 为了稳妥起见，皇家食糖储备委员会也加大了从其制糖殖民地如澳大利亚、南非和斐济等国进口食糖。然而，在政府的大力推动下，糖产量激增，糖价下跌，导致食糖过剩，这让表面看起来用之不尽的储备糖的糖价比任何时候都要便宜，便宜到糖的消费实际上已均衡地扩散到所有阶级成员。到了 20 世纪 30 年代，英国食糖的消费量是 20 世纪初的 5 倍，糖、面包和土豆成了英国人日常饮食中碳水化合物的主要来源。与此同时，糖的消费方式也发生了变化，因为 40% 的糖不再是装在纸袋里作为烹饪和烘焙的原料出售，而是转化成大规模生产的工业食品：如巧克力和甜食、蜜饯和调味品，以及糕点和饼干。[5]

同时，迅速发展的现代营养学和食品科学鉴定出了食物的成分，发现蛋白质是由氨基酸组成，还发现了一系列健康所需的食品中都含有的微量元素——维生素和矿物质。科学家意识到，要养活穷人，重要的不是为他们提供足够的食物数量，而是提供不同种类的食物，实际上不少人可能饭量很大却依然营养不良。如果要获取多种维生素和矿物质，日常饮食就要保证多样化，包括食用新鲜水果、各种蔬菜、乳制品、鱼和全麦食品等。但精致面包、油、果酱和甜茶又不可能完全不吃，于是科学家不可避免地将目光转向了糖本身，发现它实际上不含任何维生素和矿物质。虽然没有营养的食品并不一定对健康有害，但对于任何直面现实的人来说，糖正在一天天蛀蚀着孩子们的牙齿，这却是一个不争的事实。[6]

随着第二次世界大战的爆发，糖连同黄油和培根一起立刻就限量供应了。曾经蓬勃发展的英国糖用甜菜工业还没有完全站稳脚跟，产量就连年歉收，继续靠政府补贴过日子，也就是说英国的糖绝大部分仍依靠进口。[7]德国的潜艇不停地在英国及其盟国的海域里游弋，对食糖进口进行军事干预，很快其他含糖或与糖有关的食品，如果酱、饼干、谷类早餐和茶等也都开始限量供应。整个战争期间，每周的食糖定量都会发生变化，但仍能达到平均每人 340 克，不过定量下降时也曾低至 225 克。这种"缺糖"的状况让老百姓非常抑郁沮丧。按照今天的标准，当时糖的定量似乎真不少呢，[8]但与英国军人的定量一比，普通老百姓的定量就不算多了。因为军人每周糖的定量竟高达 850 克，这还不包括额外的果酱和糖浆的定量。人们再次期望糖能帮助他们赢得战争。

营养学家在回顾战争年代时激动得泪眼蒙眬，他们赞扬糖的限量供给提高了国民的健康水平。当时动物油的消费下降了16%，肉类的消费下降了21%，糖的消费下降了31%，谷物产品的消费增加了17%，尽管这些都是事实，但仍然缺乏足够的数据来支持营养学家的这一说法。战前、战中和战后与高糖和高油的摄入量有关的疾病，如冠状动脉心力衰竭等并没有出现明显的变化。然而，有一点我们敢说，那就是英国人还是过去的英国人，一点儿都没有改变。英国人对糖的需求和贪婪历来就是"如饥似渴"，所以1949年糖的限量一经取消，政府就不得不再次进行为期四年的限量配给。[9]

由于英国甜菜种植者和炼糖厂控制着食糖的生产，所以食品部建立了配给制以后政策贯彻得很有效。政府从产糖的英联邦国家大量买进粗糖出售给英国的炼糖厂，绝大部分粗糖都进入了当时在英国地位举足轻重的泰莱集团，该集团是1921年由泰特（Tate）先生和莱尔（Lyle）先生的两家公司合并而成，从那以

1995年，泰莱集团位于坎宁镇的大型炼糖厂。（本·布鲁克斯班克）

后泰莱集团就一直是行业的巨头。不过，这种政府与生产商之间的关系一直发展得不错，平稳地进入了和平时期，这非常符合泰莱集团的利益。他们一方面从政府那里获得了源源不断的廉价粗糖，另一方面还拥有了消费能力越来越强的民众，1958 年人均食糖消费量已达到 3.25 公斤。[10] 能有这种消费水平多亏了新建立的食糖理事会，它的职责是通过控制食糖出口与支持国内生产来扶持英国的制糖业。该理事会的工作颇有成效，它与英联邦国家商议获得了极具优势的粗糖价格。与此同时，理事会又在英国设定了几个区域，专门用来种植供英国糖业公司加工的糖用甜菜。[11] 英国糖业公司 1972 年改名为银匙公司，至今仍然是英国最受欢迎的食糖品牌。尽管该品牌一直广受欢迎，但大多数英国人并不知道该品牌的食糖原料完全是用英国生产的糖用甜菜。

由克莱门特·艾德礼（Clement Attlee）领导的战后工党政府明白，糖是英国人生活结构的一部分，事实上糖已经成了民众必不可少的食品，它甚至超越了淀粉成为国民最主要的碳水化合物的来源。趁着国民医疗服务体系大获成功的有利形势，艾德礼政府认定制糖业也需要国有化，他许诺把制糖业国有化作为 1951 年竞选期间工党竞选议题的一部分。泰莱集团对此非常不满，并发动了一场强有力的宣传运动来回应。这场运动由一个名为 "Mr Cube" 的卡通形象领衔。作为一名食糖护卫者，它高傲地一手舞剑一手持 T&L 盾牌，目的是将英国政府和为家庭提供食糖的辛苦供应商之间的关系拟人化。该卡通形象出现在泰莱集团每一个商品包装盒上，也出现在了公交大巴车身的两侧和报纸杂志的内页，"告知"民众国有化会对他们珍贵的、价格极为低廉的食糖产生极大的影响，他们只用简单的书面信息如 "Tate not State"（译者注：这是利用英语中具有相同元音的准押韵的修辞方法，让民众读来朗朗上口，意思为"泰莱不是国家的"，用来表达"要泰莱，不要国有化"的思想）和 "Leave it to private enterprise"（不要干预私人企业）就引起了公众的共鸣。[12]

这是一个大胆冒险的举动。英国王室和英国政府在英国制糖业整个历史发

泰莱集团的形象大使，手持利剑和 T & L 盾牌
的"Mr Cube"是他们的宣传利器。这场冒险的运动取
得了巨大的成功，避免了制糖业国有化。

展进程中一直是他们的靠山，更确切地说，正是由于他们的保护政策和财政援
助，英国的制糖业才发展成了巨无霸产业，政府当初是为了帮助泰莱集团才以
如此低廉的价格购进粗糖。考虑到这些因素，现在也该是他们回报政府的时候
了。"Mr Cube"却全然不把这一点放在心上，它的怨言传单贴得到处都是。在
回顾这场运动时，泰莱集团筹划部的人说："我们强烈建议使用卡通人物，因
为它一旦抓住了公众的想象力，就能肆无忌惮地发声，语出惊人也不会受到严
惩。"[13] 它曾说过这样的话："糖一旦受到国家控制将会在你的钱袋和我的糖袋
上各挖一个大窟窿。"这句话所传达的意思非常明显，如果政府控制了国家的制
糖业，糖价就会上涨，糖的质量也会下降。[14] 双方真真切切地进入了剑拔弩张的
局面。结果，制糖业国有化成了1951年大选的重要议题之一。由温斯顿·丘吉
尔爵士领导的保守党明确地向公众表示，一切都不会改变，制糖业的地位很安
全。丘吉尔刚一重新当选，泰莱集团就长长地舒了一口气，由于制糖业国有化
的观念被官方抛弃，他们也把"Mr Cube"送到牧场去了。

在新的保守党政府的领导下，食糖理事会继续尽量多地购买英联邦国家的
粗糖，并对甜菜糖进行补贴。英国随后加入了欧洲经济共同体——"欧洲合众
国"，丘吉尔之所以这样做是想发挥各国无摩擦贸易的力量，使英国与欧洲未来

避免发生冲突。欧洲经济共同体帮助发动战争，也催生了随战争而来的配给制，这都是遥远的记忆了，但是欧洲经济共同体也使食糖理事会存在的意义大打折扣，因为此时已经可以不受限制地从欧洲大陆进口甜菜糖了。

***

20 世纪 50 年代是家庭产品技术革命的年代，人们购买了大量节省劳动力的电器产品，如真空吸尘器、洗衣机、电动食物搅拌器等。随着时间的推进，家庭必备物品清单上出现了越来越多的电器设备，有为娱乐活动准备的摄像机和游戏机，也有为方便烹饪和家务活准备的微波炉、洗碗机和割草机。由于相当一部分家庭购买了轿车，所以 20 世纪 50 年代也是车道和车库急剧膨胀的十年。这些高科技产品为人们提供了充裕的空闲时间，电视机便成了现代化生活的设备之王。紧随电视机而来的是广告，它直接被传送到千家万户，其中包括高糖食品的广告，引诱我们去消费那些我们不再需要的热量。

在电器设备和满街行驶的轿车进入家庭之前，人们步行上下班，自己动手刷洗地板，靠手动拍打清洁地毯，靠双手搅打鸡蛋，购物后步行回家。如果真有空闲时间的话，谁也不会坐在电视机前傻呆呆地接受大量广告的投喂。现在，人们开车上下班，在办公桌前久坐不动，工作太忙太累谁也无暇顾及锻炼，结果消耗的热量比任何时候都少，同时却用大量的糖和脂肪满足自己的胃口。这些因素在 20 世纪的最后几十年中诱发了一系列的健康问题，包括肥胖症、冠状动脉性心脏病、2 型糖尿病，以及一系列的癌症。面对这种局面，我们的原始大脑为了保护自己免遭即将来临的饥饿，迫使我们的意志力逐渐瓦解，不断进食。但是西方已不再有艰难的岁月了，相反倒是食品的过量生产刺激了我们永远无法满足的、轻而易举就会产生的对食物的饥饿感。

随着儿童电视节目的发展，广告咄咄逼人的特性在电视时代得到了进一步强化。儿童节目像其他任何节目一样需要植入商业广告，于是一个崭新的客户群体诞生了。垃圾食品、巧克力和果糖甜食的广告第一次可以完全不用请示孩子的家长，直接传播到其主要消费者那里。甚至孩子不识字也没关系，他们需要知道的一切都由一个卡通人物、玩偶或者小丑传递给他们。这些内心有了冲动的小消费者现在可以扯着父母的袖子，吵吵闹闹地向父母施压，直到父母作出让步为止。父母又何乐而不为呢？这既能让孩子安静下来，又花不了几个钱。这就是企业的一种"纠缠能力"，为此商家也需要投入一大笔钱。截至 21 世纪的前十年，英国的广告预算已达 4.5 亿英镑，其中四分之三直接用于儿童广告，这些广告内容 99% 是用来宣传某种垃圾食品的。[15] 企业的"纠缠能力"以不同的伪装形式出现，不是简单地送一些免费的玩具和贴纸就了事，[16] 有些食品公司为学校发放代金券或者免费餐券，这样可以减轻直接为孩子提供垃圾食品而产生的罪恶感，因为他们认为"至少这是在做好事"。[17]

　　现在美国和英国的儿童变得越来越胖。必须要找只替罪羊来，于是所有怀疑的目光都转向了含糖蛋糕、饼干、饮料和各种甜食。生活富裕加上嗜好甜食使人发胖，这已经不是什么秘密了。但如果适度摄入甜食，完全可以避免这些问题的发生。但问题在于，"大糖"时代不想让任何人减少用糖量，所以到了 20世纪 60 年代，那些在其产品中掺入大量食糖的公司开始恐慌不安了，因为他们有可能会被揪出来承担责任。"大糖"时代亦步亦趋地模仿起大烟草时代的做法——继续抗争，竭力证明糖不会损害民众的健康，正如烟草不会损害健康一样。他们与深受敬重的高等院校如哈佛大学中声望极高的教授合作，用研究数据证明糖不会产生任何副作用。但是，儿童变胖总有其原因吧，于是"大糖"时代的科学家坚定地将矛头指向了脂肪。[18] 脂肪成了显而易见的靶子，我们摄入的脂肪最终都囤积在了臀部，所以脂肪与肥胖的关系比起糖转化为脂肪这种虚无缥缈的新陈代谢过程来说，更能让人实实在在地感觉出来。于是，糖逍遥法外，堂而皇之地进入了我们所有的食品加工行列，甚至闯入了健康食品的殿堂。

　　食品饮料公司采用的另一个策略是施展一点巧妙手法，一边直白地宣称糖

"对我们健康有益"，一边趁人不备偷偷地将大量糖制食品送进了我们的食品储藏室、冰箱和冰柜。我们都很熟悉，那些所谓健康的替代产品也都是香甜可口的。这一策略的始作俑者就是酸奶和谷类早餐食品的制造商，目前他们依然风头正盛。

酸奶之类的发酵食品对健康的益处众所周知。从历史上看，只有在中东、土耳其和西南欧的人才喝酸奶。[19] 但如果一个国家有大量的牛奶资源，把酸奶销往这样的国家倒是极为理想的。问题是酸奶味道酸，并不适合所有人的口味，如果在其中加入糖，并掺入煮熟的水果调味的话，酸奶一定会变得美味可口。不过，加入大量的糖以后，酸奶对健康的益处便大打折扣了。后来，当脂肪被揪出来作为肥胖的元凶后，酸奶行业便很快制作出低脂或脱脂替代产品，甚至在其中加入更多的糖和大剂量的明胶，因为一旦去除脂肪，酸奶的结构便被完全破坏了。现在人们可以避免再吃垃圾食品，选择这些美味的替代品，因为他们确信自己吃的都是"健康"食品。

谷类早餐食品从创始之日起就作为健康食品来兜售，其实它们同样含有大量的糖，而且是经过深加工的富含淀粉的谷类食品。把它们作为健康食品推销，就等于默许制造商们在其中添加大量的糖，使原本清淡寡味的食品变成激发食欲的食品。孩子们更是被包装盒上的卡通人物所吸引，这些人物还出现在电视广告上，并且告诉孩子们这个月的食品包装盒里有什么样的免费玩具、免费贴纸或转印图案。他们深信，食品中的糖含量对消费者来说根本不是问题，所以桂格（Quaker）这类的生产商甚至为他们的食品取名为"糖泡芙"。[20] 除此之外，还有其他各种徒有其表的"健康"产品，如家乐氏（Kellogg's）公司的米可利（Ricicles）就是一种非常时髦的谷类早餐食品，其实就是在爆米花上加一层糖霜，糖的含量高达37%。当然，还有许多其他产品的含糖量也都居高不下，如家乐氏的霜麦片（Frosties）、可可米（Coco Pops），以及在美国最受欢迎幸运魔法（Lucky Charms）（译者注："幸运魔法"为美国通用磨坊旗下的食品品牌，是由棉花糖和燕麦圈组成的儿童即食谷类早餐麦片，曾因顾客投诉而受到美国食品及药物管理局的调查）。

　　为了向家长证明他们在每周购物时都可以对食品做出正确的选择，家乐氏还在产品中添加了诸如铁和尼克酸之类的维生素和矿物质来"强化"他们的食品。为了确保每个人都了解这一点，他们在每个食品包装盒的正面都印上了说明。最糟糕的就是像米可利这样的食品，可以随意提高其产品价格，并且自豪地宣称"每一碗里有7种最基本的维生素和矿物铁"。霜麦片的包装盒告诉家长，这

Garry Moore says: **"Won't they tell even you, Tony?"**

　　1955年，美国电视名人加里·摩尔（Garry Moore）与家乐氏吉祥物老虎托尼一起出现在霜麦片的电视广告中。（《生活》杂志）

款麦片中额外添加了维生素 B1、尼克酸和维生素 B6，属于加强食品，并在盒身上配以图表反复解释，告诉家长和孩子这些添加的营养素是如何有助于保持身体健康的。其实他们真正做的只是把在提炼过程中流失营养素重新补回来而已，他们从来不提及每 100 克谷物中就含有 38 克糖这一事实。后来，随着电烤油酥糕点"泡波果酱馅饼"（Pop Tarts）的出现，他们又围绕着糖动足了脑筋：甜味油酥糕点的夹层中全是甜水果或巧克力，外面还裹着糖霜。家乐氏认为既然民众已经完全上钩了，就无须再把他们的食品打扮成健康食品了，干脆推出这些甜点作为早餐。由于成人也爱吃，家乐氏的爽脆坚果玉米片、香脆麦米片，以及大量不同品种的坚果甜品和穆兹利（mueslis）（译者注："穆兹利"指用碾碎的谷物、干果、坚果等加牛奶制成的一种食品）都将目标瞄准了成人，这些食品中都加入了糖，但包装盒上展示的全是它们的"优点"——低脂肪、含全麦，可作为蛋白质的来源，等等。

为什么我们会感到震惊？到了 21 世纪之交，好几代人都是靠含糖的谷物食品长大成人的。许多成人今天吃的谷物食品和他们小时候吃的一模一样，要想让我们自己断绝与这些食品往来是非常困难的。所以说，糖的确是一种新型"烟草"。

说到食品强化剂，还没有任何关于添加营养素的研究"能证明它可以减少慢性病的发病率"，这些食品只不过是"添加了营养素的垃圾食品"而已。[21]

食品强化剂就是一场骗局，20 世纪 90 年代末冒出了一个教科书式的范例。当时英国推出了一种极受欢迎、颜色鲜亮得有些古怪的"橘子汁"——"阳光心情"（Sunny Delight）。它作为健康食品被推销给家长，因为它里面含有维生素 A、维生素 C 和维生素 E。但问题是，它根本就不是橘子汁，而只是一种橘子味的饮料，维生素是不得不添加的，因为它的主要成分除了水之外，只有糖。广告活动进行得如火如荼，结果它竟成了继可口可乐和百事可乐之后位居第三的畅销软饮料。全国儿童大量饮用这种橘子汁，家长看到孩子饮用的是果汁而不是可口可乐时心里也乐开了花。其实"阳光心情"的橙黄色是用橙色色素勾兑而成的，在一次臭名远扬的事故中，一个孩子因饮用了大量的"阳光心情"，致使皮肤都变成了明显的橙黄色。"阳光心情"饮料的骗局这才被揭穿，家长们异常愤怒。据英国广播公司 BBC 报道，品牌经理简·沃尔什（Jan Walsh）说："我们待在自己的小城堡里，心想如果我们缄口不言，民众的议论总会平息下来的。"但民众的怨愤并没有平息，公司被迫重新推出名为"阳光 D"的饮料，里面含有更多的维生素，橘子汁的比例也提高了。[22] 不过，此举为时已晚，他们的饮料迅速从货架上消失了，就像当初它们迅速出现在货架上一样。

21 世纪的前十年出现了一个新的现象。当为数众多的工人和学生压根儿就不愿意把宝贵的时间浪费在早餐上时，谷物早餐公司立刻作出反应，为这些"忙碌的人"生产了一系列以谷物为基础的食品：如早餐棒、饼干和饮料。并将它们标榜为健康食品——"全麦""高蛋白""低脂肪"，但却把含糖量的标示字体缩得很小，如果不仔细看几乎不可能注意到。人们还是掉入了它的陷阱：格兰诺拉麦片（granola）（译者注：格兰诺拉麦片是一种用烘烤过的谷类、红糖、葡萄干、椰子或坚果等配制而成的早餐食品）谁不爱吃？"这个痛苦地吃着所谓脱脂食品的年代是历史上肥胖症和与饮食有关的疾病急剧上升的年代。"[23] 卡罗琳·斯蒂尔（Carolyn Steel）在她研究世界食物问题的论文《食托邦》（译者注：该论文的完整题目是《食托邦：食物如何拯救世界》 Sitopia: How Food Can Save the World）中如是说。

因为美国和英国之间的"特殊关系"，所以美国对英国的影响比对欧洲其他国家对英国的影响要大得多。因此，英国首当其冲地照搬美国文化，大力推广机动化的车辆、卧式冰柜、电视、购物中心、多银幕电影院和美国的垃圾食品。英国是"一个车辆频出事故的国家"，是欧洲第一个消费七喜牌柠檬汽水、麦当劳和肯德基的国家。[24] 可口可乐一直都是垃圾食品之王，它凌驾于各种饮料之上，喝后会令人兴奋，所以需要引起我们的特别关注。

1887 年，美国密西西比州圣路易斯的一座早期医用冷饮柜台的样板。圣路易斯是美国最早的冷饮柜台的发源地，冷饮柜台可以分发菝葜汽水和根汁汽水。以可口可乐为例，这些被认为是健康补药的饮料实际掺入了大量的糖，有时还会在其中加入可卡因。（多伦多大学，格斯坦）

含有水果、香草、香料和其他芳香剂调味的甜饮料是历史悠久的饮品，它们最初的作用是医疗救治。在19世纪末的美国，它们是由药剂师调配出的混合液，菝葜汽水和根汁汽水就属于这类饮品，它们对人有双重好处，不仅有药用价值，而且不含酒精，因此受到禁酒运动的热情称赞。这些甜饮料和苏打水混合后开始风靡一时，苏打水当时也是作为一种有保健功能的饮料出售的。[25] 除了作为备用药品外，在美国南方各州骤然兴起的冷饮柜台也将苏打水作为饮料出售，在店里多糖的苏打水与多糖的冰淇淋混在一起，制成了多种美味可口的饮料。含二氧化碳的苏打水饮料很快就大受欢迎，并推出了一些标志性的品牌，所有这些品牌都具有增进健康的特性。比如，Pepsi（百事）中的"pep"就是指有抑制胃酸的作用。另一个早期的品牌叫"胡椒博士"（Mr Pepper），除此之外还有一个品牌正在幕后摩拳擦掌、跃跃欲试，准备登场呢！它将让所有饮料都黯然失色，毫无争议地成为肥胖症和糖尿病之类病症蔓延的最大推手！现在它已经闯入了地球上几乎所有的国家，让公共医疗保健事业耗费了千万亿美元的巨额资金，它就是可口可乐。这么说一点儿也不夸张，其他食品、饮料及各种因素固然也会导致这些流行病，但是可口可乐在这方面树立了一个先例——一个惨无人道、见利忘义的先例。

可口可乐领先于其他竞争对手是有多种原因的。首先，它含有古柯叶提取物，每瓶可口可乐中含有8毫克的可卡因和大剂量的来自可乐果的咖啡因，具有极大的刺激性。除此之外，可口可乐中还加入大量的糖，饮用后会有强烈的兴奋感。1903年，可卡因被从饮料中去除，不过他们在生产中仍然使用古柯叶。可卡因从饮料中去除后被卖给了药品公司用于生产一系列的麻醉剂。[26] 其次，可口可乐在全美各地做广告，披荆斩棘地蹚出了一条新路子，霸气十足地在凡是有人的地方包括学校（其实重点就是学校）都安装了投币式自动售货机。最后，

19世纪90年代可口可乐公司的广告。在政府的支持下，可口可乐公司将瓶装可乐的价格维持在5美分一瓶，直至第二次世界大战结尾。

靠着成功的广告和规模经济，他们可以以5美分一瓶的价格销售可口可乐，这个价格几十年都没有变过。其他公司奋起直追也成绩不菲，在随后的一百年中，每年加糖起泡饮料的人均消费量从1889年的2.27升迅速上升到1969年的88.6升，再到1985年的168.5升，增长了75倍。这种无往而不胜的商业手段使可口可乐公司在1910年就成了全球最大的食糖消费户，加上有政府的食糖补贴和食糖定量供应制度的救助，食糖的价格也一直稳定在低价，这些都是20世纪70年代之前可口可乐公司一直获利的原因。[27]

直到第二次世界大战前，可口可乐已经成为美国文化结构中的一部分，但也正是在这时，可口可乐公司的事业才真正开始了爆发性增长。首先，美国的各个角落都在销售可口可乐，从而增加了它在全境的经销网，这样不管是在多么落后和闭塞的地方，总能见到它的供应点。其次，他们利用战争本身作为宣传工具，将可口可乐倾销到世界其他国家。公司所有者罗伯特·伍德拉夫（Robert Woodruff）与美国军方密切合作，在推销烟草的同时推销饮料，作为为战争出力的必不可少的一环。他的游说赢得了政治支持，可口可乐被送往世界各地的美军基地。至关重要的是，可口可乐发现自己竟然可以不受食糖定量制度的约束。正如罗伯特·伍德拉夫所说："我们一定要让在世界各地驻扎的美军士兵都能得到 5 美分一瓶的可口可乐，不管公司付出多少代价。"这样的垄断地位使他们能在凡有驻军的地方都能建立起可乐瓶工厂，这不仅不会消耗公司的资金，相反还发了一笔横财。在 1941 年至 1945 年期间，美国军方从可口可乐公司买了 100 亿瓶饮料。爱国主义激发起的对可口可乐品牌的热爱使它就像"妈妈的苹果派"一样，具有一种自豪而又浓郁的美国味儿。现在的情况已经发展为"美国在哪里驻军，哪里就能生产可口可乐"。可口可乐已经是一种世界产品了。[28]

20 世纪 60 年代，随着与快餐食品的联姻，可口可乐迎来了另一波发展势头。由于大名鼎鼎的麦当劳、汉堡王和必胜客的出现，由汉堡包领衔的快餐文化在 20 世纪五六十年代逐渐兴起。正是在 20 世纪 50 年代，可口可乐公司成了麦当劳汉堡店的唯一供应商，一开始在美国，随后扩展至全世界。这再一次的垄断让他们能在几乎无须更新基础设施的情况下，进一步大规模地提高产量。之所以不需要兴建更多的可乐瓶工厂，是因为他们直接销售糖浆，这是一种"独特的共生关系"。当麦当劳开始自己的全球扩张时，可口可乐甚至允许他们使用自己公司的办公室。[29]

然而，到了 20 世纪 70 年代，软饮料行业遇到了障碍，国会终止了食糖配给制，该制度是 1974 年糖价上涨到"罕见的高度"后用以减缓糖价浮动的幅度而制定的。食糖配给制的起源可追溯到该国的殖民主义年代。保持糖价稳定在预期中的低价对国内的制糖商有利，[30] 但配给制取消后，糖价迅速上涨而且疯狂地浮动。这种随机性影响了利润，可口可乐被迫寻找替代的甜源。不久，他们就找到了一个完美的替代品——高果糖玉米糖浆（HFCS），这是从多髓玉米秆中提取的。像甘蔗一样，玉米也是一种秸秆中心多甜髓的高禾本科植物，南非当地民众从玉米秸秆中提取出了汁液。现在甚至已经从理论上证明，最开始种植玉米并不是为了食用，而是为了提取其中的髓。[31] 一开始，加工过程成本很高，但是当政府鼓励农民大规模种植后，价格便降下来了。随着政府慷慨的补贴，用高果糖玉米糖浆取代蔗糖成了一项切实可行的商业策略。更重要的是，根据味觉测试，谁也尝不出它与蔗糖的差异，而且它比蔗糖还甜，所以需要的量就更少。到了 20 世纪 80 年代，在美国生产的所有可口可乐公司的饮料都使用了高果糖玉米糖浆。这几乎为所有以盈利为目的生产甜味食品的公司用高果糖玉米糖浆替代蔗糖铺平了道路。

高果糖玉米糖浆不是一种晶状物质，这就限制了它的用途，使它永远也无法完全替代蔗糖。然而，在廉价的加工食品中到处都有它的身影，它是受美国补贴最多的食品原料。由于高果糖玉米糖浆是规模生产的产物，所以用它作为食物的甜味剂和风味剂，成本是极为低廉的。实际上，成本低廉到在 20 世纪的最后几年里可口可乐公司甚至建议将汉堡、薯条和汽水合为一体制成一种"超值套餐"。[32] 这是一次巨大的成功，麦当劳公司也不知从哪里引入了产品"变大"的概念，将炸薯条和汽水的分量加大。这样，虽然顾客买一份套餐只花费不到 1 美元，但麦当劳和可口可乐的成本几乎为零。正如卡罗琳·斯蒂尔明确指出的那样："其实他们所做的只不过是在神不知鬼不觉的情况下偷偷将高利润（和高热量）的东西，如可口可乐和炸薯条塞了进来。"一眨眼的工夫，一份麦当劳套餐的热量就从 20 世纪 80 年代的 590 大卡窜到了 20 世纪 90 年代中期的 1550 大卡。[33] 依靠那一波的操作，他们邀请忠实的顾客"大幅增加"餐饮量。在美国，一份特大份的汽水为 64 盎司（约 1.9 升），含有令人瞠目的相当于 44 茶匙的糖。[34]

麦当劳和可口可乐公司突然又想出了一个神奇的配方：他们利用人类进化

后的适应性变化，发现盐、脂肪和糖都是让人感觉舒适惬意的物质，便将这种适应性进一步改善，然后大规模地加以利用。他们让我们生活在一个大量食用富含糖、精白面粉、肉和动物脂肪等高热量食品的世界里，严重损害了我们的健康。这些食品过去只有社会上最富裕的人才买得起，现在的价格却比未经加工的天然健康食品还便宜。高果糖玉米糖浆是其中的罪魁祸首，甚至连糖（指蔗糖）都竭力想与它保持距离。高果糖玉米糖浆是导致 2 型糖尿病的主要诱因，它随饮料被人喝下后，无须消化就直接被吸收进入血液，饮用者的血糖就会即刻蹿升。我们身体的稳态反馈机制会迅速将血糖浓度恢复到原有水平。但是，如果这些剧烈波动的生理变化频频发生，这一反馈机制就会短路失效，引发糖尿病。如果生理上频频受到冲击，再加上患有因过量食用这种糖而引发的肥胖症，短路就会更快地出现。虽然蔗糖也会引起这些问题，但由于它是双糖，首先必须由酶来使其消化，所以融入血液的速度较慢。根据世界卫生组织的报告，2000年共有 1.72 亿糖尿病患者，预计到 2030 年，这一数字将会上升到 3.66 亿。[35]

肥胖症和糖尿病会引发一系列相关的并发症，如心脏病、脑卒中，以及人们不太熟知的视力丧失、感觉丧失、肾病、溃疡、皮肤感染、血液循环不畅等。如果血液循环不畅，唯一可行的救命方法就是截肢。实际上，肥胖本身并不是问题，有些人几乎把它看成是闹着玩儿的事。大约 20% 的肥胖人群身体都相当健康，但 40% 的肥胖人群都有新陈代谢综合征，正是这种综合征与胰岛素抗耐性和糖尿病有关联。当果糖进入血液，与胰岛素相结合，便会阻止胰岛素分泌去完成降低血糖的功能，最终导致 2 型糖尿病。[36]

理论上说，任何人都有可能患上与这种饮食有关的疾病，但在现实中，这些疾病不会均匀分布在全社会。像以往一样，穷人受这些疾病的侵袭最严重，赤贫家的孩子患肥胖症的概率几乎是中等富裕家庭孩子的 2 倍。当然这也和种族有关，非洲裔美国人比高加索人患肥胖症的概率高 50%，因此也更容易患上高胆固醇、高血压、胰岛素耐抗性、2 型糖尿病、新陈代谢综合征、结肠直肠癌

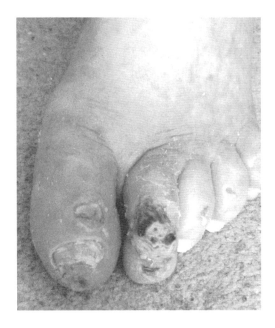

一位病人溃疡的脚，这是由 2 型糖尿病和肥胖症导致血液循环不畅而引发的。很可能脚趾甚至整只脚都会被截去。这也许只是糖对身体的极端影响，但这种情况在西方，尤其在美国已经越来越普遍。（邦德赫祖）

及抑郁症等。[37] 社会上赤贫的人过去是、现在依然是最容易被糖的不良后果伤害的人，因为正是他们喜欢购买那些最便宜、富含糖和其他精炼成分、不易变质、需要最少时间和最少燃料来烹饪的食品。然而，健康食品确实要花费时间和精力来烹饪，保质期短，同时它们也不享受政府的补贴，因此价格也更昂贵。[38] 更严重的是，几十年来一直吃方便食品让我们都丧失了最基本的烹饪技能。有人说，吃方便食品是人们的一种选择，这种说法本身就是一种错误的观念。新鲜高档的食品确实需要烹饪技能，同时也需要冷藏设备防止其腐烂。[39] 但是在便宜的垃圾食品和高档的新鲜食品之间作出的并不是一种选择，充其量只能叫"霍布森选择"（译者注："霍布森选择"源自 17 世纪做马匹出租生意的托拜厄斯·霍布森。他根本不让顾客挑选，只租给他们离马厩门口最近的马）——是一种没有选择余地且又不得已的选择而已。所谓"处在贫困线上"就是这个意思，过去是这样，现在进入 21 世纪依然是这样。但这不是一个新现象，乔治·奥威尔（George Orwell）在他 1937 年出版的《去维冈码头之路》一书中已明确指出：

矿工家庭一周仅花 10 便士购买绿色蔬菜，花 10.5 便士买牛奶（别忘了他们家中还有一个不到 3 岁的孩子），没钱买水果，但是他们却花 1.9 英镑购买食糖（即 8 磅左右的糖），花 1 先令购买茶叶。花半克朗（译者注：克朗为英国旧币值中的 5 先令硬币）买了肉（可能就是一小块带骨的肉加上一点炖煮的作料，也可能是四五听公牛肉罐头）。因此，他们日常饮食主要就是白面包、人造奶油、罐装咸牛肉、加糖的茶和土豆，这种饮食简直太糟糕了，如果他们多花一点钱买一些有益于健康的新鲜食品，如橘子和全麦面包，或者甚至像给《新政治家》写信的那位作者一样，省下燃料钱，生吃胡萝卜，情况会不会好一些呢？是的，可能会好一些，但问题是普通人谁愿意这样做呢？普通百姓宁愿饿死，也不愿靠吃黑面包和生胡萝卜活着。怪就怪在这里，越是缺钱的人，越不愿意把钱花在有益于健康的新鲜食品上。一位百万富翁吃早饭时可能会远离橘子汁和瑞维他饼干；一个失业的人是不会这样的……当你失业了，也就意味着当你吃不饱，当你苦恼、烦闷、痛苦的时候，你是绝对不想去吃那些寡淡无味却有益于健康的新鲜食品的。你想吃点能"开胃"的东西，而且总有一些便宜的讨人喜欢的东西在诱惑你……于是你会急忙跑到外面花 2 便士买一块冰淇淋！在炉子上烧一壶水，冲一杯美味的茶！这就是你处于 P.A.C 状态 [译者注：P.A.C 理论是加拿大心理学家埃里克·伯恩（Eric Berne）提出的著名理论。该理论把个人的"自我"划分为"父母"（P）、"成人"（A）和"儿童"（C）三种状态，这三种状态在每个人的身上都交互存在，即这三者是构成人类多重天性的三部分] 时的心理活动情况。夹人造奶油的白面包和加糖的茶不会对你的身体有任何滋养，但是它们比黑面包好吃（至少大多数人都是这么认为的）……失业是无穷无尽的痛苦，英国人必须不停地用茶这种

"鸦片"来减轻痛苦。作为一种暂时性的兴奋剂，一杯茶甚至一片阿司匹林都会比一片黑面包强得多。[40]

我们必须行动起来消除糖及其精炼后的脂肪、精白粉和盐对世界人口的伤害。在糖的供应如此充足、价格如此低廉、谁也不会对消费糖提出任何异议的情况下，我们还能摆脱糖造成的不良后果吗？糖会不会永远成为一种新型的"烟草"呢？

第十三章　众说纷纭　莫衷一是

> 工业化烹制食品对我们的健康和幸福造成了严重的损害。食品公司的烹制与人们日常烹饪有着很大的差异（这就是为什么我们通常把他们的做法称为"食品加工"，而不叫烹饪的缘故）。与自己烹煮食物相比，工业化烹制中不仅添加了过多的糖，还大量使用我们的食品储藏柜中很少有的化学添加剂。
>
> ——迈克尔·波伦（Michael Pollan）[1]

今天我们谁都不会怀疑，吃过多的糖对我们的健康是十分有害的，其实有人一直对糖心存疑虑，尽管他们的观点不怎么受人欢迎。17 世纪末社会上不少人第一次上瘾似的大量食用白糖，从那时起，糖会诱发疾病而不能治疗疾病的观点就开始引起人们的注意。17 世纪 40 年代，内科医生托马斯·威利斯（Thomas Willis）描述糖尿病时把它起名为 diabetes mellitus（译者注：现在中文的"糖尿病"对应的英语为 *diabetes*）。"mellitus"意为"蜂蜜"，因为他指出患者的尿液有像蜂蜜一样的甜味，[2] 不过，直到 18 世纪，糖才被证明是造成尿液带有甜味的元凶。[3] H.P. 西姆斯沃思（H.P.Himsworth）也是到了 20 世纪 30 年代才分清了两种不同类型的糖尿病——1 型糖尿病是因为胰岛素的"缺失"引起的；2 型糖尿病是机体对胰岛素"不敏感"引起的，与日常饮食有关。[4]

18 世纪初叶，丹麦内科医生史蒂文·布兰卡特（Steven Blankaart）公开表示，不宜食用过甜的食品和添加了糖的饮料，并质疑在药品配制的过程中滥用食糖的现象。其他人也据理证明糖是有害健康，而不是有益于健康的。与布兰卡特同时代的克里斯托弗·施罗尔（Christopher Schroer）也赞同说："所有甜的东西能产生有刺激性的酸性体液，这种体液会慢慢引发数不清的疾病。"他还指出，如果糖和饮食中的脂肪相结合，情况就会更加危险。[5] 糖也被认为是诱发各种疾病——糖尿病、多动症、低血糖和渴求（译者注：渴求是一种内在的对瘾源强烈的欲念，需要更多的致瘾源才可以满足。渴求具有本能的驱策力，对过去的致瘾源所引起的欣快感存有记忆）的原因。托马斯·威利斯医生认为毫无营养的糖是"造成坏血病普遍存在的一个原因"。然而，许多毫无根据的联想也随之出现了，包括糖会引起腺鼠疫、犯罪行为，会使头发脱落、长出雀斑和患寄生虫病等。[6] 糖甚至被指责是引起疱疹和痤疮的元凶。[7]

糖有害健康的观念持续了几个世纪，但最终却被一个更不容忽视的、围绕当初使用奴隶劳工生产糖的道德辩论盖过了风头。[8] 只是进入到 20 世纪和 21 世纪，我们才看到一股强大的推动力，它不仅要求我们更好地理解糖和健康之间的关系，还要求我们查明当初围绕糖到底出现了什么问题才把我们引上了这条路。大家知道了糖与肥胖症和糖尿病的关联后，糖就有了一个坏名声。现在有两拨人展开了角逐，一拨人宣称自己占据了道德高地，要求大家都来关注自己的糖摄入量；另一拨人是食品生产商，他们希望大家继续享用他们生产的高糖食品。"大糖"时代不希望让帮倒忙的人影响他们的行业。

一旦确认糖是引起肥胖症的一个关键因素之后，人工甜味剂就开始大受欢迎，其中最著名可能也是最臭名昭著的例子就是阿斯巴甜（aspartame）（译者注：阿斯巴甜是一种比蔗糖甜 200 倍的甜味剂）和糖精（saccharin）。这些化学品比糖要甜上许多倍，因此只需添加一丁点儿即可。添加量如此之少，因此对于添加了这些化学品的食品来说，根本没有增加什么显著的营养价值。一开始，它们并不是用来吸引社会上那些关心热量摄入的人群注意的，只是在国会终止了美国在19世纪70年代长期实行的食糖配给制后，作为苏打汽水中糖的廉价替代品而已。尽管它被随意用于制作起泡饮料、咖啡和茶，许多人对这些实验室制造的好得让人难以置信的人工甜味剂还是持怀疑态度。过了一段时间，人们就开始质疑它们与癌症之间的关联了。[9] 然而，这些关联似乎只是在大量食用后才在生物学和统计学上显示出其重要性，所以生产商坚持认为，他们的产品经过了严格的检测，是绝对安全的。[10] 尽管如此，许多人坚持认为食用任何人工合成的食品本身就不利于健康，苏打汽水和谷类产品制造商正是利用这一点为自身的利益服务，得意地宣称糖是一种全天然的产品。很多人觉得他们说得有道理，所以食品科学家正考虑鉴定一下"天然"的甜味剂，其中最著名的就是甜菊植物的萃取物。[11]

更让人感兴趣的是，有数据显示肥胖症、心脏病、糖尿病与饮用减肥软饮料之间存在正相关。[12] 这种关联之所以耐人寻味并不是因为人造甜味剂热量高或者会引发这些疾病，而是因为这一实际存在的关联揭示了许多关于人类行为的情况。大部分特别喜欢喝加糖饮料的人往往也爱吃高热量食物，所以为了减少能量摄入，有些人改喝减肥软饮料，但却没有调整其他方面的饮食习惯。这种饮食方式只能减缓体重增加的速度，不能从根本上减轻体重。从严格的对照研究中收集的数据来看，某些体重减轻的情况确实存在，不过只有控制热量的摄入再辅以运动，体重才会明显减轻。我们对饮食习惯所做的改变需要更剧烈一些，而不是仅仅将可口可乐换成零度可乐（Coke Zero）（译者注：零度可乐是一种新型低热量可乐，也译作零卡可乐）就完事了。[13]

苏打汽水公司在说服消费者集体改用饮料替代品时所遇到的两个主要问题是产品的"口感"和"女性化"问题。尽管他们满意地发现极少量的人造甜味剂可以替代大量的糖或玉米糖浆，但这种替换的结果就是这种饮料的糖浆味道和黏稠度比全糖饮料低很多。实际上，缺少了糖浆和黏稠度对人们的体验感影响非常大，它远比添加了人造甜味剂的高甜口感饮料更让人情绪低落。[14] 产品"女性化"问题的出现是因为减肥饮料，特别是 1983 年推出的减肥可乐被宣传为直接针对关注个人体重的女性消费者的。可口可乐公司意识到如果他们要大规模地转向低热量饮料，就需要一种无性别倾向的饮料，甚至略带一点大男子气概的饮料，这样男人就不会感觉他们受到了伤害。于是可口可乐公司于 2006 年将零度可乐推向市场，这一新款可乐对配方进行了更新，味道更接近传统可口可乐。[15]

在控制热量的日常饮食中，消费者存在的问题是大部分人不会、不愿意也无法去计算他们消耗的热量或糖的克数。为了更好地解决这个问题，在过去的几十年里，食品行业一直在执行政府和非政府组织带头提出的一些新方案，以帮助消费者在超市匆忙选购商品时做出更理智的判断。第一项方案于 20 世纪 60 年代引入欧洲，即在食品的外包装上要列出产品成分表，将产品中各种成分依照含量由多到少依次标示出来。[16] 现在，消费者可以直接对不同产品进行比较，结果发现许多产品最大的构成要素之一就是糖。但是，食品生产商很快就找到了其他方法，使其产品的含糖量看上去比实际含糖量要少，这就引发了食品生产商和政府之间关于外包装信息的"军备竞赛"。在这种情况下，食品生产商的应对措施是给各种不同的糖起不同的名字：麦芽糊精（maltodextrin）（译者注：麦芽糊精是一种食品添加剂）、玉米糖浆和不完全转化的葡萄糖浆等都出现了，这让糖在成分表中被分散，这样它就不会显眼地排在第一位了。到了 2018 年，糖在食品成分表中使用的名字至少有 56 个。[17]

20 世纪 70 年代出现了大家熟悉的营养信息盒，它不是按食品成分而是按营养素来划分，即每 100 克食品中所含的糖、脂肪和热量等，对食品的营养成分给出了一个更客观的概述。[18] 这让许多人难以理解，因为谁也不会以每份 100 克的标准来吃东西：英国与美国一样，仍然是一个以磅和盎司作为重量单位的国家。100 克到底是多还是少？用"百"来谈论任何东西听起来都很多。为了让信息更具说服力，食品生产商又额外增加了一栏，用典型的一份或一客来显示数量，后来一份或一客中还包括了每人每天的建议摄入量。这样做好是好，但问题是匆匆忙忙的购买者根本不会仔细去看食品包装袋上的这些数据，所以尽管信息在那里，但不会被立刻发现，尤其是这些信息没有放在显眼的位置，而是附在盒子的背面、侧面，或是干脆隐藏在塑料外包装的封盖后面。

为了更方便快捷地选择健康食品，这一营养信息被移到了包装盒的正面，并显示为消费者推荐每天建议摄入的食物中糖、盐等营养物所含的热量信息。2006 年英国食品标准局建议将此扩展成"交通信号灯标签"系统（译者注：该系统根据营养价值将食品分为三类，并用红、黄、绿三色标签加以区分，帮助消费者做出更有益于健康的选择。例如，不利于健康的食品必须贴上红色标签，警示消费者适度食用），这样一来，不健康且含糖量高的食品应该很容易被发现。但生产商提供的营养数据经常以极小的食品份额为标准，这种离谱的小份额与人们真正的摄入量相差十万八千里。举例来说，家乐氏的谷类早餐香脆麦米片一直宣称是健康食品，它所谓的"健康"是因为脂肪含量低，但实际上麦米片中却添加了大剂量的糖。家乐氏公司是以非常不切实际的极小份额来核算其营养信息的，所以当人们将这一小份里的含糖量与自己实际消耗的香脆麦米片一比较，就会发现他们实际摄入的糖比当初如果选择吃甜甜圈（Krispy Kreme doughnut）摄入的糖还要多。食品生产商用这种"每份含量"来钻空子，其结果

2006 年以来，食品的营养信息采用"交通信号灯标签"系统来描述。这样一份巧克力的含糖量很高，占成人每日建议摄入量的 11%。请注意，这里标注的一份仅仅是三小块，要把整包巧克力都吃完的话，摄入的糖相当于成人每日建议摄入量的 104%。（尼尔·巴特利）

只能说明立法很不成功：英国的制餐销售量不降反升，其对"自我控制力很差的人"是否有效还"有待观察"。[19]

食品生产商成功维持他们生产的甜食中高含糖量的另一种方法是引入"无蔗糖"的标签。这听起来非常具有吸引力，不添加精制白糖的食品竟然自己就能变甜了！然而，真相是他们在生产中使用了大量含糖的食品原料，如浓缩苹果汁或葡萄汁。结果食品中的含糖量很高，但在食品成分表中却没有出现糖的身影。其实，即使是"非浓缩"的新鲜苹果汁中也含有大量的糖，所以从饮用苏打汽水转向饮用果汁对任何人都没有好处（当然，它们的确含有一系列的维生素和矿物质），因为糖的消耗量依然很大。怎么会出现这种情况呢？原来，当我们喝果汁时，其实并没有摄入水果中的粗纤维，只有在吃水果时我们才会摄入其中的粗纤维。6 个大橘子只能榨出 500 毫升的橘子汁，这一数量的水果中含有超过 100 克的糖，也就是说，以容量计算的话，这是一份含有 20% 糖的溶液。然而，如果你坐下来吃 6 个大橘子试试，你很快就会发现自己根本吃不完，自然也不可能消耗那么多糖。"自然界中没有只富含果糖却没有纤维的水果。"[20] 我们也许不会这样考虑问题，虽然果汁是一种加工过程非常简单的饮品，你在家也可以制作，但它却告诉我们，加工是如何彻底改变食品营养的。

2016 年，英国推出了"减少食糖摄入计划"，其目的是在 2020 年之前大幅减少儿童的食糖摄入量。政府期望各公司能按比例或以每份含量的方式减少其产品的含糖量，并给他们留出充足的时间以调整各自的加工方式，期望能在 2018 年之前大大降低产品中的含糖量。[21] 食品巨头雀巢公司想在这项重要的活动中展现一种大力支持并积极主动参与的姿态，于是立即生产出一种低糖产品，将含糖量减少了 30%，以替代受孩子喜爱的雀巢牛奶棒。吉百利和亨氏（Heinz）等公司也纷纷跟进。

一年后这项活动取得了巨大的进展。酸奶和谷类早餐这类用糖大户，产品的含糖量分别减少了 10.3% 和 8.5%。然而，生产商很快就意识到，只要玩一下老把戏就行。于是，他们便采取削减牛奶棒的大小、缩小食品盒的尺寸，或者用减少每份的量来"减少"含糖量。所以，曾经被认为是一份的巧克力块现在变小了，如果有人仔细看一下包装纸上的小字，就会发现过去的一份相当于现在的两三份了。如果消费者一口就能吃掉一块巧克力，那产品就是针对他们的。2007 年（译者注：原文如此，似应 2017 年），有关部门对食品生产商的推广活动进行了一次重大的干预，禁止在儿童电视节目中出现高糖和高热量的垃圾食品。许多公司便采取新的对策来回应。苏打汽水公司把生产的易拉罐容量变小；美国桂格燕麦公司甚至将他们的产品名"Sugar Puffs"（糖泡芙）中的"sugar"（糖）去掉了，重新命名为"Honey Monster"（蜂蜜怪兽），试图显示它是一种更有益于健康的食品。

有的公司试图对消费者做出一定的让步。2014 年，可口可乐公司宣布推出一款低糖的替代产品——名为"Coke Life"的绿色包装可乐，以证明自己引领潮流。这种新款饮料比普通可乐的含糖量少了 35%，并以"天然"的甜菊糖作为甜味剂，但即使有强大的广告推介，还有华丽的绿色罐头作为外包装，截至 2016 年它的"辉煌日子"也快要到头了。[22] 雀巢公司的低糖牛奶棒也遭受了同样的命运。如果给普通消费者一个选择的话，他们似乎并不需要一个不彻底的折中办法。在其 2018 年至 2019 年的年度审计中，英国公共卫生局发现糖的消耗量确实下降了，不过仅仅下降了让人扫兴的 0.1%。

在开展减少食糖摄入活动的同时，英国政府宣布了"解决儿童肥胖问题的一项关键的重大措施"，这就是遭人唾骂的糖税。他们要对添加了糖的软饮料课税，就像对酒和烟草课税一样。每 100 毫升含糖 8 克或 8 克以上的饮料，每升将多花 24 便士。每 100 毫升含糖在 5 克到 8 克之间的饮料，每升将多花 18 便士。[23] 然而，这一课税的结果却是"出乎意料的成功"，导致软饮料的糖消耗量下降了 30%。[24]

***

　　既然已经充分证明糖对健康没有好处，消费者吃糖没有好处，食品生产商把甜食搞成这么廉价诱人也没有好处，那么，你也许会认为很难再出现高糖食品了。然而，所有这些食品今天依然能买到，而且价格依然很便宜。高糖盐烤豆罐头、500 毫升一瓶的可口可乐和吉百利含糖牛奶巧克力（根据其外包装上所示，这些食品的分量都大于一份的量）都没有从超市的货架上消失，这是为什么呢？因为我们仍然想吃想喝这些东西，尽管我们可以在智能手机 App 中输入这些食品，算一算我们究竟摄入了多少糖。很明显，是我们自己控制不住自己。

　　如果打算将糖的摄入量降低到一个比较健康的水平，唯一的办法是从超市和街边商店买来食物后，改变食物的烹饪方法和食用方式。如果我们真的想抛弃糖，我们就需要抛弃工业化生产的精制食品，即抛弃那些缺少纤维、缺少麸皮的食品，最重要的是抛弃那些已经完全没有以往特色味道的食品，[25] 因为这些食品提供给我们的是"空热量"（empty calories）（译者注：空热量指含有高热量，却只含少量或缺乏基本维生素、矿物质和蛋白质。加工食品与快餐都属于空热量食品），也许还提供了少量后加入的维生素和矿物质。如果一开始就用热量较低的天然食物进行烹饪，那么食物提供给你的就是一系列营养素，需要你的身体下工夫去消化它们。我们现在就需要这样做，因为世界人口的命运正踩在刀刃上摇摆不定，前途难料。眼下，由于糖的暗黑历史延伸至今天，我们必须要来判定一下糖的后遗症究竟有多严重。

第十四章　后遗症

在过去五十年里，典型的英国膳食已经发生了变化，从一开始的一份肉和两份蔬菜，逐渐转变为汉堡包、可口可乐和炸薯条，以及黏糊糊的辣味鸡。

——卡罗琳·斯蒂尔[1]

谁会想到从差不多一千年前糖第一次小批量从中世纪波斯的伊斯兰帝国传入欧洲以来，它会使世界上三分之二的人口患上肥胖症；[2]谁又会想到糖竟然会让众多的人患上糖尿病而步履蹒跚，行动困难；谁还会想到又是糖让世上无数人患上牙龈病，满口龋齿窝洞，痛苦不堪。早期自然环境中甜味物质非常稀缺，被高度重视，需要我们花大工夫才能得到它。我们的基因已经在那样的环境中受到磨炼，经历了优选。现在，我们所处的世界甜味食品源源不断，永不枯竭，可以不受限制地挑选，而且价格非常便宜。但不幸的是，我们的基因对此并不了解。我们控制不住自己，总是想吃甜食，而且情况继续向更糟糕的方向发展：2017 年，英国为儿童和青少年实施的拔除蛀牙手术就达到 4.3 万台，仅五年的时间就增长了 20%。[3]即使没有拔牙的孩子，嘴里也长满了蛀牙，有龋齿窝洞的孩子平均有三四颗是病牙。几百年来，在对糖消费的管理和控制没有多大改善的情况下，牙科手术的水平还是有所提高，但即使今天我们可以从世界各地的医疗系统中享受终身护理，口腔卫生问题还是极为普遍。从 2011 年至 2014 年，英格兰有近 2.6 万名年龄在 5 岁至 9 岁的孩子被送进医院，"在全麻的状态下进行拔牙"。⁴ 近几年来情况虽略有改善，但由于在预加工食品中普遍滥添加糖，蛀牙问题变得越来越棘手。不仅巧克力、起泡饮料、饼干等食品的含糖量明显偏高，而且糖也潜伏在人们想象不到的食品中，如意大利面酱、辣味酱和烧烤肋排等。只有当我们完全抛弃了添加的糖，才能告别这一公共健康的噩梦。但是要记住，我们与糖的狂欢已有五百年的历史，不是说抛弃就能抛弃的。

而且，不同社会经济背景下的儿童，他们的口腔问题是有明显差别的，"最贫穷地区儿童蛀牙的发生率是富裕地区儿童的 2 倍还多"。⁵ 当然，同样的差异也存在于成人之间。这种不均衡的情况在肥胖症和糖尿病领域同样存在。

近来，人们的注意力又回到了对垃圾食品的广告宣传和推销活动上。2019 年，麦当劳长期经营的针对成人和青少年的垄断推销活动受到了猛烈批判，因为他们不知羞耻地推销其高热量的食品，还在电视、公交车、大型广告牌和社交媒体上大肆宣传。其背后的想法很简单：鼓励就餐者收集匹配的礼券去赢得大奖，而消费者只要购买麦当劳的食品就能获得礼券。前工党副党魁汤姆·沃森（Tom Watson）谈到此事时说："麦当劳的'垄断'推销活动是一种丑陋的营销花招，它以含糖量高的甜食作为奖品，鼓励民众食用越来越多的垃圾食品，严重危及了公众的健康。"⁶ 他还在 2019 年 3 月对麦当劳的一封公开信中进一步指出：

> 这一推销活动旨在操纵众多家庭更加频繁地去购买大份的垃圾食品，让他们揣着十分渺茫的希望——赢得一次度假机会、一辆车或一笔现金奖，否则只有拼命工作后才能负担得起，这种情况是让人不能接受的……商家对其消费者负有道德责任，而且作为一个社会团体，有责任保护儿童的健康……我要求你们立即重新考虑这一策略，麦当劳必须停

止为一己之私而不择手段利用民众的做法，停止将利润置于公众健康之上。我敦促你们取消这一促销活动。[7]

英国政府计划在晚上9点前（译者注：晚上9点是英国儿童不宜节目的开播时间）禁止播放多糖和高热量食品的广告，因为他们发现已播放的电视节目中有三分之二不是供孩子看的节目而是供家长看的。据曝光的情况来看，由于许多食品和饮料公司都是残酷无情的经销商，他们见利忘义，时刻都在坑骗已经对他们的产品上瘾的民众，所以糖始终沿着"烟草化"的轨道向前发展。世界卫生组织建议，我们饮食中糖的比例不能超过10%，如果最终要达到这个定量要求的话，任何新立的法规要真正有效才行。但是，彻底抛弃垃圾食品行得通吗？可能行不通吧，因为糖有一个优势是烟草所不具备的，那就是它在我们心中的地位：我们都有充满玫瑰色彩的浪漫回忆——卖甜食的小店、小餐馆里的冰淇淋饮料、插满蜡烛的生日蛋糕，还有奶奶亲手制作的象征好运、盖满软质奶油冰淇淋的胖墩墩的布丁等。没人会回忆有关 Richmond' superkings （译者注：Richmond' superkings 是帝国烟草公司旗下的著名品牌）和万宝路香烟的往事。实际上，像"英国家庭烘焙大赛"这样的电视节目之所以能成功，靠的就是我们这种朦胧的怀旧情绪。在新冠病毒流行、行动受限制的几个月里，我们花费比以往任何时候都多的时间焙烤食品，至少我们中有些人会去查看一下制作一个简单的海绵蛋糕需要添加多少糖，吃的时候也会只切一小片品尝，或者干脆少做一些这样的甜品。

不过，我们不要因此而欺骗自己，因为我们身处的世界里还有大量嗜糖如命的人。有人会毫不犹豫地指出，从严格意义上说，糖并不是毒品，并且举出了两个理由：第一，它是一种基础的食品原料，没有它我们就活不了；第二，它不像毒品那样会直接渗入并影响人的神经系统。但事情并不像他们说的这么简单，因为吃糖的时候，我们体内能察觉到它，大脑会"强烈地释放类鸦片活性肽"，由此可见糖是一种"毒品"替代物。很少有人怀疑糖会像毒品一样影响人的行为，但它肯定能让我们表现得像瘾君子，出现诸如"无节制的寻欢作乐、渴望、容忍和冷漠"等现象，这都是非常普遍的。注意力缺失多动症（ADHD）也和吃糖有很大的关系，已经有人提出假设，认为多动症是戒掉糖瘾的一种表现。[8]

医治因吃糖而诱发的疾病会让我们的医疗体制陷入困境，会耗费掉令人难以置信的资金。2014 年至 2015 年，英国仅在肥胖症和糖尿病上就让国民保健制度分别耗资 61 亿和 88 亿英镑。[9] 在美国超过 20% 的医疗费用都用于治疗肥胖症以及与之相关的并发症。2012 年，美国医疗费用的总支出为 1902 亿美元，其中有 140 亿是用于治疗儿童肥胖症的。[10]

在这个过程中也取得了一些成功，如对糖课税。遗憾的是，某些食品和饮料生产商认为政府对糖课税虽然成功，但有些过头，担心他们的命运可能会走向衰落，尤其是可口可乐公司。为了解决这一难题，他们把重心转向发展中国家。2016 年，当时可口可乐公司的首席执行官穆泰康·肯特（Muhtar Kent）说："过去的十年，我们在非洲的投资总额为 55 亿美元，这个十年我们已经确定将投资约 170 亿美元。"其他公司如百事可乐也正试图紧紧抓住这个利润丰厚的非洲市场。可口可乐公司的做法与当年他们在美国和西方世界其他地区迅速拓展时所采取的办法完全一致：开设制瓶工厂，鼓励当地销售人员从事又苦又累的跑腿活。截至 2016 年，他们在非洲各地已开设了 145 家制瓶厂，雇用工人超过7 万人。[11]

全球糖尿病发病中心也开始从西方转移，现在患病人数增长最高的国家是印度和中国，尤其是在城市地区，那里患 2 型糖尿病的成年人比例已经接近20%。[12] 问题出在哪里呢？主要原因是人们对加工精制食品和对加糖软饮料尤其是起泡饮料的摄入量不断增加，不过似乎基因也在起作用，这么一说就使问题复杂化了。例如，亚裔人比高加索人更易患糖尿病，亚洲妇女也更易患妊娠期糖尿病，这样一来，又极大地增加了她们的孩子患 2 型糖尿病的风险。[13] 看来软饮料已经进入了主宰世界的第二阶段。

糖也给这个星球的健康留下了永久的影响，对地球造成了深远和持久的伤害。2020 年糖业报告将当前的情况描述得很清楚："甘蔗的种植对环境的影响是有害的，如空气污染、人工收割前放火烧甘蔗田而引起温室气体的排放，以及甘蔗种植的过度灌溉和农业径流导致的水资源紧张。大约 30% 的甘蔗生产集中在水源高度或极端紧缺的区域，农业径流加上过度使用化肥和杀虫剂已经使水体发生了污染。"[14]

世界野生动植物基金会认为，"与其他农作物相比，糖对世界生物多样性的丧失要负更大的责任"。[15] 自从食糖交易扩展到加那利群岛和马德拉群岛，继而又扩展到美洲以来，森林遭到了严重破坏，首先是木材被送到锅炉房充当燃料，其次是要为甘蔗种植腾出土地。当英格兰的制糖产业发展到"新高度"时，他们便以更快的速度清林垦荒。到了 1650 年，巴巴多斯的原始森林几乎全部遭到毁坏。糖业生产扩展到其他岛屿意味着在一百年的时间里牙买加、瓜德罗普岛、圣多明各和阿根廷已失去了他们大部分的森林资源。整齐划一、有条有理的甘蔗田取代了表面杂乱无章、万物恶性生长的大自然，减少了生物的多样性，使土壤更易被侵蚀，树木和下木层（译者注：下木层指上层林冠下的林木）也不再为土壤提供结构、强度和快速还原能力。随着森林的逐渐退去，当地居民越来越暴露在危险之中，最终在受剥削压榨中劳累而死。远在非洲大规模的奴隶贸易之前，从 15 世纪 90 年代至 16 世纪 40 年代已有 200 万当地人死亡。[16]

广泛使用化学除虫剂对种植园所遗留下的天然动物群产生了毁灭性的影响，对周围的水生动物栖息地的影响更大。甘蔗田的化学沥出液导致河流湖泊广泛的水体富营养化，蓝绿水藻这样的物种大量繁殖，耗尽了溶解在水里的氧，还阻挡阳光使其无法照射在其他植物上。[17] 从澳大利亚昆士兰州的甘蔗田流出的化学沥出液中有不少于 4 种的"光合抑制杀虫剂"，这是多种化学物质的混合物，能快速杀死珊瑚的共生藻类。一旦这些微小植物都消失了，食物链的其他

印度獴被引入西印度群岛的几个岛屿上，以捕捉吞啃甘蔗根部的老鼠。但这一方案只在其中一个岛上获得成功。印度獴是岛上几个物种灭绝的罪魁祸首。

部分也就消失了，这个水生社会就会从底层开始逐渐往上进入死亡期，在其身后留下一片幽灵般的水下沙漠。[18]

　　生物控制虫害对甘蔗田周围动植物的生活环境也有破坏性的影响。老鼠不仅会传播疾病，还会毁坏甘蔗，所以在西印度群岛和夏威夷的甘蔗田里引入了印度獴以控制老鼠的数量。印度獴是在19世纪70年代开始引进的，加勒比海群岛上的数量非常多，它们贪婪地吞噬老鼠。但不幸的是，各种爬行动物和地面巢居的鸟类同样也成了印度獴的美味佳肴（居民家禽栏里养的家禽也成了它们的腹中餐），甚至在对印度獴经过长达十年的捕杀和毒杀后，它们的数量依然很多，并且还在肆无忌惮地吞食着当地脆弱的物种。印度獴在牙买加确实消灭了全部的老鼠，但如今它们在海鸟筑巢期间吃掉了大量的海鸟蛋，海鸟只能选择避开该岛，到别处孵卵繁殖。[19]尽管引进印度獴产生了意想不到的破坏性结果，

20 世纪 30 年代引入澳大利亚和夏威夷进行虫害管理的蔗蟾蜍多半都没有遇上其预期的受害者——甘蔗甲壳虫。到了 2017 年，澳大利亚野外大约有 15 亿只蔗蟾蜍。（帕特里克·海斯贝斯）

但不知为什么，人们还是认为 20 世纪 30 年代澳大利亚和夏威夷分别引进蔗蟾蜍进行虫害管理是一种好办法。引进蔗蟾蜍是为了控制一种叫作甘蔗甲壳虫的害虫。这种甲壳虫如果不加遏制任其繁殖的话，会啃噬甘蔗的根茎部，严重破坏整个作物。这场灾难逐步向三个方向发展：首先，大蟾蜍过于笨重，不会向上爬，也不会蹦起来去捕捉栖息在甘蔗高处的甲壳虫及其幼虫；其次，蟾蜍的毒性很强，从澳洲野犬到袋鼠，从猫到蜜蜂，各种动物都会被它毒死；[20] 最后，蟾蜍在新的环境里没有天敌，所以其繁殖率惊人。截至 2017 年，澳大利亚野外大约有 15 亿只蔗蟾蜍。[21]

糖甚至能阻碍动植物栖息地的改善。从 19 世纪末起，美国佛罗里达大沼泽地国家公园就对园区的水系进行改道，这样沼泽地就能转化为农田。由于排水过于彻底，淡水不再与咸水在下游汇合，结果水变得过咸，这些含盐的水杀死了最基础的植物种——大叶藻，它是一系列渔业资源的饵料和庇护场所。没有了这一资源，蝙蝠鱼便找不到食物，继而生活在咸水和淡水水域中的涉禽和其他水禽自然也无法觅到食物，大型鱼类也会出现食物匮乏的情况。

为了防止生物种类锐减，必须采取一定的措施。那就是在这片区域的北部修建水库，这样就能灌溉大沼泽地国家公园南部的大片土地，至少在某种程度上能使动植物的栖息地得以恢复。拟建水库的那片最理想的土地为政府所有，这本应是这项工程的一大优势，但这片土地已经租赁给美国大糖公司——佛罗里达晶体。2015 年在一片抗议声中，该公司的游说人员成功说服了佛罗里达水资源委员会，确保佛罗里达晶体的租赁期得以延长。[22] 但在随后的 2019 年，这种公司控制政府的局面开始出现了裂痕，当时共和党州长罗恩·德桑蒂斯（Ron Desantis）开始挽回损失，决定水库工程将于 2024 年开工。当然他遭到了强烈的抵抗，但他表达的信息很明确——是糖阻止了我们对佛罗里达大沼泽地国家公园的拯救工作。德桑蒂斯断然拒绝接受各糖业公司提供的资金援助。他的影响力是深远的：特朗普总统于 2019 年 10 月签署了《水利基础设施法》，法案中有一项条款就是为那些水库提供资金援助。然而，就在第二个月，在一片"义愤填膺的抗议声中"，佛罗里达水资源委员会匆忙通过了一项动议，将佛罗里达晶体公司的租赁期再延长八年。但该动议的合法性受到了质疑，因为没有公开宣布举行听证会。毫无疑问，有关部门会对佛罗里达晶体公司进行处罚，但这种罚款对他们来说不过是九牛一毛。[23] "大糖"时代对这个星球的掠夺还没有结束。

现代制糖业还在继续剥削工人，至今人们依然认为该行业在历史上一贯践踏劳工权益。2019 年国际持续发展研究所在其报告中列举了几件"有文献记录的强迫劳动和雇用童工的事件"，并评论说，种植园和碾磨坊的职业健康和职工安全问题依然普遍存在，即使某些大规模的制糖国，如巴西也是如此。[24] 从总体上看，巴西在保护劳动者权益方面表现得尤其恶劣，因而臭名远扬。但即使这样，当慈善组织将工人从非法严苛的劳动管理体制中解放出来时，发现 50% 的劳工都来自甘蔗种植园。这些人可能并不是奴隶，但是种植园园主把他们当奴隶使唤，不仅工作环境"有辱人的尊严"，其中还存在一个"非常重要的不自由因素"。[25]墨西哥的制糖劳工往往四十多岁就死于因长期脱水而引发的肾衰竭。如果按这些标准，我们必须把 20 世纪八九十年代佛罗里达和多米尼加共和国的劳工也算进去，他们也有同样的遭遇。

多米尼加共和国是美国的一个附庸国，与海地共享一个岛屿。美国于 1916 年占领多米尼加共和国后便立即开始种植甘蔗，他们不是从国内征召劳动力，而是雇用英属西印度群岛的劳动力。20 世纪 30 年代，该国还在独裁者拉斐尔·特鲁希略（Rafael Trujillo）的统治下从邻国海地购买劳工，基本上就是新形式的奴隶贸易，情况一直延续至今。海地人只允许在甘蔗田干体力活，这种工作能把人累得半死，海地劳工还得大量使用化肥和杀虫剂。"我已经为这个公司工作四十五年了。"一位工人说，"种甘蔗、收割甘蔗、搬运甘蔗都是我做，然后还得往甘蔗上喷洒杀虫剂。这对我来说实在太难熬了，我的腿和手严重受伤，膝盖肿胀，已经无法正常工作了。我已经老了，70 岁了，真是倒霉透顶了！"[26]他们看不到希望，也没有与外界交流的窗口，生活在脏乱龌龊的村子里，四周是一望无际的甘蔗田，如同小岛被浩瀚的海洋包围一样。这里的生活也"没有自由"，但是种植园园主保证不会像残酷使用奴隶一样使用这些劳工，这样劳工就不会在短期内死亡。相反，种植园园主学会了减轻劳工的劳动负担，这样一来劳动时间就延长了，劳工们就在这种无聊乏味的工作中受着煎熬，硬撑着干一辈子，直到两眼一闭两腿一蹬为止。更糟糕的是，因为海地人是外国人，没有官方合法的证明，到时候连养老金也没有。他们无处栖身，无事可做，没有任何东西可以证明他们一辈子的辛苦经历。他们没有个人财产，手头没有一点儿备用的钱，他们拥有的只是自己残缺衰老的身躯。[27]这种情况一直延续着：被哄骗到现代的种植园里干活的大多是无力自保的人，通常是外来的移民劳工，异国身份让他们陷入困境无法自拔。但其中也偶尔会有当地的居民，他们因贫穷才沦落到了这个鬼地方。

这一遗留下来的剥削压榨的问题发端于奴隶劳工的使用。在美国，随着奴隶的解放，诞生了美国宪法第十三条修正案。从 1865 年起，黑人不能再成为个人财产了：

第一款　美国国内或者任何属美国管辖的地方不应该存在奴隶制和强制劳役，除非作为对被告方在充分证明犯罪后的一种惩罚手段。

第二款　国会有权通过恰当的立法强制实施上述条款。

但是，严重的不平等依然存在，而且变得根深蒂固，随之而来的是黑人缺乏机会，并普遍遭受暴力和虐待。20 世纪 60 年代的民权运动为他们带来了些许的希望，希望这个社会进步，希望社会更公平、更平等，也希望黑人能得到社会的包容。[28] 但是，现实并非如此。在美国，针对黑人的暴力仍在继续。1968 年理查德·尼克松（Richard Nixon）的大选活动让这一情况更加恶化，因为他们不认为解决美国黑人受迫害的问题是一场对种族主义的宣战，而认为是一场"向毒品的宣战"。尼克松的助理约翰·埃利希曼（John Ehrlichman）2016 年向记者承认：

1968 年尼克松的竞选运动以及随后的尼克松政府面临着两个敌人：反战左翼和黑人。你明白我说的意思吗？我们知道，不能让反战运动和反黑人运动非法化，但是只要让公众将嬉皮士和大麻联系起来，将黑人和海洛因联系起来，我们就可以重重地将两者定罪，捣毁他们的社会。我们可以逮捕他们的头目，袭击他们的家，驱散他们的集会，每天晚上在晚间新闻中连篇累牍地诋毁他们。难道我们不知道我们在毒品问题上撒了谎吗？我们当然知道了。

由于事态的发展受到未来的共和党候选人罗纳德·里根（Ronald Reagan）和老布什（George Bush Senior）的操纵，"向毒品宣战"慢慢演变成"向犯罪活动宣战"。这一政策有效地瓦解了黑人运动，并让美国白人民众继续保持对黑人的恐惧。这一恐惧可以追溯到甘蔗种植园时期，当时白人奴隶主的人数不如黑人奴隶的人数多，所以对黑人产生了恐惧心理。他们认为这种恐惧证明他们虐待奴隶是不无道理的。警察和公众向黑人施暴，结果自己却遭到反噬：黑人怂恿暴力犯罪，白人却成了无辜的受害者。当一名记者问黑人人权活动家安吉拉·戴维斯（Angela Davis）她是否参与了这场暴力时，她回避了问题，并狠狠地挫了这位记者的锐气，她认为记者的提问认定了这场暴力活动就是由黑人挑起来的：

> 我忘不了炸弹的爆炸声和房屋震动的声音。我记得我的父亲被迫随时都得拿着枪，因为任何时候我们都会受到袭击。先生，这就是为什么有人问我关于暴力事件的问题时，我会感到不可思议，因为这说明提问的人完全不了解黑人经历了什么，不了解自从在非洲海岸劫持第一个黑人以来，黑人在这个国家经历了什么。

我们不要忘记，为什么大多数黑人会被从非洲劫持过来，根源就在于糖。这届政府的做法和与之相关的警察暴行还在继续，导致过多的黑人被投入了美国监狱。[29]

幸好 21 世纪 20 年代大众传播媒介和智能手机的出现，才让这种现实状况吸引了西方人的注意。今天，民众记录下的证据可以不经警察、各级高官、国家传媒组织和政府官员的剪辑、隐藏和驳回，瞬间发往世界各地。今天，我们可以实时看到在制糖奴隶的后代身上发生了什么事，这些完全不会受到电视和报纸上的政治意图的影响。这就是"黑人的命也是命"（Black Lives Matter）这场黑人人权运动取得胜利的原因，它让人清楚地看到黑人和白人几乎在社会生活的方方面面都存在着明显的差异。公共史学家迈克尔·伍德（Michael Wood）曾说过："这一年（2020 年）在美国（英国也如此）发生的事件表明，尽管我们都翘首期盼，但进步还是姗姗来迟，这最终都是因为奴隶制的后遗症在作祟。"[30] 这就提醒我们（假如我们需要提醒的话），历史上从地中海海滨和大西洋诸岛上规模相对不大的制糖业联合体一直到美洲的奴隶社会，发生过一系列重大事件，我们目前所处的局面正是这些事件的直接结果。

2016 年，在英国政府的眼里，黑人的价值远远低于白人的价值。那一年内务部的行动引发了一场从英国驱逐黑人和其他少数民族的事件，理由是他们非法居住在这个国家，这就是"遣返疾风世代移民"的丑闻。在第二次世界大战后的几年里，英国对英联邦国家的人民表现出极大的兴趣，希望能得到他们的帮助重建自己的国家。英国政府期望绝大多数签约的人是来自澳大利亚和新西兰的白人，因为在他们眼中这两个国家的人在文化上与英国更相近。但是，他们却接收了来自亚洲、非洲和西印度群岛的移民。那些来自西印度群岛的移民都是当初糖业时代奴隶的后裔，这些奴隶在长年的劳作中累折了腰，既没有分文报酬，也得不到外界的承认，但他们的血汗却成就了大英帝国。

尽管这些并不是他们所期望的人，但英国政府还是急不可耐地接纳了这些帝国的臣民。移民的过程制定得非常简单，许多人根本不需要各类证件，毕竟英联邦国家被视为大英帝国的延伸。1948 年"帝国疾风"号客轮（HMT Empire Windrush）停靠英格兰码头，492 名刚从西印度群岛来的移民都急切地想帮助英国重新恢复元气。不料在 2016 年，极具英国特色的官僚主义制度遭到了滥用，内政部向那些"疾风一代"发出信件，宣布如果无法提供证件（就是那些据说当时并不需要的证件）证明他们是合法居民，他们将会被驱逐出境。有人认为，这绝不是一种疏忽，而是对黑人剥削和压榨的一种延续。许多人被驱逐，包括1948 年时还只是孩子的那些人，他们被迫又回到"当初离开的地方"——一个完全陌生、没有其他家庭成员能援助他们的地方。尽管这是一个重大新闻事件，但对遣返的规模却报道得很少。据豪恩·沃德尔（Hound Wardle）和劳拉·奥伯米勒（Laura Obermuller）所说，"在英国的'不善之地'（hostile environment）的移民政策（译者注：遣散"疾风世代"移民的丑闻被公之于众后，引发了少数族群、反对党和媒体的强烈抨击，一个指代政府移民政策的词汇——"不善之地"成了反对派指责政府时使用的高频词）下发生的数千人遭驱逐的事件没有人关注，这是因为被错误政策瞄准的人已经被边缘化，不受保护了"。[31] 所以，我们毫不怀疑，"仍然在美国社会作祟的奴隶制的后遗症"，[32] 实际上在英国也普遍存在。

2020 年英国的"黑人的命也是命"的抗议运动中最有象征性及标志性的也许就是众人将奴隶主爱德华·科尔斯顿（Edward Colston）的雕像推倒后抛进布里斯托尔码头水域的时刻。抗议者纷纷戴上科尔斯顿的面具，装扮成参与那场奴隶贸易的人，以此揭露他们的真面目。"科尔斯顿"事件倒是稍稍有点引领潮流，因为地方议会已经作出安排，准备移除科尔斯顿的雕像，[33] 抗议运动仅仅是加快了这一进程。其他地方的情况就没有这么清晰了，就拿利物浦彭尼巷来说，它是以奴隶贩子詹姆斯·彭尼（James Penny）的名字命名的，但它也与甲壳虫乐队的歌曲同名。利物浦还有几条街道也是用奴隶商人和蔗糖商人的名字命名的。2007 年，当地许多议员认定是时候该给这些街道改名了，但由于甲壳虫乐队的歌曲《彭尼巷》对利物浦的文化和旅游业来说是一种偶像般的存在，具有十分重要的意义，因此这条街道并没有更名。[34] 这似乎是一个见利忘义的决定，但是我们必须考虑到甲壳虫乐队深受早期摇滚乐的影响，而摇滚乐又是非洲裔美国人奴隶文化的延伸。怎样才能两全其美呢？纪念碑可以移除，建筑物可以更名，但这个世界上还有诸多类似彭尼巷的事，它们比其他问题棘手得多，因为它们沉积在历史的各个层面里，承载着极其微妙的含义，我们该怎么处理呢？对策似乎应该是用大英帝国的历史教育英国人，让大家看清楚英国是如何在奴隶制

清除奴隶贩子爱德华·科尔斯顿雕像的纪念碑基座。拍摄于 2020 年的"黑人的命也是命"的抗议运动中奴隶贩子爱德华·科尔斯顿的雕像被扔进布里斯托尔码头水域里的第二天。（凯特琳·霍布）

的基础上建立起来的，是如何依靠制糖发家的。按照这一逻辑继续推演，很多黑人历史就是英国历史，反之亦然。在贩卖黑人奴隶中起关键作用的英国白人，如爱德华·科尔斯顿和詹姆斯·彭尼就应该受到严厉谴责。"黑人的命也是命"的抗议运动帮助英国人和美国人从不同的视角看待历史。有些事件一时让人难以接受，现在自豪中混杂着耻辱，曾经坚守的爱国主义现在正受到质疑。让大家在时间的长河中慢慢地理解这一切吧。英国、美国这样的国家会意识到，以他们国家的名义所做的事并不都是正义的。然而，想要唤醒这样的意识，我们就不能继续自欺欺人地将引起麻烦的历史真相扫到地毯下掩盖起来……

后记　更光明的未来？

随着环境的破坏、普遍的不平等、对工人的剥削和患病人数的增加，糖引起的后遗症确实让人深感忧虑。然而，面对着这一幕幕暗黑的历史我不禁扪心自问：我们是否能从糖的暗黑历史中争取一个光明的未来？

眼下最紧迫的是糖的摄入量的问题。目前 2 型糖尿病的祸患不能不令人担忧，因为这个问题太棘手了。然而，糖引起的负面影响完全可以逆转，只要短短的 24 小时就能证明，禁食 1 天就能逆转这一疾病。[1] 低碳水化合物的饮食也能产生预期效果，但需要的时间要长一些。遗憾的是，一旦人们患上 2 型糖尿病，他们的身体更容易被病毒侵袭，所以需要给患者提供更细心的照料和支持，帮助他们养成正确的生活方式。而正确的生活方式就是不吃加工食品。

那么怎样才能减少糖的摄入呢？我的回答是一定要学会烹饪，因为我就是这样做的。我们急需把遗忘的烹饪技术找回来，这样就不会依赖那些添加了大量糖、香甜又可口的预制食品了。我家有一条规矩：假如想吃蛋糕，就必须自己烘烤。家庭烹饪的食品总是比超市购买的少些食品添加剂和糖。通过烹饪，我们能亲眼看到食物中到底添加了多少糖，继而会更倾向找到一种少糖的烹饪方法。当然，我知道，让所有人从零开始烹制自己的食品也许有点儿不切实际。不过，既然我们有天然且不沾有"实验室制造"污名的甜味剂，我们完全可以放弃糖却不放弃甜味。

如果我们不想为了自己的健康而减少糖的摄入量，也许我们应该为这个星球（再则就是为了居住在地球上所有人的健康）着想而减少糖的消耗量。制糖业对环境的影响是巨大的，糖严重破坏了地球资源，是环境污染、使生物丧失多样性的罪魁祸首。但是，这些负面影响是可以减轻的，甚至可以彻底扭转。现在有越来越多的活动家、非政府组织和小农场主坚定地相信，如果转向有机耕作，糖业就能持续发展。有机生产的作物不使用化肥、杀虫剂和除草剂，[2]这对环境和劳动者都大有裨益，他们在甘蔗田干活就不再会受到慢性毒害。有机种植甘蔗就是恢复传统的庄稼轮作和套种方法，让土地天然且持续地保持肥力。虽然生产效率可能降低了，但损失完全可以弥补，因为不用再花钱购买和储藏危险的农用化学品了。[3]有机农田的径流对野生动植物的伤害也可以大大减轻，过去曾报道过昆士兰州甘蔗田的径流对大堡礁产生的骇人听闻的影响，现在传来了好消息，这种化学沥出物的影响是完全可以逆转的。[4]

糖作为一种重要的生物燃料在可持续发展的环境里声名鹊起。糖发酵后转化为乙醇，可以作为机动车燃料，也可以直接转化为电能。21世纪10年代，巴西50%的“用于轻型交通工具的燃料”是糖发酵后转化成的乙醇。这不仅是可持续的，还会减少对释放出有毒气体和有毒颗粒的化石燃料的依赖。燃烧乙醇产生的仅仅是水蒸气和二氧化碳，后者能通过种植更多的甘蔗（其实种植任何植物品种都行）重新转化为生物质（译者注：生物质即活着或刚死去的动植物的天然腐化物质，用于燃料或工业生产，尤其是发电）。糖发酵后转化成的乙醇在前殖民地国家和发展中国家很受欢迎，使他们能够自给自足，减少对西方大石油公司的依赖。[5]连剩下的甘蔗渣也有了新用途，可以在造纸过程中替代木材。

制糖业向有机耕作方向发展也能促成碳足迹的减少。收割甘蔗前再也不用往甘蔗地里放一把火了，这比通常的蔗糖生产少了一道加工工序。用原始方法生产出的白糖，其碳足迹是有机糖的2倍，而高果糖玉米糖浆的碳足迹更是有机糖的 3 倍。[6] 如阿根廷这样的国家采取有机耕种意味着在"大糖"世界里无法持续的小种植园又可以重新开张了，在更加安全的环境里为当地创造了劳动机会。[7] 当然，有机糖不是什么时候都能买到的，所以作为一种替代品，你可以食用甜菜糖，或者把你的精白糖换成未经提炼的粗糖来减少碳足迹。

部分制糖业也就剥削工人的问题表明了自己的立场，毛里求斯岛在这方面是一个引以为傲的异类。在大英帝国统治时期，有 50 万名印度人被派往地里干活，一旦出现劳动力缺口均由西印度群岛的劳工来补充。同样的剥削和暴力在后来慢慢行不通了，1968 年毛里求斯独立时，各民族都团结起来以合作的方式种植糖料作物。[8] 类似的模式也出现在了印度（甘蔗种植转了一个圈现在又回到了原点），旧的种植园制度遭到否决，一个更公平的制度出现了。这一制度之所以更易推行是因为印度虽然是糖的消费大户，但他们更喜欢使用未经提炼的粗糖来制作甜食，所以与生产雪白的精制糖相关的工业化就不需要了。

"大糖"时代剥削人。它是"一个强大的行业……将巨大的财富和惊人的贫困都编织到烹饪历史的经纬中"[9]。拒绝这一趋势的是"公平贸易运动"（译者注："公平贸易运动"是一种有组织的社会运动，旨在帮助发展中国家的生产者获得更好的贸易条件。"公平贸易运动"的参与者提倡向生产者支付更高的价格，改善发展中国家生产者的社会和环境标准），该运动在减少因糖业生产导致的贫困方面取得了巨大的飞跃。2020 年，他们与 5.5 万余家小农场主合作，确保他们的产品能得到合理的价格，确保他们的劳动力能得到公平的工资。[10] 我们在超市里很容易就能买到标有公平贸易标志的产品，在互联网上也可以搜索到五花八门的产品供你选择。许多公司为能生产公平贸易产品感到自豪，并在他们的产品包装上标明这一情况。如果你特别喜欢的甜食或饮料公司没有声明参与"公平贸易运动"，你完全可以认定他们的贸易是不公平的。

只要有食糖供应的压力，那么在不剥削劳动者的前提下，持续发展的制糖业的前景就可以实现。食品生产商应该减少使用精制糖，如果确实需要，可以添加一些天然的甜味剂。但如果我们不抛弃"大糖"时代，这些是不可能实现的。想要清晰地传达我们的思想，最好的办法是采用废奴主义者的手段：大声疾呼，让民众明白，然后用你的钱包投票，到别处去消费。

需要我们考虑的事情太多了，似乎这是一项不可能完成的任务。我们不一定花时间去研究，摸索出一种未经提炼的有机糖替代品来取代自备午餐盒里的巧克力饼干。在这方面"大糖"时代和超市像是在摆布我们，使我们受制于人而别无选择，因为购物时很难从道德高度来考虑问题。为了让我们在购物时作出更好的选择，超市和食品杂货店需要尽其所能，采购更多严格按照职业道德标准生产的食品。这听起来也许高尚得有些不现实，但真的有不少企业是这样做的。例如，英国曼彻斯特南部一家名为"独角兽"的食品杂货店，他们在"含糖食品上寻求的是一种更透明、更协调一致的立场"，避免采购含有添加糖的食品，如果产品必须加糖的话，也尽量采购少添加糖的产品。从道德层面把关，避免采购深加工产品，挑选"尽可能少加工"的食品。更重要的是，在这个杂货店里你可以放心自由地挑选商品，根本不用留意产品有什么"限制要求"。[11]

不再使用精制糖并不意味着我们只能吃些乏味的食品，我们只需明白不购买精制糖是可以做到的，这样才能让少吃糖成为习惯。那么我们应该怎么做呢？我们需要积极主动，但积极主动并非要对我们的生活方式做出巨大的、无法忍受的改变。只要每月做出一项改变就行：发现一件公平贸易的产品或含糖量少一些的产品；学会一道新菜品的制作方法，不使用高热量酱料；刚想在拿铁里添加调味糖浆时将它换成无糖的替代品；用未经提炼的粗糖烘焙食品（蛋糕和蛋白酥的地位仍在不断上升）。人人都贡献一份小小的力量，聚沙成塔，世界就能改变模样。谁也无法改变糖曾经的暗黑历史，但我们可以努力承担自己的一份职责，给它一个光明的未来！

附录

附录内容在章节中首次出现时，会给出资料来源的完整引文，之后只提供作者姓名及出版日期。

引言

1. Beeton, I. (1861) *The Book of Household Management* p.696 (from facsimile of the original book published by Lightning Source).
2. *A Concise Anglo-Saxon Dictionary*. Available at: https://www.gutenberg.org/files/31543/31543-h/files/dict_hn.html.
3. Aykroyd, W. D. (1967) *Sweet Malefactor: Sugar, Slavery and Human Society* p.7.
4. Toussaint-Samat, M. (1992) *History of Food* p.17.
5. Chaucer, ever the professional diplomat, was also in attendance at Richard's usurper's – Henry Bolingbroke – coronation feast in 1399 where Bolingbroke was crowned Henry IV.
6. This is Nevill Coghill's classic Penguin translation: Chaucer, G., & Coghill, N. (1952). *The Canterbury Tales* p.181.
7. Toussaint-Samat, M. (1992) p.19.
8. This was in Rome in the fifth century and they got the idea to do this because they knew that King Herod and his wife were buried in this way. It's perplexing why they tried to emulate him over anyone else. Arce, J. (2000) 'Imperial funerals in the later Roman empire: change and continuity', in Theuws, F. and Nelson, J. L. (eds) *Rituals of Power: From Late Antiquity to the Early Middle Ages* p.25.
9. He says so in the Georgics, translated quote taken from Toussaint-Samat, M. (1992) p.14.
10. Both of these quotes are taken from the King James Bible.
11. More precisely, the word sweet, in this case, is derived from the Greek *gleukos*, meaning 'sweet wine'.
12. In the United Kingdom, this is called your 'pudding stomach'.
13. The English may not have invented the plantation, but they did invent the word. When the first colonists arrived in the Americas, every settlement was

a plantation, even those on the mainland where sugar was not grown. This is because the word didn't apply to the crop, but the people; the settlers themselves were the plantation.

第一章　无辜蒙冤的年代

1. Toussaint-Samat, M. (1992) *History of Food*, translated by Anthea Bell p.24.
2. They do not taste particularly sweet, but any starches present are digested into glucose as soon as they meet our mouths – chew a piece of white bread and very quickly it will begin to taste sweet as the amylase enzyme present in saliva immediately gets to work on digesting it into glucose.
3. Reviewed in Crittenden, A. N. (2011) 'The Importance of Honey Consumption in Human Evolution', *Food and Foodways* p.257.
4. Bowyer, P. (2018) *Minds Make Societies: How Cognition Explains the World Humans Create*. Introductory chapter.
5. Modern geneticists who attempt to untangle the knotted mass that is the genetic basis of behaviour have found genes that appear to be the major players in sugar craving and addiction. Wiss, D. A., Avena, N. and Rada, P. (2018) 'Sugar addiction: From evolution to revolution', *Frontiers in Psychiatry* pp. 6-7.
6. *Ibid.*
7. One might imagine that, because we too are great apes, that a common ancestor acquired the ability to collect honey and passed this adaptation down through the clade. However, methods differ between species (and even between societies of the same species) so honey-gathering as a trait probably developed many times independently. The important shared characteristic here is that all of the great apes have large brains capable of problem-solving.
8. Crittenden, A. N. (2011) pp. 265-6. They are also known as 'Lucy'.
9. *Ibid.* pp.259.
10. Reviewed in Crittenden p259; Toussaint-Samat, M. (1992) *History of Food* p.16.
11. Toussaint-Samat, M. (1992) p.24.
12. Crittenden pp.262-4.
13. See Friedman, H. (1955) *The Honey Guides*. This species of bird's binomial Latin name rather pleasingly is *Indicator indicator.*
14. Toussaint-Samat, M. (1992) p.26.
15. Deerr, N. (1949) *The History of Sugar Volume I* pp.5-6; Aykroyd, W. D. (1967) *Sweet Malefactor: Sugar, Slavery and Human Society* pp.12-3. Although they

kept bees, they had not quite worked out how to collect the honey without killing the entire swarm, queen and all. It took the Hittites to work out a method of extracting the honey without killing the bees.

16. Macinnis, P. (2002) *Bittersweet: The Story of Sugar* p.1; Vaughan, J. G. and Geissler, C. A. (2009) *The New Oxford Book of Food Plants* p.18.

17. Galloway, J. H. (1977) 'The Mediterranean Sugar Industry', *Geographical Review* p.14.

18. At this the point applying the biological concept of species to them is almost futile. That said, plant phylogeneticists soldier on.

19. Ballard, C., Denham, T. and Haberle, S. (2013) 'Wetland Archaeology in the Highlands of New Guinea', in Menotti, F. and O'Sullivan, A. (eds) *The Oxford Handbook of Wetland Archaeology*. p.233.

20. The New Guineans grew other plants for carbohydrates, such as yams.

21. Reviewed in Warner, J. N. (1962) 'Sugar Cane: An Indigenous Papuan Cultigen', *Ethnology*. p.405.

22. Vaughan and Geissler (2009) p.18.

23. It could be that there were several hybridisation events. *S robustum* hybridised with *S spontaneum* again in India to produce another species called *S barbari*. Later, the two species hybridised once more, but this time in China to produce yet another species. You can see why botanists scratch their heads so. Reviewed in Denham, T. (2017) 'Domesticatory Relationships in the New Guinea Highlands', in Golson, J. et al. (eds) *Ten Thousand Years of Cultivation at Kuk Swamp in the Highland of Papua New Guinea*. pp.33-5.

24. Macinnis, P. (2002) p.2.

25. Sugarcane cultivation had spread to China around the same time, but there it was consumed as the New Guineans had intended – chewed as a delicious treat. Sugar refining as a small industry was introduced around 200 BCE. Sugar was used mainly as medicine and sometimes to sweeten drinks, but because it wasn't in great demand, it did not evolve much further than a kind of dark-coloured rock candy. Smith, A. F. (2015) *Sugar: A Global History*. Reviewed in chapter 1, e-book.

26. Vaughan and Geissler (2009) p.18.

27. Macinnis, P. (2002) p.2.

28. McGee, H. (1984) *On Food and Cooking: The Science and Lore of the Kitchen* pp.648-9.

29. Other foodstuffs such as ghee and milk fall into this category and these ingredients are used to make delicious sweets (*barfi*) that are distributed and shared on special occasions.

30. Reviewed on the website Hinduism Today: *Significance Of Sugarcane During Hindu Festivals* (2013) Available at: https://www.hinduismtoday.com/blogs-news/hindu-press-international/significance-of-sugarcane-during-hindu-festivals/12637.html.

31. Macinnis, P. (2002) p.2.

32. Why sugarcane took so long to spread west is unknown, but one has to assume that the vast swathes of dry scrub and desert between the two areas were an ecological barrier as well as an anthropological one. Long days travelling by camel caravan in the searing heat must have desiccated many samples; assuming there was interest in the plant in the first place. Though there are some suggestions that it did manage to travel a certain distance along the coast of the Persian Gulf. Aykroyd, W. D. (1967) p.13.

33. Aykroyd, W. D. (1967) p.13; Deerr (1949) pp.69-70.

34. Deerr (1949) pp.68-9.

35. Aykroyd, W. D. (1967) p.13.

36. Deerr (1949) p.69.

37. Phillips, W. D. (2004) 'Sugar in Iberia', in Schwartz, S. B. (ed.) *Tropical Babylons: Sugar and the Making of the Atlantic World, 1450-1680* p.32.

38. Deerr (1949) p.73.

39. Galloway, J. H. (1977) 'The Mediterranean Sugar Industry', *Geographical Review* p.183.

40. Sato, T. (2014) *Sugar in the Social Life of Medieval Islam* pp.35-41.

41. Caramel, aside from being a delicious foodstuff, was also used by women as a hair wax. Toussaint-Samat, M. (1992) pp.497-8; Tannahill, R. (1973) *Food in History*. 3rd edn. p.142.

42. Toussaint-Samat, M. (1992) p.497.

43. Galloway, J. H. (1977) p.177.

44. *Ibid.* p.117.

45. It also became a very important industry in Tunisia in the eleventh century; Galloway, J. H. (1977) p.180.

46. Galloway, J. H. (1977) p.180; Schwartz, S. B. (1985) *Sugar Plantations in the Formation of Brazilian Society: Bahia, 1550-1835* p.4.

47. Phillips, W. D. (2004) pp.29-30.

48. Galloway, J. H. (1977) p.183.

49. *Ibid.* p.184.

50. *Ibid.* pp.184-6.

51. Phillips, W. D. (2004) p.28.

第二章　白人涉足

1. Schwartz, S. B. (1985) *Sugar Plantations in the Formation of Brazilian Society: Bahia, 1550-1835* p.6.

2. Phillips, W. D. (2004) 'Sugar in Iberia', in Schwartz, S. B. (ed.) *Tropical Babylons: Sugar and the Making of the Atlantic World, 1450-1680* pp.31-2.

3. Aykroyd, W. D. (1967) *Sweet Malefactor: Sugar, Slavery and Human Society* p.13.

4. Riley-Smith, J. (2014) *The Crusades: A History* p.104; Curtin, P. D. (1998) *The rise and fall of the plantation complex*. 2nd edn. p.4; Cordeiro, G. *et al.* (2007) 'Sugarcane', in Kole, C. (ed.) *Pulses, Sugar and Tuber Crops* p.175.

5. Toussaint-Samat, M. (1992) *History of Food* p.498.

6. Curtin, P. D. (1998) p.5.

7. Prinsen Geerligs, H. C. (2010) *The World's Cane Sugar Industry* p.74.

8. Jacoby, D. (2005) 'Aspects of Everyday Life in Frankish Acre', in Kedar, B. Z., Phillips, J. P., and Riley-Smith, J. (eds) *Crusades: Volume 4* p.83.

9. Prinsen Geerligs, H. C. (2010) p.6.

10. Jacoby, D. (2017) 'The Venetians in Byzantine and Lusignan Cyprus: Trade, Settlement, and Politics', in Jacoby, D. (ed.) *Medieval Trade in the Eastern Mediterranean and Beyond*, chapter 2, e-book.

11. Macinnis, P. (2002) *Bittersweet: The Story of Sugar* p.22; Prinsen Geerligs, H. C. (2010) p.7.

12. Deerr, N. (1949) *The History of Sugar Volume I* p.72.

13. Macinnis, P. (2002) pp.20-1.

14. Until, that is, the refining element was translocated to mainland Europe; Schwartz, S. B. (1985) p.575.

15. Aykroyd, W. D. (1967) p.15.

16. Moore, J. W. (2000) 'Sugar and the expansion of the early modern world-economy. Commodity frontiers, ecological transformation, and industrialisation'.

17. Aykroyd, W. D. (1967) pp.4-5.

18. O'Connell, S. (2012) *Sugar: The Grass that Changed the World* Chapter 2, e-book; Schwartz, S. B. (1985) p.8.

19. Moore, J. W. (2010) 'Madeira, sugar, and the conquest of nature in the "first" sixteenth century, Part II: From regional crisis to commodity frontier, 1506-1530' p.1.

20. Aykroyd, W. D. (1967) p.14.

21. Phillips, W. D. (2004) p.35.

22. Macinnis, P. (2002) pp.20-1.

23. Phillips, W. D. (2004) p.35, 38.

24. Abbot, E. (2008) *Sugar: A Bittersweet History* p.19.

25. *Ibid.* p.8; Aykroyd, W. D. (1967) pp.14-5.

26. Abbot, E. (2008) p.18.

27. O'Connell, S. (2012) Chapter 2.

28. Schwartz, S. B. (1985) pp.6-7.

29. Moore, J. W. (2000) p.413.

30. O'Connell, S. (2012), Chapter 2.

第三章　新大陆的开拓者：西班牙和葡萄牙的制糖业

1. Macinnis, P. (2002) *Bittersweet: The Story of Sugar* p.35.

2. Quote from Walvin, J. (2017) *How Sugar Corrupted the World* p.34. Scholars had long since known that the Earth was spherical in shape, and they had estimated the curvature of the Earth and extrapolated from it the size of the globe. The trouble was their estimate was way off and the Earth was rather a lot bigger than anybody had expected and there was rather a lot more to be discovered than at first suspected.

3. Walvin, J. (2017) p.34.

4. Macinnis, P. (2002) *Bittersweet: The Story of Sugar* pp.31-2.

5. Abbot, E. (2008) *Sugar: A Bittersweet History* pp.22-3.

6. *Ibid.* (2008) p.25.

7. Quoted in Abbot, E. (2008) p.25.

8. Quotes from Sale, K. (1991) *The Conquest of Paradise: Christopher Columbus and the Columbian Legacy* pp. 196-7; Abbot, E. (2008) p.27.

9. Abbot, E. (2008) pp.31-2.

10. Flannigan, M. (1844) *Antigua and Antiguans: A Full Account of the Colony and Its Inhabitants from the Time of the Caribs to the Present Day, Interspered with Anecdotes and Legends*.

11. Abbot, E. (2008) pp.31-2.

12. *Ibid.* (2008) p.24.

13. Sloane, H. (1707) *A voyage to the islands Madera, Barbados, Nieves, S. Christophers and Jamaica Volume I* p.xxvii.

14. Macinnis, P. (2002) pp.34-5; Abbot, E. (2008) p.29-30.

15. Abbot, E. (2008) p.28.

16. Quoted in Abbot, E. (2008) p.24.

17. *Ibid.* (2008) pp.23-4.

18. Though it does seem that Columbus's own sugarcane plants failed. Rodriguez Morel, G. (2004) 'The Sugar Economy of Espanola in the Sixteenth Century', in Schwartz, S. B. (ed.) *Tropical Babylons: Sugar and the Making of the Atlantic World, 1450-1680* p.86.

19. Quoted in Dennis, Y. W., Hirschfelder, A. and Flynn, S. R. (2016) *Native American Almanac: More Than 50,000 Years of the Cultures and Histories of Indigenous Peoples.* Available as an e-book.

20. Mintz, S. W. (1985) *Sweetness and Power: The Place of Sugar in Modern History* pp.34-5.

21. Abbot, E. (2008) p.25.

22. Rodriguez Morel, G. pp.100-1.

23. *Ibid.* pp.88-9,105-6.

24. Abbot, E. (2008) pp.26-7.

25. Rodriguez Morel, G. pp.107-8.

26. Mintz, S. W. (1985) p.33.

27. Quoted in Abbot, E. (2008) p.33.

28. Abbot, E. (2008) p.33.

29. *Ibid.* (2008) pp.28-30.

30. Abbot, E. (2008) p.29; Macinnis, P. (2002) p.35.

31. Quote from Abbot, E. (2008) p.34; this was in his *Very Brief Account of the Destruction of the Indians* in 1542.

32. Macinnis, P. (2002) p.34.

33. Abbot, E. (2008) pp.35-6.

34. Macinnis, P. (2002) p.35.

35. Extended quote from Williams, E. (1970) *From Columbus to Castro: The History of the Caribbean.* Available as an e-book.

36. Macinnis, P. (2002) p.33.

37. *Ibid.* (2002) pp.43-4.

38. Schwartz, S. B. (2004) 'A Commonwealth within Itself: The Early Brazilian Sugar Industry, 1550-1670', in Schwartz, S. B. (ed.) *Tropical Babylons: Sugar and the Making of the Atlantic World, 1450-1680* p.159.

39. Walvin, J. (2017) pp.35-6.
40. Silva, L. *et al.* (2000) *Dutch Brazil* p.23, 25.
41. Walvin, J. (2017) p.36.
42. Silva, L. *et al.* (2000) p.17.
43. Schwartz, S. B. (2004) p.188.
44. *Ibid.* (2004) pp.188-9.
45. Silva, L. *et al.* (2000) pp.23,25.
46. Quoted in Schwartz, S. B. (2004) p.161.
47. Schwartz, S. B. (2004) p.161-2,189-90.
48. Walvin, J. (2017) p.36.
49. Silva, L. *et al.* (2000) p.29.
50. Schwartz, S. B. (2004) pp.163-4.
51. Silva, L. *et al.* (2000) p.27.
52. Schwartz, S. B. (2004) p.166; Silva, L. *et al.* (2000) pp.49-51.
53. Schwartz, S. B. (2004) pp.170-1.
54. *Ibid.* (2004) p.171.

第四章　糖业殖民地的生活

1. Harlow, V. (1925) *Colonising Expeditions to the West Indies and Guiana, 1623-1667.* Edited by V. Harlow p.xiv.
2. Dunn, R. S. (1972) *Sugar & Slaves: The Rise of the Planter Class in the English West Indies, 1624-1713* p.10; Macinnis, P. (2002) *Bittersweet: The Story of Sugar* pp.45-8.
3. The Right Honourable Privy Council (1789) *No abolition; or, An attempt to prove to the conviction of every rational British subject, that the abolition of the British trade with Africa for negroes, would be a measure as unjust as impolitic, fatal to the interests of the nation, ruinous to its sugar colonies etc* p.1.
4. Dunn, R. S. (1972) p.10.
5. Macinnis, P. (2002) p.47.
6. That is, if one could find the archipelago in the first place: according to an account of the Voyage of Sir Henry Colt in 1631 the 'land is low, hard to find & stands alone … Barbados may well admit of this simile, to be like sixpence throwne downe uppon newmarkett heath, & you should command such a one to goe & finde itt out.' Harlow, V. (1925) p.63.
7. Dunn, R. S. (1972) p.8.

8. Harlow, V. (1925) p.xix.

9. Dunn, R. S. (1972) pp.12-3,17,21.

10. *Ibid.* pp.xxi-xxiii, 10.

11. Macinnis, P. (2002) p.45.

12. *Ibid.* p.49.

13. Dunn, R. S. (1972) p.14, 17.

14. Harlow, V. (1925) pp.xxxvii-xxxviii.

15. Ligon, R. (1657) *A True & Exact History Of the Island of Barbados* pp.24-5.

16. Harlow, V. (1925) pp.xxxix-xl.

17. *Ibid.* p. xxxviii.

18. 'The Dutch sell their Commodityes, after the rate at a penny for a pound of sugar. Browd & brimd, white or black hatts yield here 120 lb of sugar, & 140 lb & some 160 lb; Broune thred is at 36 pence will yeeld 40 lb of Sugar a paire; mens shoes 16 lb; new fashioned shoes 25 or 30 lb the paire.' Letter in Harlow, V. (1925) dated 1651 p.51.

19. Harlow, V. (1925) p.I.

20. Ligon, R. (1657) p.40.

21. The list goes on 'New England brought cheap, low-quality goods for the slaves… staves for the sugar hogsheads, and horses to work the mills.' The people of the English sugar islands gained a reputation for hard drinking, especially on Jamaica, and because that too was imported and we have accounts of amounts of alcohol that were consumed, for example in a single year 719 tons of wine and spirits were imported onto the island, compare that to 756 tons of meat and fish and 315 tons of wheat, bread and other provisions. Dunn, R. S. (1972) p.210.

22. And as a result, stank, the heavy clothes making them overheat and they had to heavily-perfume their clothes to mask the terrible body odour that would emanate from them.

23. Dunn, R. S. (1972) p.263, 270.

24. Data is available in table 25 p.170 of Dunn, R. S. (1972) as well as p.267.

25. *Ibid.* p.267.

26. The untitled enactment can be found in what is now known as the Egerton manuscript, which can be found at the British Museum or online.

27. There was a word for it: they had been 'Barbadoed'.

28. Macinnis, P. (2002) p.50, 53.

29. Ligon, R. (1657) p.44.

30. *Ibid.* p.58.

31. Harlow, V. (1925) pp.44-5.

32. *Ibid.* pp.43-4.

33. *Ibid.* p.xxviii-xxix.

34. Sloane, H. (1707) p.xiv.

35. Ligon, R. (1657) p.68.

36. Harlow, V. (1925) p.65.

37. Ligon, R. (1657) p.62.

38. Harlow, V. (1925) p.65.

39. Ligon, R. (1657) p.62; a curry comb is used to brush horses of dead hair and is covered with raised dimples or blunt hooks.

40. Sloane, H. (1707) p.lxviii.

41. Ligon, R. (1657) p.62.

42. *Ibid.* p.65.

43. Dunn, R. S. (1972) p.284.

44. Ligon, R. (1657) p.27.

45. Dunn, R. S. (1972) p.289.

46. Harlow, V. (1925) p.liv.

47. Dunn, R. S. (1972) pp.42-3.

48. Quotes from Equiano, O. (1793) *The Interesting Narrative of the Life of Olaudah Equiano, or Gustavus Vassa, the African* p.151; and Sloane, H. (1707) p.xliv.

49. Dunn, R. S. (1972) p.43.

50. Harlow, V. (1925) p.lv.

51. Sloane, H. (1707) p.xxviii.

52. Harlow, V. (1925) p.93; A Quaker trader on the North American mainland received an order in 1699 from just ten customers on Jamaica for: '83 casks, 174 half-barrels, 66 quarter barrels and 9 [full] barrels', enough to bake bread for the entire island; Dunn, R. S. (1972) p.273.

53. Dunn, R. S. (1972) p.278.

54. Ligon, R. (1657) p.31.

55. *Ibid.* p.33, 113.

56. *Ibid.* p.37.

57. Sloane, H. (1707) p.x.

58. Ligon, R. (1657) p.37.

59. *Ibid.* p.50.

60. Ligon lists them in amongst other livestock several times in his accounts, e.g., 'we breed both Negres, Horses and Cattle' Ligon, R. (1657) p.113.

61. They almost listed amongst livestock in accounts. For example, in *A Comparison Between the British Sugar Colonies and New England, as They Relate to the*

Interest of Great Britain. with Some Observations on the State of the Case of New England. to Which Is Added a Letter to a Member of Parliament (1732) planters are praised for their hard work considering the loss in potential profits because of the 'Expence in Negroes, Cattle and Mules' p.23.

62. It was only until the very of the seventeenth century that the English would allow black slaves to convert to Christianity.

63. Sloane, H. (1707) p.lvi.

64. Quote from Sloane, H. (1707) p.xlviii; Dunn, R. S. (1972) p.250.

65. 'An Act for the Governing of Negroes' (1688) in *The Laws of Barbados*, pp. 137-144.

66. Epstein, D. J. (1963) 'Slave Music in the United States before 1860: A Survey of Sources (Part 1)' p.196.

67. Levine, L. W. (1978) *Black Culture and Black Consciousness: Afro-American Folk Thought from Slavery to Freedom* p.7.

68. Camp, S. M. H. (2002) 'The pleasures of resistance: Enslaved women and body politics in the plantation South, 1830-1861', *Journal of Southern History* p.568.

69. Dunn, R. S. (1972) p.226.

70. Quoted in Dunn, R. S. (1972) p.224.

71. *Ibid.* p.313.

72. Ligon, R. (1657) p.54.

73. Equiano, O. (1793) p.143.

74. Ligon, R. (1657) p.37; there is another example where he describes a female mistress of a planter: she was a 'Negro of the greatest beautie and majestie together that ever I saw in one woman. Her stature large, and excellently shap't, well favour'd, full eye'd & admirably grac't.' p.12.

75. Ramsay, J. (1784) *An essay on the treatment and conversion of African slaves in the British sugar colonies By the Reverend James Ramsay* p.75.

76. Ligon, R. (1657) p.48.

77. Sloane, H. (1707) p.lii; Richard Ligon also chipped in that once they 'have had five or six Children, their breasts hang down below their navells, so that when they stoop at their common work of weeding, they hang almost down to the ground, that at a distance, you would think they had six legs.' Ligon, R. (1657) p.48. There are many examples of these comments, but I felt it gratuitous to include any more.

78. Dunn, R. S. (1972) p.252.

79. *Ibid.* p.240.

80. *Ibid.* p.254.

81. Mullatoes were considered a rank above black slaves, receiving less harsh jobs such as domestic service or working a trade. On the islands a person was considered white after three generations. Dunn, R. S. (1972) p.255.

82. *Ibid.* p.256.

第五章　制糖

1. Ramsay, J. (1784) An essay on the treatment and conversion of African slaves in the British sugar colonies By the Reverend James Ramsay pp.59-60.

2. Dunn, R. S. (1972) *Sugar & Slaves: The Rise of the Planter Class in the English West Indies, 1624-1713* pp.188-9.

3. *Ibid.* p.189.

4. *Ibid.* p.229.

5. Walvin, J. (2017) *How Sugar Corrupted the World* pp.40-1.

6. *No abolition; or, An attempt to prove to the conviction of every rational British subject, that the abolition of the British trade with Africa for negroes, would be a measure as unjust as impolitic, fatal to the interests of the nation, ruinous to its sugar colonies* published by The Right Honourable Privy Council (1789).

7. Dunn, R. S. (1972) p.204.

8. *Ibid.* p.189.

9. Ligon, R. (1657) *A True & Exact History Of the Island of Barbados* p.95.

10. Dunn, R. S. (1972) p.198.

11. Ligon, R. (1657) p.110.

12. *Ibid.* p.114.

13. Rodriguez Morel, G. (2004) 'The Sugar Economy of Espaniola in the Sixteenth Century', in Schwartz, S. B. (ed.) *Tropical Babylons: Sugar and the Making of the Atlantic World, 1450-1680* p.101.

14. Dunn, R. S. (1972) pp.198-200.

15. *Ibid.* (1972) pp.248-9.

16. Ligon R. (1657) pp.55-6.

17. Dunn, R. S. (1972) pp.190-1.

18. Sloane, H. (1707) *A voyage to the islands Madera, Barbados, Nieves, S. Christophers and Jamaica Volume I* p.xlvi.

19. Ligon, R. (1657) p.48.

20. Sloane, H. (1707) pp.87-8.

21. Littleton, E. (1689) *The groans of the plantations, or, A true account of their grievous and extreme sufferings by the heavy impositions upon sugar and other hardships relating more particularly to the island of Barbados* p.16.

22. Ligon, R. (1657) p.50.

23. *Ibid.* (1657) pp.88-9. Rats were a major pest away from the cane fields too, Ligon tells us 'when the great down-falls of rain come, which is in November and December, and in the time of the Turnado, they leave the field, and shelter themselves in the dwelling houses where they do much mischiefe.'

24. Ligon, R. (1657) p.89; Dunn, R. S. (1972) p.192.

25. Dunn, R. S. (1972) p.240; Ramsay, J. (1784) pp.61-2; Schwartz, S. B. (2004) 'A Commonwealth within Itself: The Early Brazilian Sugar Industry, 1550-1670', in Schwartz, S. B. (ed.) *Tropical Babylons: Sugar and the Making of the Atlantic World, 1450-1680* p.176.

26. Walvin, J. (2017) p.44.

27. Ligon, R. (1657) p.89.

28. Walvin, J. (2017) p.46; the whips were used throughout the day for punishment and communication. On many plantations, slaves were woken first thing in the morning by the sound of the whip, the origin of the idiom 'the crack of dawn'.

29. Schwartz, S. B. (2004) pp.176-8.

30. Ramsay, J. (1784) p.61.

31. Schwartz, S. B. (2004) p.177.

32. Ligon, R. (1657) pp.88-9.

33. Schwartz, S. B. (2004) pp.176-8.

34. Littleton, E. (1689) p.17.

35. Ligon, R. (1657) p.90.

36. *Ibid.* p.85 'The five black Rounds are the Coppers, in which the Sugar is boyled, of which, the largest is called the Clarifying Copper, and the least, the Tatch'; see also Dunn, R. S. (1972) p.194.

37. Schwartz, S. B. (2004) p.176; the colonies had no access to copper ore, and had not the skills needed to work expensive copper metal.

38. Ligon, R. (1657) pp.90-1.

39. Schwartz, S. B. (2004) p.179. And they used vast amount of timber too: approximately 740kg of fuel per *ingenio* per day was used: Morel points out the depressingly obvious: 'This situation caused considerable deforestation as well as speculation in the sale of firewood and in the price of lands close to forested areas.' Rodriguez Morel, G. (2004) 'The Sugar Economy of Espanola in the Sixteenth Century', in Schwartz, S. B. (ed.) *Tropical Babylons: Sugar and the*

Making of the Atlantic World, 1450-1680 p.101; The vast forest providing them with 'an Infyntt of Brasyll Wood' as well as more room for more cane fields; Ligon, R. (1657) p.23.

40. Littleton, E. (1689) p.17. Birdlime was the very sticky syrup of boiled down mistletoe berries that was used to catch wild birds by smearing it on the branches of trees. Depending upon the species caught, these birds would have been kept in cages as pets or eaten.

41. Ligon, R. (1657) p.90; Pudsey, E. in Silva, L. *et al.* (2000) *Dutch Brazil* p.18.

42. Ligon, R. (1657) pp.91-2.

43. Dunn, R. S. (1972) p.240.

44. Ligon, R. (1657) p.92; Schwartz, S. B. (2004) p.180.

45. Sloane, H. (1707) p.lxii.

46. Ligon, R. (1657) p.85.

47. Sloane, H. (1707) p.xxx.

48. Because rum was cheap to make, it became the most widely drunk form of alcohol on the West Indies. The English planters were well known as heavy drinkers, but rum drinking caused more than gin blossoms and a dodgy liver; it induced 'the most mysterious malady of the seventeenth century: excruciating cramps in [the] stomach and bowels,' and loss of the use of the patients' limbs. The reason rum caused this malady is unknown, but it is most likely the symptoms of lead poisoning; the lead leaching from the pipes into the distillate as the rum was processed on the plantation. Dunn, R. S. (1972) p.306.

49. Macinnis, P. (2002) *Bittersweet: The Story of Sugar* p.58.

50. Ligon, R. (1657) pp.92-3.

51. Quote in Schwartz, S. B. (2004) p.176.

52. Thomas, K. (2018) *In Pursuit of Civility: Manners and Civilization in Early Modern England* p.244.

53. Quote in Thomas, K. (2018) p.237.

54. Quote in Dunn, R. S. (1972) p.200.

第六章　对自由的恐惧

1. Dunn, R. S. (1972) *Sugar & Slaves: The Rise of the Planter Class in the English West Indies, 1624-1713* p.246.

2. 'An Act for the Governing of Negroes' (1688) in *The Laws of Barbados* p.137.

3. Dunn, R. S. (1972) pp.224-5.

4. *Ibid.* p.239.

5. 'An Act for the Governing of Negroes' (1688) p.137.

6. *Ibid.* p.144.

7. Dunn, R. S. (1972) p.239.

8. Dunn, R. S. (1972) p.284; Ligon, R. (1657) *A True & Exact History Of the Island of Barbados* p.109.

9. Though murder or unfounded maiming could result in a fine of around twenty-five pounds Dunn, R. S. (1972) p.140.

10. Dunn, R. S. (1972) pp.140-1.

11. Equiano, O. (1793) *The Interesting Narrative of the Life of Olaudah Equiano, or Gustavus Vassa, the African* pp.138-9.

12. Abolitionist James Ramsay noted it: 'there have been instances of slitting of ears, breaking of limbs, so as to make amputation necessary, beating out of eyes, and castration.' Ramsay, J. (1784) *An essay on the treatment and conversion of African slaves in the British sugar colonies By the Reverend James Ramsay* p.73.

13. Dunn, R. S. (1972) p.246.

14. 'An Act for the Governing of Negroes' (1688) pp.142-3.

15. *Ibid.* p.141.

16. *Ibid.* p.142.

17. *Ibid.* p.147.

18. Dunn, R. S. (1972) p.240.

19. Sloane, H. (1707) *A voyage to the islands Madera, Barbados, Nieves, S. Christophers and Jamaica Volume I* p.lvii. There are countless examples of this I could have used, and Olaudah Equiano also wrote on this subject: 'One Mr. D——told me that he had sold 41,000 negroes, and that he once cut off a negro-man's leg for running away' p.125.

20. Thomas, K. (2018) *In Pursuit of Civility: Manners and Civilization in Early Modern England* pp.155-6.

21. Equiano, O. (1793) p.125.

22. Ligon, R. (1657) *A True & Exact History Of the Island of Barbados* p.50.

23. *Ibid.* pp.50-1.

24. *Ibid.*

25. Dunn, R. S. (1972) pp.244-9.

26. de la Fuente, A. (2004) 'Sugar and Slavery in Early Colonial Cuba', in Schwartz, S. B. (ed.) *Tropical Babylons: Sugar and the Making of the Atlantic World, 1450-1680* p.146.

27. Davis, D. B. (1966) *The Problem of Slavery in Western Culture* p.249.

28. Dunn, R. S. (1972) p.241.

29. Ligon, R. (1657) p.105.

30. 'An Act for the Governing of Negroes' (1688) pp.142-3.

31. Sloane, H. (1707) p.lvii .

32. 'An Act for the Governing of Negroes' (1688) p.142.

33. Sloane, H. (1707) p.lvii. There were slave revolts on all of the colonies at one time or another, but they usually occurred not in an attempt to ignite revolution, but to escape their poor treatment.

34. Dunn, R. S. (1972) p.256.

35. See Ligon, R. (1657) pp.45-6 for his account of the uprising.

36. Harlow, V. (1925) *Colonising Expeditions to the West Indies and Guiana, 1623-1667* p.lv.

37. Dunn, R. S. (1972) pp.258-9.

38. Quote in Dunn, R. S. (1972) p.260.

39. Macinnis, P. (2002) *Bittersweet: The Story of Sugar* p.171.

40. The industry was extremely important on a social level; it was estimated that at its peak, the French sugar industry paid the wages for 700,000 working families, Abbot, E. (2008) *Sugar: a Bittersweet History* pp.178-80; Walvin, J. (2017) *How Sugar Corrupted the World* pp.140-2.

41. Abbot, E. (2008) p.214; Macinnis, P. (2002) pp.71-2.

42. The French, unlike the English, used bagasse as fuel.

43. Abbot, E. (2008) p.214; Macinnis, P. (2002) p.72.

44. Abbot, E. (2008) p.216; Macinnis, P. (2002) p.73.

45. Macinnis, P. (2002) p.74.

46. Abbot, E. (2008) pp.216-7.

47. In 1802 William Wordsworth wrote a sonnet to the great hero of the Haitian Revolution *To Toussaint L'Ouverture,* William Wordsworth.

48. Abbot, E. (2008) pp.217-8.

49. Macinnis, P. (2002) *Bittersweet: The Story of Sugar* p.76.

50. Abbot, E. (2008) pp.181-3; Walvin, J. (2017) pp.181-3.

51. Abbot, E. (2008) p.218.

第七章　奴隶贸易

1. Rankin, F. H. (1836) *The White Man's Grave; a visit to Sierra Leone in 1834 Volume II* p.72.

2. Hogerzeil, S. J. and Richardson, D. (2007) 'Slave purchasing strategies and shipboard mortality: Day-to-day evidence from the Dutch African Trade, 1751-1797', *Journal of Economic History* p.184.

3. Steckel, R. H. and Jensen, R. A. (1986) 'New Evidence on the Causes of Slave and Crew Mortality in the Atlantic Slave Trade', *The Journal of Economic History* pp.58-63, 78.

4. Eltis, D. (1989) 'Fluctuations in Mortality in the Last Half Century of the Transatlantic Slave Trade', *Social Science History* p.327.

5. Steckel, R. H. and Jensen, R. A. (1986) p.75.

6. Parker, M. (2011) *The Sugar Barons* p.56.

7. *Ibid.* p.56.

8. Quote in Parker, M. (2011) p.70.

9. Harlow, V. (1925) *Colonising Expeditions to the West Indies and Guiana, 1623-1667* p.liv.

10. Parker, M. (2011) pp.70-4.

11. Co. Royal Adventurers (1667) pp.5, 10-12.

12. Parker, M. (2011) p.126.

13. Which, after the abolition of the slave trade was utilised by the Africans and warehouses for timber. Rankin, F. H. (1836) pp.70-1.

14. Parker, M. (2011) p.126.

15. Dunn, R. S. (1972) *Sugar & Slaves: The Rise of the Planter Class in the English West Indies, 1624-1713* p.232.

16. Quote in Parker, M. (2011) p.172.

17. Planter Henry Drax said of the indentured servants 'the fewer the better'; Parker, M. (2011) p.126.

18. Quote in Dunn, R. S. (1972) p.232.

19. The Right Honourable Privy Council (1789) *No abolition; or, An attempt to prove to the conviction of every rational British subject, that the abolition of the British trade with Africa for negroes, would be a measure as unjust as impolitic, fatal to the interests of the nation, ruinous to its sugar colonies* p.11.

20. Abbot, E. (2008) *Sugar: a Bittersweet History* p.148.

21. *Ibid.* pp.149-150.

22. Mintz, S. W. (1985) *Sweetness and Power: The Place of Sugar in Modern History* p.31.

23. Parker, M. (2011) p.148.

24. Shaw, C. (2020) *Liverpool's Slave Trade Legacy, History Today.*

25. Abbot, E. (2008) p.153.

26. *Ibid.* pp.154-5.

27. Equiano, O. (1793) *The Interesting Narrative of the Life of Olaudah Equiano, or Gustavus Vassa, the African* p.3.

28. Rankin, F. H. (1836) p.70.

29. Dunn, R. S. (1972) p.122; Geggus, D. (2001) 'The French slave trade: an overview.', *The William and Mary Quarterly.*

30. Over one hundred languages were spoken, Dunn, R. S. (1972) p.235; Ligon also notes that '[t]hey are fetch'd from severall parts of Africa [and] speake severall languages, and by that means, one of them understands not another.' Ligon, R. (1657) *A True & Exact History Of the Island of Barbados* p.46.

31. Dunn, R. S. (1972) pp.236-7.

32. *Ibid.* p.237.

33. Rankin, F. H. (1836) p.89.

34. Equiano, O. (1793) p.19.

35. *Ibid.* p.4.

36. *Ibid.* p.14.

37. *Ibid.* p.15.

38. *Ibid.* pp.17-8, 31-40.

39. *Ibid.* pp.31-40.

40. *Ibid.* (1793) p.15.

41. *A Short Account of the African Slave Trade, collected from local knowledge, from the evidence given at the Bar of both Houses of Parliament and from tracts written upon that subject.* (1788) Anonymous p.7.

42. Sloane, H. (1707) *A voyage to the islands Madera, Barbados, Nieves, S. Christophers and Jamaica Volume I* p.lvii.

43. Eltis, D. and Richardson, D. (1997) p.13.

44. Reviewed in Hogerzeil, S. J. and Richardson, D. (2007); see also Eltis, D. (1989) p.315.

45. Equiano, O. (1793) p.46.

46. This occurred after the British had ended their slave trade, but before other nations followed suit.

47. Eltis, D. (1989) p.333.

48. Cohn, R. L. (1985) 'Deaths of Slaves in the Middle Passage', *The Journal of Economic History* p.687.

49. Glickman, J. A. (2015) p.81.

50. Eltis, D. (1989) p.334.

51. Sloane, H. (1707) p.xlvii.

52. Geggus, D. (2001) p.124.

53. Hogerzeil, S. J. and Richardson, D. (2007) p.186.

54. Steckel, R. H. and Jensen, R. A. (1986) pp.65-6.

55. Geggus, D. (2001) pp.128-9.

56. 'The Du Bois Institute dataset lists 4,033 slaving voyages by French-registered ships destined for the Americas that said between 1669 and 1864.' Reviewed in Geggus, D. (2001).

57. Equiano, O. (1793) p.51.

58. Eltis, D. and Richardson, D. (1997) 'The Numbers Game and Route to Slavery', in Eltis, D. and Richardson, D. (eds) *Routes to Slavery: Direction, Ethnicity and Mortality in the Transatlantic Slave Trade* p.9.

59. Steckel, R. H. and Jensen, R. A. (1986) pp.64-71.

60. Rankin, F. H. (1836) pp.119-123.

61. Glickman, J. A. (2015) *A War at the Heart of Man: The Structure and Construction of Ships Bound for Africa.* University of Rhode Island thesis pp.25-6.

62. Eltis, D. (1989) pp.333-4; Hogerzeil, S. J. and Richardson, D. (2007) p.186.

63. Ligon, R. (1657) pp.56-7.

64. Hogerzeil, S. J. and Richardson, D. (2007) p.186.

65. Glickman, J. A. (2015) p.25. Olaudah Equiano witnessed such an event: 'two of my wearied countrymen, who were chained together … preferring death to such a life of misery, somehow made through the nettings, and jumped into the sea.' Equiano, O. (1793) p.53.

66. Equiano, O. (1793) p.48.

67. *Ibid.* pp.52-3.

68. These are the words of Sir George Yonge in a collection of speeches made in Parliament on the subject of abolition. Houses of Parliament (1789) *The Speeches of Mr. Wilberforce, Lord Penrhyn, Mr. Burke, Sir W. Young, Alderman Newnham … &c. &c. on a Motion for the Abolition of the Slave Trade, in the House of Commons, May the 12th, 1789.*

69. Equiano, O. (1793) p.49.

70. This meant that there were densities of just 1.5 and 1.4 slaves per ton respectively, which seems very low, but because the space taken up for the crew, supplies, etc. was not excluded in the calculation, it skewed the data and made the packing appear much lighter than it was; what really mattered was the space the slaves were kept in. If one calculates packing with this figure, the deleterious effect of packing would have been very clear. See Garland, C. and Klein, H. S. (1985)

'The Allotment of Space for Slaves aboard Eighteenth-Century British Slave Ships', *The William and Mary Quarterly*.

71. Equiano, O. (1793) p.124.
72. Rankin, F. H. (1836) p.125.
73. Ligon, R. (1657) pp.46-7.
74. Equiano, O. (1793) pp.56-7.
75. Curtin, P. D. (1969) *The Atlantic Slave Trade: A Census*; reviewed in Eltis, D. and Richardson, D. (1997) 'The Numbers Game and Route to Slavery', in Eltis, D. and Richardson, D. (eds) *Routes to Slavery: Direction, Ethnicity and Mortality in the Transatlantic Slave Trade*.
76. Dunn, R. S. (1972) p.237.

第八章　奴隶制的废除及其后果

1. Pitt, W. (1792) *The speech of the right honourable William Pitt, on a motion for the abolition of the slave trade, in the House of Commons, on Monday the second of April, 1792*.
2. Although he did make an exception for prisoners of war who were forced into labour in the more traditional sense.
3. Parker, M. (2011) *The Sugar Barons* pp.153-4.
4. Abbot, E. (2008) *Sugar: a Bittersweet History* pp.221-3; Parker, M. (2011) p.317.
5. Parker, M. (2011) pp.314-5.
6. There were exceptions of course – many were frustrated that attention was being diverted away from their plight, but they were the minority.
7. Abbot, E. (2008) pp.226-7, 239.
8. Macinnis, P. (2002) *Bittersweet: The Story of Sugar* p.116; Parker, M. (2011) p.348.
9. Ramsay, J. (1784) *An essay on the treatment and conversion of African slaves in the British sugar colonies By the Reverend James Ramsay* p.54.
10. *Ibid.* p.46.
11. Equiano, O. (1793) *The Interesting Narrative of the Life of Olaudah Equiano, or Gustavus Vassa, the African* pp.127-8, 357.
12. *Ibid.* pp.127-8.
13. *Ibid.* p.153.
14. *Ibid.* p.85.

15. *Ibid.* pp.147-8.

16. Abbot, E. (2008) p.232.

17. *A Comparison Between the British Sugar Colonies and New England, as They Relate to the Interest of Great Britain. with Some Observations on the State of the Case of New England. to Which Is Added a Letter to a Member of Parliament* (1732) p.24.

18. *The Gentleman's Magazine*, 1789, vol 59.

19. Bisset, R. (1805) *Essays on the Negro Slave Trade. no. 1* pp.3, 7-9.

20. *A Comparison Between the British Sugar Colonies…* (1732) pp.15-6.

21. Neatly passing the buck squarely at the Portuguese, in a textbook example of 'We didn't start it, they did.' Bisset, R. (1805) p.5.

22. Norris, R. (1789) *A Short Account of the African Slave-trade* pp.12-3.

23. *Ibid.* p.32.

24. Quotes from Bisset, R. (1805) pp.45-6, 51.

25. Adair, J. M. (1790) *Unanswerable arguments against the abolition of the slave trade: with a defence of the proprietors of the British sugar colonies against certain malignant charges contained in letters published by a sailor and by Luffman, Newton, &c.* p.225.

26. *A Comparison Between the British Sugar Colonies…* (1732) p.8.

27. Norris, R. (1789) p.7.

28. *A Short Account of the African Slave Trade, collected from local knowledge, from the evidence given at the Bar of both Houses of Parliament and from tracts written upon that subject* (1788) p.7.

29. Bisset, R. (1805) p.29.

30. Abbot, E. (2008) pp.244-6; Parker, M. (2011) pp.351-2.

31. Abbot, E. (2008) pp.166-8, 177, 239-241.

32. *Ibid.* p.243.

33. *Ibid.* pp.247-8.

34. Macinnis, P. (2002) pp.111-2.

35. Abbot, E. (2008) p.250, 253.

36. *Ibid.* pp.254-5.

37. *Ibid.* pp.258-60.

38. Equiano, O. (1793) p.165.

39. Mintz, S. W. (1985) *Sweetness and Power: The Place of Sugar in Modern History* p.70.

40. Abbot, E. (2008) pp.267-8.

41. Mintz, S. W. (1985) p.70.
42. Walvin, J. (2017) *How Sugar Corrupted the World* p.154.
43. *Ibid.* pp.123-4.
44. They were sent on their way by John Gladstone, father of future Prime Minister William Gladstone; Macinnis, P. (2002) p.150.
45. Abbot, E. (2008) p.315.
46. *Ibid.* p.320.
47. They were also sent to Cuba and Peru in huge numbers where the term of indenture was seven years.
48. Abbot, E. (2008) pp.321-2.
49. Mintz, S. W. (1985) p.72.
50. Walvin, J. (2017) p.124.
51. Abbot, E. (2008) pp.329-330.
52. Macinnis, P. (2002) pp.155-60; Walvin, J. (2017) pp.125-6.
53. Abbot, E. (2008) pp.326-8; Walvin, J. (2017) pp.124-5.
54. Walvin, J. (2017) pp.121-2.

第九章　制糖业国家

1. Walvin, J. (2017) *How Sugar Corrupted the World* p.148.
2. *Ibid.* pp.106-7.
3. Trethewey, R. J. (1969) 'The Economic Burden of the Sugar Act', *The American Economist* p.62. The seed had actually been sown in 1733 with the similar Molasses Act; an attempt to make the less lucrative by-product subject to duties. It was largely ignored and unenforced.
4. Parker, M. (2011) *The Sugar Barons* pp.325-6.
5. They had much more success with rum however, by trading cheap molasses with the West Indian colonies (or surreptitiously with the French) and made it themselves. However, a significant number eschewed rum altogether and tried their hands – rather successfully – distilling whiskey from their more than ample stores of cereal crops. Walvin, J. (2017) pp.109-110, 147.
6. Reviewed in Herzog, C. A. (2020) *Sailing Illicit Voyages: Colonial Smuggling Operations between North America and the West Indies, 1714-1776.*
7. Parker, M. (2011) pp.326-7.
8. Walvin, J. (2017) p.148.

9. Paquette, R. L. (2009) '"A horde of brigands?" The great Louisiana slave revolt of 1811 reconsidered', *Historical Reflections* pp.81-2; Rankin, F. H. (1836) *The White Man's Grave; a visit to Sierra Leone, in 1834 Volume II* p.86.

10. Paquette, R. L. (2009) p.85.

11. Quoted in Paquette, R. L. (2009) pp.76-7. Anglo-Americans commented: 'Of all human barbarity and indelicacy, none can exceed that of the Creole-French of Louisiana.' They were obviously unaware of the practises on the English plantations.

12. Walvin, J. (2017) pp.148-9.

13. Heitman, J. A. (1987) 'The Modernization of the Louisiana Sugar Industry, 1830-1910', *History Faculty Publications* p.11.

14. Abbot, E. (2008) *Sugar: a Bittersweet History* pp.282-3.

15. Rillieux was an 'quadroon', i.e. one-quarter African; planters called men and women who were one-eighth African 'octoroons'. Abbot, E. (2008) p.283; Heitman, J. A. (1987) pp.11-12.

16. Quote in Follett, R. J. (1997) p.27.

17. Abbot, E. (2008) pp.290-1.

18. *Ibid.* pp.283-8.

19. Follett, R. J. (1997) *The Sugar Masters: Slavery, Economic Development, and Modernization on Louisiana Sugar Plantations, 1820-1860* pp.306-7.

20. Statistics from Walvin, J. (2017) p.149.

21. Follett, R. J. (1997) pp.408-9.

22. Abbot, E. (2008) pp.285-7.

23. Statistics calculated from data in Abbot, E. (2008) pp.295-6.

24. Abbot, E. (2008) pp.296-300.

25. *Ibid.* pp.301-2.

26. Knight, F. W. (1977) 'Origins of Wealth and the Sugar Revolution in Cuba, 1750-1850', *The Hispanic American Historical Review* p.232.

27. Tomich, D. and Zeuske, M. (2008) 'The Second Slavery: Mass Slavery, World Economy and Comparative Microhistories', *researchgate.net* pp.2-5.

28. Walvin, J. (2017) pp.153-5.

29. Abbot, E. (2008) pp.274-5.

30. Walvin, J. (2017) p.156.

31. Morrill, J. S. (1875) 'Hawaiian Reciprocity Treaty: Speech of Hon. Justin S. Morrill, of Vermont'. Washington Government Printing Office pp.4-5.

32. Quote in Fleischman, R. K. and Tyson, T. N. (2000) 'The interface of race and accounting: The case of Hawaiian sugar plantations, 1835-1920', *Accounting History* p.11.

33. Walvin, J. (2017) pp.157-9.

34. *Ibid.* p.168.

第十章 闯入王室 站稳脚跟

1. From *Brevarie of Health* (1552), quote found in Ring, M. E. (1968) 'Review of dental practices in Tudor England.', *Journal of the American Dental Association* p.1341.

2. Groom, S. (2013) *At the King's Table: Royal Dining Through the Ages* p.22.

3. It was expected that the cooks knew what they were doing in the kitchen, so they are not detailed step-by-step recipes with precise amounts, temperatures and timings as we have today, but lists of instructions or ingredients to help jog the memory of the cooks. Nevertheless they are extremely useful. The number of recipes changes depending upon which copy of *Forme of Cury* you are looking at. No two handwritten manuscripts are the same, and sometimes they have even been added to: after all, these were real working documents so if a new and tricky dish was added to the repertoire of the owner's master cook, he probably would have added to the end of the manuscript.

4. Information on this is scant, though I found mentions in MacFarlane (1873) *History of British India: From the Earliest English Intercourse* p.4; and Mintz, S. W. (1985) *Sweetness and Power: The Place of Sugar in Modern History* p.82.

5. Dickson Wright, C. (2011) *A History of English Food* p.45; Henisch, B. (2009) *The Medieval Cook* p.109.

6. Mintz, S. W. (1985) p.82.

7. Hammond, P. (1993) *Food & Feast in Medieval England* pp.10-11.

8. Dickson Wright, C. (2011) p.50.

9. Labarge, M. W. (1965) *A Baronial Household of the Thirteenth Century* pp.14-15, 96.

10. Toussaint-Samat, M. (1992) *History of Food* p.498.

11. Labarge, M. W. (1965) pp.95-6.

12. Hammond, P. (1993) pp.10-11; Labarge, M. W. (1965) p.96.

13. Don't balk at this idea; sugar in foods such as this was used in small amounts as a seasoning to heighten the taste of other foods. Thai food works on the same

principle, as do things like British sauces, relishes and ketchups, so not strange at all. And I can personally vouch it as I have cooked it myself; see 'Mediaeval Blanc Mange' blog post on *British Food: A History* (www.britishfoodhistory. com/2019/06/08/mediaeval-blanc-mange/) if you fancy recreating it yourself.

14. Other examples found in a later book by John Dussel called the *Boke of Nurture* included the following recipes: sugar and mustard with pheasant, curlews with sugar and salt, 'appuls & peres with sugre candy', and spice plates with sugar plums and other sweetmeats. Hammond, P. (1993) p.11; Hieatt, C. B. and Butler, S. (1985) *Curye on Inglysch: English culinary manuscripts of the fourteenth century* p.217.

15. Groom, S. (2013) p.28.

16. Lewicka, P. (2011) *Food and Foodways of Medieval Cairenes: Aspects of Life in an Islamic Metropolis of the Eastern Mediterranean.*

17. Abbot, E. (2008) *Sugar: A Bittersweet History* pp.21-2.

18. Groom, S. (2013) p.22.

19. Hooke, J. J. (1869) *Questions and Answers on English History* p.32.

20. Hammond, P. (1993) p.11.

21. Taken from the 'Eltham Ordinances', kindly provided by Elise Fleming, personal communication.

22. For the full list, see Stone, E. (1845) *Chronicles of Fashion From the Time of Elizabeth to the Early Part of the Nineteenth Century, in Manners, Amusements, Banquets, Costume, Etc. Volume 1* p.51.

23. Dawson, T. (1596) *The Good Housewife's Jewel*. 1996 Edition by Southover Press pp.117-8.

24. Quote in Macinnis, P. (2002) *Bittersweet: The Story of Sugar* p.18.

25. Mintz, S. W. (1985) p.107.

26. Sato, T. (2014) *Sugar in the Social Life of Medieval Islam* pp.101-2.

27. Dawson, T. (1596) p.137.

28. Henisch, B. (2009) pp.150-1; Macinnis, P. (2002) p.18.

29. Dickson Wright, C. (2011) pp.50-1; Labarge, M. W. (1965) p.97.

30. Ligon, R. (1657) *A True & Exact History Of the Island of Barbados* p.96.

31. Mice, and their faeces, have been thought to have magical or medicinal properties for centuries; Thomas Ellis, A. (2004) *Fish, Flesh and Good Red Herring* pp.30-1.

32. Thomson, T. (2011) *History of the Royal Society* p.166.

33. Reviewed in Geaman, K. L. (2016) 'Anne of Bohemia and Her Struggle to Conceive', *Social History of Medicine.*

34. Sloane, H. (1707) *A voyage to the islands Madera, Barbados, Nieves, S. Christophers and Jamaica Volume I* p.cviii.

35. There are many examples of sugar being used in this way; see Abbot, E. (2008) p.21, and Thomas Ellis, A. (2004) p.29.

36. Toussaint-Samat, M. (1992) p.499.

37. Macinnis, P. (2002) p.99.

38. Quote in Timbs, J. (1870) *Abbeys, Castles, and Ancient Halls of England and Wales Their Legendary Lore, and Popular History. By John Timbs: Volume 1* p.125.

39. La Trobe, B. (2012) *Of Diamonds and Dentistry* pp.180-1.

40. Mansel, P. (2019) *King of the World: The Life of King Louis XIV*, online e-book, chapter 14.

41. *Ibid.* chapter 14; Stoy, P. (1951) 'Dental Disease and Civilisation', *Ulster Medical Journal* p.145.

42. This is probably quackery at work. The 'eggs' were probably the seeds themselves. Quote by Boorde found in Ring, M. E. (1968) p.1341.

43. Boorde instructs us to collect 'as many lilte grene frogges, brething or sitting upon trees as thou canst get in the water,' and then skim the fat away after simmering. If an extraction was absolutely necessary, 'open the gums round about the tooth as much as possible with an instrument, then the roote. Anoint it with oyle where frogs have been decocted; when the tooth is very loose, then take it out.' Quotes and tinctures found in Ring, M. E. (1968) pp.1341-3.

44. The sweet wines – the favourite being hippocras and mead – were drunk hot or cold and laced with sugar or honey and were very popular in the higher echelons of mediaeval and early modern society.

45. Examples from Bifulco, M. *et al.* (2016) p.1; Guerini, V. (1909) *A history of dentistry from the most ancient times until the end of the eighteenth century* pp.153-4; and Ring, M. E. (1968) p.1343.

46. La Trobe, B. (2012) p.180.

47. There are some modern anthropological examples of this phenomena, though they are few and far between; some remote Inuit and Maori tribespeople have a natural very low frequency of tooth decay comparable to the European pre-sugar world because they eat large amount of fish or meat and very little carbohydrate. Stoy, P. (1951) pp.145-7.

48. *Ibid.* p.144.

第十一章 无处不在 无人不爱

1. Mintz, S. W. (1985) *Sweetness and Power: The Place of Sugar in Modern History* p.186.
2. Keane, B. and Portnay, O. (1992) 'The English Tearoom', in Walker, H. (ed.) *Oxford Symposium on Food and Cookery 1991: Public Eating: Proceedings* p.158.
3. Walvin, J. (2017) *How Sugar Corrupted the World* p.75.
4. Abbot, E. (2008) *Sugar: a Bittersweet History* pp.58-9.
5. *Ibid.* pp.66-9.
6. Griffin, E. (2018) 'Diets, hunger and living standards during the British industrial revolution', *Past and Present* p.76.
7. Abbot, E. (2008) pp.65-6; Griffin, E. (2018) p.84.
8. Griffin, E. (2018) p.87.
9. Mintz, S. W. (1985) pp.127-8.
10. Abbot, E. (2008) p.66.
11. Sugar Refining, *St George-in-the-East Church* website. Available at: http://www.stgitehistory.org.uk/sugarrefining.
12. Walvin, J. (2017) p.38.
13. *Harper's New Monthly Magazine* (1886) 'A Lump of Sugar', p. Vol 73, issue 433.
14. *The Daily News*, 18 August 1853. Source: http://www.mawer.clara.net/fatalities.html.
15. As opposed to home-made jams which are typically made from equal weights of fruit and sugar. Even jams and preserves today – no matter how posh – use more sugar than fruit.
16. Walvin, J. (2017) pp.178-9.
17. Abbot, E. (2008) p.67.
18. *McVitie's: Our Story*. Available at: mcvitiescanada.com/en/timeline.
19. Walvin, J. (2017) p.180.
20. Mintz, S. W. (1985) p.187.
21. Dahl, R. (1984) *Boy: Tales of Childhood* pp.31-2. If you have never read this book, stop what you are doing and go read it now.
22. Up until then, chocolate was rather soft, so eggs had to be solid, making them prohibitively expensive.
23. Abbot, E. (2008) pp.361-3.

24. French, M. (2017) 'Modernity in British advertising: selling cocoa and chocolate in the 1930s', *Journal of Historical Research in Marketing* p.11.

25. Bywater, M. (2005) *Lost Worlds What Have We Lost, & where Did it Go?* p.71.

26. Jackson, M. (2010) *Five Boys.*

27. Walvin, J. (2017) p.180.

28. There are two things, above all else, food manufacturers try to get into their products: air and water.

29. Abbot, E. (2008) pp.634-5.

30. British and US chocolate was considered far too sweet, milky and low-quality by continental Europeans who preferred their food with a bitter bite to it, but even they would succumb to brands such as *Milka* and *Kinder* in the coming decades.

31. Walvin, J. (2017) p.144.

32. Macinnis, P. (2002) *Bittersweet: The Story of Sugar* p.136.

33. Richardson, D. (2012) *The history of the sugar beet generation*, *Farmer's Weekly.*

34. *Monthly Labor Review: February* (1917) p.937; a report summing up the aims of the commission to the US government.

35. Abbot, E. (2008) p.368.

36. Richardson, T. (2004) *Sweets: The History of Temptation* p.275; Thompson, A. S. (2014) *The Empire Strikes Back?: The Impact of Imperialism on Britain from the Mid-Nineteenth Century* pp.35-6.

37. Mintz, S. W. (1985) p.187.

第十二章　垃圾食品的兴起

1. The phrase 'sugar is the new tobacco' has been attributed to various people, but it seems to originate from a talk given by Professor Robert Lustig in 2013 at a conference on the subject of sugar, obesity and metabolic syndrome. Ravichandran, B. (2013) *Sugar is the new tobacco, The BMJ Opinion.*

2. Bridges, A. and Dixey, R. A. (1934) *BRITISH SUGAR BEET TEN YEARS' PROGRESS UNDER THE SUBSIDY.* University of Oxford Agricultural Economics Research Institute p.9; Walvin, J. (2017) *How Sugar Corrupted the World* p.182; Ward, N. *et al.* (2008) 'Productivism, post-productivism and European agricultural reform: The case of sugar', *Sociologia Ruralis* p.122.

3. The area of farmland used for growing sugar beet rose from 6800ha in 1923 to 52,500ha by 1926.

4. Bridges, A. and Dixey, R. A. (1934) p.12; Ward, N. *et al.* (2008) p.122.

5. Walvin, J. (2017) pp.182-3.

6. Walvin, J. (2017) pp.183-4; there was a similar shock when working class lads' teeth were inspected when they were called to fight in the First World War.

7. Bridges, A. and Dixey, R. A. (1934) p.84.

8. It only seems a lot because we don't bake from scratch like we used to. Our preparatory foods and fizzy drinks contain more sugar.

9. Reviewed in Barker, D. J. P. and Osmond, C. (1986) 'Diet and coronary heart disease in England and Wales during and after the second world war'; Walvin, J. (2017) p.185.

10. Walvin, J. (2017) pp.185-6; Ward, N. *et al.* (2008) p.122.

11. Ballinger, R. A. (1971) *A History of Sugar Marketing*. US Department of Agriculture, Economic Research Service p.60.

12. Moran, J. (2010) 'Defining Moment: Tate & Lyle squares up to the Labour government, July 28 1949', *Financial Times*, 5 March; Walvin, J. (2017) pp.185-6.

13. Noon, R. (2001) 'Goodbye, Mr Cube', *History Today*, p. Vol. 51, No.10.

14. Moran, J. (2010).

15. In the UK Coca Cola spent £23 million annually, Walkers £16.5 million and Muller £13.15 million. Walvin, J. (2017) pp.209-210.

16. McDonald's give away free toys with their Happy Meals, and they sell so many that they are the UK's largest distributor, despite the toys being free of charge.

17. Brassington, F. and Pettitt, S. (2006) *Principles of Marketing* p.136.

18. Ravichandran, B. (2013); Walvin, J. (2017) p.236.

19. Benefits include: predigestion of nutrients, especially lactose, change in nutrient profile in the form of additional vitamins and the colonisation of symbiotic bacteria; see Katz, S. E. (2012) *The Art of Fermentation* pp.22-4.

20. I must admit, a favourite of mine as a child, the name was changed recently to 'Honey Monster'.

21. Bonner, G. *et al.* (1999) *Fortification Examined: How added nutrients can undermine good nutrition* pp.46-50, 72-3.

22. Clayton, J. (2003) *The rise and fall of Sunny Delight*, *BBC News*. Available at: http://news.bbc.co.uk/1/hi/business/3257820.stm.

23. Steel, C. (2020) *Sitopia: How Food Can Save the World* p.72.

24. Steel, C. (2008) *Hungry City: How Food Shapes Our Lives* p.238. France was not a rollover, in fact the first McDonald's to sprout up in France 'was physically attacked', which goes to show how much of a culture shock this Americanised

food was for mainland Europe. Depressingly by 2014 the residents of Saint-pol-sur-Ternoise felt so deprived living in a town without a McDonald's restaurant they went on a march demanding one was opened! Steel, C. (2020) p.59.

25. Walvin, J. (2017) pp.245-6.

26. You couldn't make it up. Reviewed in Janicka, M., Kot-Wasik, A. and Namieśnik, J. (2010) 'Analytical procedures for determination of cocaine and its metabolites in biological samples', *Trends in Analytical* Chemistry.

27. Walvin, J. (2017) pp.246-9.

28. *Ibid.* pp.252-4 Prior to entering the war, Coca Cola had no issue with selling its product to Nazi Germany, but once they entered the war, they had to stop. Germany had plenty of domestic sugar beet at their disposal, they plugged the gap by making their own soft drink from 'by-products of the production of cider and cheese, such as whey; like its colour, its taste conjured up oranges.' It was named *Fanta*, and 3 million cases of it were sold in 1943 alone; Pauwels, J. R. (2017) *Big Business and Hitler* p.207.

29. Gelles, D. (2014) 'Coke and McDonald's, Growing Together Since 1955', *New York Times.*

30. Ballinger, R. A. (1975) *A History of Sugar Marketing Through 1974* pp.i, 58.

31. See Smalley, J. and Blake, M. (2003) 'Sweet beginnings: Stalk sugar and the domestication of maize', *Current Anthropology.*

32. Gelles, D. (2014).

33. Steel, C. (2008) p.243.

34. Walvin, J. (2017) p.261.

35. Abbot, E. (2008) *Sugar: A Bittersweet History* p.399.

36. Ravichandran, B. (2013).

37. Reviewed in Lincoln, K. D., Abdou, C. M. and Lloyd, D. (2014) 'Race and socioeconomic differences in obesity and depression among black and non-Hispanic White Americans', *Journal of Health Care for the Poor and Underserved.*

38. This is much more apparent in US than UK supermarkets.

39. A point made by Professor Jason Harford, speaking at the same conference as Robert Lustig in 2013.

40. Orwell, G. (1937) *The Road to Wigan Pier* pp.87-8.

1. Pollan, M. (2013) *Cooked: A Natural History of Transformation* p.8; in the original quote, he also included sugar's mates, fat and salt.

2. The sweet taste had been independently observed previously and a reference to it appears in an Indian manuscript written by Avicenna (980-1037).

3. See Eknoyan, G. and Nagy, J. (2005) 'A history of diabetes mellitus or how a disease of the kidneys evolved into a kidney disease', *Advances in Chronic Kidney Disease*.

4. Himsworth, H. P. (1936) 'Diabetes mellitus. Its differentiation into insulin-sensitive and insulin-insensitive types', *The Lancet*.

5. Munt, A. H. (2004) *The Impact of Dutch Cartesian Medical Reformers in Early Enlightenment German Culture (1680-1720)* p.204; Smith, W. D. (1992) 'Complications of the Commonplace: Tea, Sugar, and Imperialism', *Journal of Interdisciplinary History* pp.269-270.

6. Fischler, C. (1987) 'Attitudes Towards Sugar and Sweetness in Historical and Social Perspective', in Dobbing, J. (ed.) *Sweetness* pp.14-15; Munt, A. H. (2004) p.204.

7. Sugar has been long associated with skin complains, though it is often dismissed as a bit of an old wives' tale: studies seem to suggest that the association is tenuous at best, with one meta-analysis from 2009 concluding that there is no association between sugar or chocolate with acne. There may be one link though, with one study finding an association with sugar consumption and seborrheic dermatitis, otherwise known as dandruff. However a recent study (2019) found a mysterious association between sugar intake and acne, but only if it was consumed in the form of a soda drink and if it exceeded one hundred grams of sugar per day. See Spencer, E. H., Ferdowsian, H. R. and Barnard, N. D. (2009) 'Diet and acne: A review of the evidence', *International Journal of Dermatology*; Bett, D. G. G., Morland, J. and Yudkin, J. (1967) 'Sugar Consumption in Acne Vulgaris and Seborrhoeic Dermatitis', *British Medical Journal*; and Huang, X. *et al.* (2019) 'Daily Intake of Soft Drinks and Moderate-to-Severe Acne Vulgaris in Chinese Adolescents', *Journal of Pediatrics*.

8. Fischler, C. (1987) p.8.

9. Marinovich, M. *et al.* (2013) 'Aspartame, low-calorie sweeteners and disease: Regulatory safety and epidemiological issues', *Food and Chemical Toxicology* p.5.

10. Although recently there is some evidence that artificial sweeteners may have a detrimental effect on our gut microbiome. Reviewed in Ruiz-Ojeda, F. J. *et al.* (2019) 'Effects of Sweeteners on the Gut Microbiota: A Review of Experimental Studies and Clinical Trials', in *Advances in Nutrition.*

11. Belloir, C., Neiers, F. and Briand, L. (2017) 'Sweeteners and sweetness enhancers', *Current Opinion in Clinical Nutrition and Metabolic Care* p.3.

12. *Ibid.* (2017) p.5.

13. Reviewed in Pereira, M. A. (2013) 'Diet beverages and the risk of obesity, diabetes, and cardiovascular disease: A review of the evidence', *Nutrition Reviews.*

14. Stuckey, B. (2013) *Taste: Surprising Stories and Science about Why Food Tastes Good* p.219.

15. At least that what their website says: www.coca-cola.co.uk.

16. Lafuente, G. S. (2016) 'Labelling Standard Information and Food Consumption in Historical Perspective: An Overview of State Regulation in Spain 1931-1975', in Oddy, D. J., Atkins, P. J., and Amilien, V. (eds) *The Rise of Obesity in Europe: A Twentieth Century Food History* p.98.

17. The *Virta* blog lists 56 different names for sugar in the US, though others count over 60. Some of these names are: dextrose, fructose, galactose, glucose, lactose, maltose, sucrose, beet sugar, brown sugar, cane juice crystals, cane sugar, castor sugar, coconut sugar, superfine sugar, corn syrup solids, crystalline fructose, date sugar, Demerara sugar, dextrin, diastatic malt, ethyl maltol, Florida crystals, golden sugar, glucose syrup solids, grape sugar, icing sugar, maltodextrin, Muscovado sugar, panela sugar, raw sugar, sugar (granulated or table), sucanat, turbinado sugar, yellow sugar, agave syrup, barley malt, blackstrap molasses, brown rice syrup, caramel; Barnwell, A. (2018) *Secret Sugars: The 56 Different Names for Sugar, Virta.* Available at: www.virtahealth.com/blog/names-for-sugar.

18. Reviewed in Hawley, K. L. *et al.* (2013) 'The science on front-of-package food labels', *Public Health Nutrition.*

19. See Koenigstorfer, J., Groeppel-Klein, A. and Kamm, F. (2014) 'Healthful food decision making in response to traffic light color-coded nutrition labeling', *Journal of Public Policy and Marketing*; and Sacks, G., Rayner, M. and Swinburn, B. (2009) 'Impact of front-of-pack "traffic-light" nutrition labelling on consumer food purchases in the UK', *Health Promotion International.*

20. Professor Lustig's words at the 2013 conference on the subject of sugar, obesity and metabolic syndrome. Ravichandran, B. (2013) *Sugar is the new tobacco*, *The BMJ Opinion.*

21. See Public Health England website (2000) *Sugar Reduction Programme.* Available at: www.actiononsugar.org/uk-sugar-reduction/sugar-reduction-programme/.

22. Brown, R. (no date) 'Is there life in Coke Life yet, or will it die a slow painful death?', *The Grocer.*

23. Data from gov.uk (2018) *Soft Drinks Industry Levy comes into effect.* Available at: https://www.gov.uk/government/news/soft-drinks-industry-levy-comes-into-effect.

24. Campbell, D. (2019) 'English consuming more sugar despite tax and anti-obesity drive', *The Guardian.*

25. Steel, C.(2008) *Hungry City: How Food Shapes Our Lives* p.237.

第十四章　后遗症

1. Steel, C. (2008) *Hungry City: How Food Shapes Our Lives* p.245.

2. Ravichandran, B. (2013) *Sugar is the new tobacco, The BMJ Opinion.*

3. *Tooth extraction 'epidemic' costs NHS millions* (2018) *Sky News.* Available at: https://news.sky.com/story/tooth-extraction-epidemic-costs-nhs-millions-11205389.

4. Walvin, J. (2017) *How Sugar Corrupted the World* pp.27-8.

5. *Child oral health: applying All Our Health, gov.uk.* Available at: https://www.gov.uk/government/publications/child-oral-health-applying-all-our-health/child-oral-health-applying-all-our-health.

6. Hornall, T. (2019) 'Junk food adverts could be banned before 9pm as part of government plans to fight "epidemic" of childhood obesity', *Independent*, 17 March.

7. Savage, M. (2019) 'Tom Watson urges McDonald's to cancel "danger to health" campaign', *The Guardian*, 17 March.

8. Reviewed in DiNicolantonio, J. J., O'Keefe, J. H. and Wilson, W. L. (2017) 'Sugar addiction: Is it real? A narrative review', *British Journal of Sports Medicine.*

9. gov.uk (2017) 'Health matters: obesity and the food environment'. Available at: www.gov.uk/government/publications/health-matters-obesity-and-the-food-environment/health-matters-obesity-and-the-food-environment-2.

10. Chan, T. H. *Obesity Prevention Source, Harvard School of Public Health*. Available at: https://www.hsph.harvard.edu/obesity-prevention-source/obesity-consequences/economic/.

11. Nurse, E. (2016) *The secret behind Coca-Cola's success in Africa, CNN*. Available at: https://edition.cnn.com/2016/01/21/africa/coca-cola-africa-mpa-feat/index.html.

12. This was found in Goa and was estimated at precisely 18.3%; Akhtar, S. and Dhillon, P. (2017) 'Prevalence of diagnosed diabetes and associated risk factors: Evidence from the large-scale surveys in India', *Journal of Social Health and Diabetes* p.31.

13. Zheng, Y., Ley, S. H. and Hu, F. B. (2018) 'Global aetiology and epidemiology of type 2 diabetes mellitus and its complications', *Nature Reviews Endocrinology* p.81.

14. Voora, V., Bermudez, S. and Larrea, C. (2019) *Global Market Report: Sugar.*

15. Hashem, K. *et al.* (2015) 'Does Sugar Pass the Environmental and Social Test?', *The Food Research Collaboration* p.2.

16. Walvin, J. (2017) pp.55-6.

17. Abbot, E. (2008) *Sugar: a Bittersweet History* p.381.

18. Coral Digest (2020) *The Impacts of the Sugar Cane Industry on the Great Barrier Reef, Coraldigest.org*. Available at: https://www.coraldigest.org/index.php/SugarCane.

19. Long, J. L. (2003) *Introduced Mammals of the World: Their History, Distribution and Influence* pp.306-7.

20. Abbot, E. (2008) pp.381-2.

21. Mercer, P. (2017) *The rapid spread of Australia's cane toad pests*, *BBC World News.*

22. Kennedy, L. (2019) 'Rotten: A Sweet Deal' available on Netflix.

23. Luscombe, R. (2020) 'Florida: Republican "green governor" seeks to reverse predecessor's legacy', *The Guardian*. 23 January 2019.

24. Voora, V., Bermudez, S. and Larrea, C. (2019).

25. McGrath, S. (2013) 'Fuelling global production networks with slave labour?: Migrant sugar cane workers in the Brazilian ethanol GPN', *Geoforum* p.1.

26. Kennedy, L. (2019).

27. See also pp.388-96 *Sugar: a Bittersweet History* (2008) by Elizabeth Abbot; she writes compellingly about the terrible treatment of the Haitians in the Dominican Republic in the 2010s.

28. Wood, M. (2020) 'Michael Wood on...the Civil Rights Movement', *BBC History Magazine*, August.

29. For more on this subject see the compelling documentary *13ᵗʰ*; director: A. DuVernay (2016). Available on Netflix.
30. Wood, M. (2020).
31. See Wardle, H. and Obermuller, L. (2018) 'The Windrush generation', *Anthropology Today*.
32. Wood, M. (2020).
33. The Bristol buildings named in his honour are also expected a name change.
34. Shaw, C. (2020) *Liverpool's Slave Trade Legacy*, *History Today*. Available at: https://www.historytoday.com/history-matters/liverpool's-slave-trade-legacy.

后记　更光明的未来？

1. See Furmli, S. *et al.* (2018) 'Therapeutic use of intermittent fasting for people with type 2 diabetes as an alternative to insulin', *BMJ Case Reports.*
2. United States International Trade Commission (2001) *Sugar: Industry and Trade Summary* p.1.
3. Dankers, C. and Liu, P. (2003) *Environmental and Social Standards, Certification and Labelling for Cash Crops.* Food and Agriculture Organization of the United Nations p.52.
4. See *The Impacts of the Sugar Cane Industry on the Great Barrier Reef* on the coraldigest.org website. Available at: https://www.coraldigest.org/index.php/SugarCane.
5. See preface of *Fuel Ethanol Production from Sugarcane* (2019), edited by L. C. Basso and T. P. Basso.
6. See Klenk, I., Landquist, B. and De Imaña, O. R. (2012) 'The product carbon footprint of EU beet sugar (part I)', *Zuckerindustrie*.
7. Dankers, C. and Liu, P. (2003) p.52.
8. Abbot, E. (2008) *Sugar: A Bittersweet History* pp.322-3.
9. Hashem, K. *et al.* (2015) 'Does Sugar Pass the Environmental and Social Test?', *The Food Research Collaboration* p.1.
10. Buying Sugar, Spreads and Oils (2020) *Fairtrade website*. Available at: https://www.fairtrade.org.uk/buying-fairtrade/sugar-spreads-and-oil/.
11. It's not just me who thinks this; it also won a much coveted *Radio 4 Food and Farming Award* in 2017 in the Best Retailer category. Unicorn's website: www.unicorn-grocery.coop.